Fritz Baltruweit und Günter Ruddat

GEMEINDE GESTALTET GOTTESDIENST

Arbeitsbuch zur Erneuerten Agende

Gütersloher Verlagshaus

Die Deutsche Bibliothek – CIP-Einheitsaufnahme

Baltruweit, Fritz:
Gemeinde gestaltet Gottesdienst: Arbeitsbuch zur Erneuerten Agende /
Fritz Baltruweit und Günter Ruddat. –
Gütersloh : Gütersloher Verl.-Haus, 1994
ISBN 3-579-02920-7
NE: Ruddat, Günter :

ISBN 3-579-02920-7

Umschlaggestaltung: Franz Wöllzenmüller, Oberhaching, unter Verwendung von Roland P. Litzenburgers »Das Pfingstfeuer im Dornbusch« 1971
© Gretel Kunze, Markdorf

Satz: Satz-Service Berkemeier, Gütersloh
Druck und Bindung: Ebner Ulm
Gedruckt auf chlorfrei gebleichtem Werkdruckpapier

Printed in Germany

Inhalt

Gemeinde gestaltet Gottesdienst

Anhang

Vorwort

Von dem dänischen Humoristen Storm-Petersen stammt das Wort:»Prophezeien ist schwierig, besonders im Blick auf die Zukunft«. Recht hat er, aber trotzdem prophezeie ich für dieses Buch: Das ist ein Buch, das den Gottesdiensten in jeder Gemeinde aufhilft, lebendig zu werden.
So wie eine gute Küche neue Ideen und bewährte Rezepte braucht, so auch die Liturgie eine Art Kochbuch, das dazu anregt, sich nicht immer dieselbe Suppe einzubrocken.
Der Titel »Gemeinde gestaltet Gottesdienst« ist eine notwendige Herausforderung. Bisher gestalten meistens nur Pfarramt und Kirchenmusik den Gottesdienst, nicht aber die Gemeinde. Sie muß dazu angeleitet werden, nicht nur passiv dabei zu sein. Viele würden auch eher kommen, wenn sie wüßten, sie können mit ihren Gaben beitragen.
Die Gelegenheit für ein Arbeitsbuch in Händen der Gemeinde in Sachen Gottesdienst als lebendige Liturgie ist günstig. Die Bemühung um eine Erneuerte Agende hat Anstöße gegeben, nicht nur Predigtvorbereitungskreise, sondern Gottesdienstwerkstätten vor Ort zu bilden.
Hier ist ein Buch, das viele Erfahrungen – nicht zuletzt vom Kirchentag, der ja schon manches Leben in die Gemeinde gebracht hat – genutzt hat. Die Verfasser wissen, wovon sie schreiben, denn sie haben selbst in ganz normalen Ortsgemeinden eine Gottesdienstpraxis in Gang gesetzt, die das beste Mittel gegen die übliche Resignation ist. Das verdient, allgemein bekannt zu werden. Man lese und probiere.
Das Titelbild »Das Pfingstfeuer im Dornbusch« (von R.P. Litzenburger) zeigt, worauf es ankommt. Mose mußte von seinem Hirtendienst, von seiner pastoralen Aufgabe vorstoßen zum Berg Horeb, dem Gottesberg. Er begegnete Gottes lebendiger Botschaft in dem Dornbusch, der brannte und nicht verzehrt wurde. Das Heilige, um das es im Gottesdienst geht, erweckt Licht und Feuer, so wie der Geist zu Pfingsten stürmisch das Feuer der Begeisterung für Gott in der Nüchternheit einer Sprache für alle erweckt. Uns scheint dieses Feuer oft erloschen zu sein. Wir suchen den Dornbusch nicht mehr, aber er ist zu finden. Es kostet Arbeit, es kostet Aufbruch aus Gewohnheiten, aber es winkt die Befreiung von der Routine und dem eintönigen Pflichtpensum, es winken Exodus und Landnahme, Laubhüttenfest und Pfingsten.
Ich bin ganz sicher, dieses Buch wird nicht nur seinen Weg machen, sondern vielen den Weg bereiten, gemeindepädagogisch und ökumenisch, lebhaft und vielstimmig, Gottes Ankunft als Grund unserer Zukunft zu feiern, in der Kraft des Geistes und der Ermutigung zur Einübung in lebendige Liturgie.

Seit Jahrzehnten suche ich nach einem gemeindenahen praktischen Handbuch zur Einführung in den Gottesdienst, so daß die Gemeinde mitmachen kann, nach einem Brückenschlag vom Kirchentag zum Kirchenalltag. Hier ist es und ich sage: Nehmet und leset, probiert, es wird euch Freude machen.

Pfingsten 1994 *Henning Schröer*

Wir danken den Loccumer Vikarinnen und Vikaren, den Mitgliedern des Ökumenisch-Liturgischen Arbeitskreises, der Evangelischen Jugend der Stephanus-Gemeinde in Garbsen, den Mitarbeiterinnen und Mitarbeitern der Gottesdienstwerkstatt und des Freizeittreffs der Matthäus-Kirche in Leverkusen wie den Studierenden der Ev. Fachhochschule in Bochum für alle Impulse und Beiträge, die in das Buch eingegangen sind.
David Ruddat danken wir für die Erstellung des Stichwort- und Liederverzeichnisses.

Fritz Baltruweit und Günter Ruddat

Ein Arbeitsbuch zum Gottesdienst

... für Originale (oder: für einzelne)

»Ich bin dein Geschöpf, dein Original.« Ich werde diese Worte aus einem Gebet nicht vergessen, das der spastisch gelähmte Stefan aus seinem Rollstuhl heraus sprach – in einem Gottesdienst, den sogenannte behinderte und nicht-behinderte Mitmenschen rund um die Losung »Gott schuf den Menschen zu seinem Bilde« (1 Mose 1,27) vorbereitet hatten:

Gott, ich sitze da,
ich nehme dein Wort in mich auf,
ich bin ganz still,
dieses Wort soll Raum gewinnen in mir –
bis in alle Ecken und Winkel meines Körpers.
Gott, ich spüre,
ich kann dankbar sein,
ich bin für dich keine Nummer,
kein Abziehbild,
ich muß mir das immer wieder klar machen,
einschärfen,
ich bin dein Geschöpf, dein Original,
echt, ein für alle Mal.
Gott, ich vertraue darauf,
du hörst mich an, du nimmst mich ernst.
Vieles kann ich nicht begreifen,
wenn ich mir mein Leben ansehe.
Da muß ich immer wieder eine Rolle spielen
und darf nicht ICH selbst sein.
Da muß ich immer wieder Leistung zeigen
und darf nicht einmal erschöpft und müde sein.
Da muß ich immer wieder mein Versagen verstecken
und darf nicht wirklich ehrlich sein gegen mich selbst.
Da muß ich immer wieder sagen, was die anderen hören wollen,
und darf nicht einmal sagen, was ich denke.
Da habe ich so viele Gesichter.
Gott, ich erinnere mich,
sonntags in der Kirche kann ich es hören:
»Der Herr lasse sein Angesicht leuchten über dir.«
Ich nehme dich beim Wort:
Mache mein Gesicht hell, überstrahle mein Leben,
da werde ich es erleben, du verwandelst mich,
du machst aus mir einen Menschen.
Danke.[1]

1. G. Ruddat, Das Leben wird nicht zerbrechen. In: Glaube und Lernen. Göttingen 6, 1991, Heft 1, S. 19–30 (hier: S. 22f.). Zum Hintergrund solcher Annäherungsversuche an Gottesdienstgestaltung und Gemeindearbeit mit behinderten Men-

Mir gehen die Wort dieses Gebetes nach: »Du machst aus mir einen Menschen« – da schwingen zahllose Erfahrungen (von der Zerbrechlichkeit) des Lebens mit. Ebenso sind die Lebensgeschichten anderer Menschen, die als unverwechselbare »Menschwerdung« – im Original – zu entdecken und zu verstehen sind, nicht nur im Alltag, sondern erst recht an unseren »Feiertagen« zu erinnern, zu wiederholen und durchzuarbeiten. Die besondere Zeit im Gottesdienst – in der Gemeinschaft vor Gott – verwandelt unsere vorgängigen Erfahrungen und damit unseren Sonntag und Alltag. Gottesdienst, der sich selbst ernst nimmt, ist darum so etwas wie ein »Rahmen«[2], in dem die vielen Ebenbilder Gottes – jede und jeder für sich – vor-kommen, damit unsere Menschwerdung »öffentlich gefördert und ›eben-erdig‹ in einer ›boden-nahen‹ Liturgie«[3] gefeiert werden kann – in all ihren verwundbaren und wunderbaren Seiten. Da zeigt Gottesdienst seinen Segen.

Dieses Arbeitsbuch will darum *Einzelne* (mit oder auch ohne theologische Ausbildung) ganz persönlich dazu anstiften, sich als unverwechselbare Originale in den Gottesdienst vor Ort einzubringen und so zur Originalität des Gottesdienstes beizutragen und sich so den Gottesdienst zur eigenen »Sache des Herzens« werden zu lassen.[4]

schen vgl. G. Ruddat, (Wie) Können sich Behinderte und Nicht-Behinderte verstehen? Annäherungsversuche im Umfeld liturgischer Didaktik. In: D. Zillessen u.a. (Hg.), Praktisch-theologische Hermeneutik. Rheinbach-Merzbach 1991, S. 433–444.

2. Vgl. entsprechend: Erneuerte Agende – Vorentwurf, Bielefeld 1990, S. 20: »Die Agende ist ein Rahmen, in dem der Gottesdienst als Feier der Gemeinde zu gestalten ist.«

3. Vgl. H. Schröer, Lebendige Liturgie – was ist das? Ein Steckbrief mit 22 Erläuterungen. In: S. Fritsch-Oppermann/H. Schröer (Hg.), Lebendige Liturgie 1, Gütersloh 1990, S. 9–18.

4. Damit knüpfen wir an die Randbemerkung der Erneuerten Agende (S. 16) an: »Wo nämlich immer alles originell sein soll, wird die Originalität seltener, der ›Gottesdienst in neuer Gestalt‹ zum allenfalls halbjährigen Sonderfall.« und holen deren Rede von Originalität aus der gestalterischen Engführung heraus.

... in der Arche (oder: für Gruppen)

»Wir bauen jetzt die Arche ...«, so beginnt ein *Lied*[5] aus einem Freizeit-Gottesdienst, der in seiner Entstehung eine weitere Ursprungssituation für dieses Arbeitsbuch vor Augen führt: Bei einer Freizeit mit geistig behinderten und nicht-behinderten Menschen geht es darum, einen Namen, ein Erkennungszeichen für den integrativen Jugendclub zu finden, der diese Freizeit durchführt. Die Gruppe erinnert sich an eine Begegnung auf dem Kirchentag mit einer Bewegung, die sich ARCHE nennt und christliche Lebensgemeinschaften von behinderten und nicht-behinderten Menschen verwirklicht. An diese Namensgebung soll angeknüpft werden und der biblische Hintergrund für die Gruppe deutlich werden. Von dieser »Tauf-Liturgie« erzählt der Freizeitbericht:

So machen wir uns bei einer mehrtägigen Freizeit nicht nur an die *Entdeckung der biblischen Geschichte* mit Hilfe der Diareihe aus der in den Niederlanden ursprünglich für die Arbeit mit geistigbehinderten Menschen entwickelten Bilderbuch-Reihe »Was uns die Bibel erzählt« von Kees de Kort ...
Schritt für Schritt planen wir auch den *Bau der Arche* (auf der Grundlage eines riesigen Wandteppichs aus zwei Bettlaken): Auf einem Spaziergang durch Wald und Feld sammeln wir alles, was uns als Baumaterialien geeignet erscheint ... Blätter, Farn, Gräser, Rindenstücke, kleine Zweige ... die Umrisse »unserer« Arche werden skizziert, und das Legen und Zusammensetzen der verschiedenen Bauelemente beginnt. Als alle Baumeister einverstanden sind, wird angeklebt und angenäht.
In einem nächsten Schritt entwerfen wir *Noah* und *seine Familie*, da kommen uns manche Gesichter bekannt vor – und erinnern uns der ganzen Zoologie. Schließlich können Menschen und *Tiere* in die Arche einziehen.
Es beginnt zu regnen ... in verschiedenen Blau-Variationen mit Korken- und Kartoffeldruck.
In dieser kreativen Atmosphäre entsteht unser *Arche-Lied*, das die Geschichte und unsere Aneignung des Symbols hand-greiflich nachvollzieht. Ein überraschender Transfer wird möglich: Die Gruppe, die Gemeinde wird zur handfesten Erinnerung an die Arche aus der Urgeschichte, ein auch theologisch immer wieder neu zu erinnerndes Zeichen gegen alle Weltuntergangsstimmung, die da sagt: »Nach uns die Sintflut!«
Schließlich gestaltet die Gruppe auch noch pantomimisch die Geschichte auf einem »Klangteppich« aus Orffschen Instrumenten.
Aus diesen verschiedenen Elementen entsteht ein *Freizeit-Gottesdienst*, bei dem dann alle gern der Einladung folgen, mit dem kleinen Finger oder der ganzen Hand ein Stück Regenbogen (auf einen halbrunden Streifen vorbereitetes Papier) zu malen, der am Ende über der Arche aufleuchtet und so das Bild vollendet.

5. G. Ruddat (Hg.), Arbeitsheft Elementarbuch: Religion 3, Düsseldorf 1990, 6–7.

Dieses Wandbild und das Lied dazu nehmen wir mit nach Hause, in unsere Kirche, wo es seitdem uns immer wieder erinnert, eine neue Gemeinschaft einzuüben, oder wie es eine behinderte junge Frau ausdrückt: ein zweites Zuhause zu haben.[6]

Unsere Kirche soll zur »Arche« werden – gerade dann, wenn wir Gottesdienst feiern – und uns anstiften, für unsere Erde einzutreten. So will dieses Arbeitsbuch gerade auch *Gruppen* in der Gemeinde Mut machen, ihren unverwechselbaren Horizont in den Gottesdienst vor Ort einzubringen und so den Horizont der Gemeinde und den eigenen Blickwinkel zu erweitern.

6. G. Ruddat, Gemeinde ohne Stufen. In: G. Adam/A. Pithan (Hg.), Integration als Aufgabe religionspädagogischen und pastoraltheologischen Handelns. Comenius-Institut, Münster 1993, S. 219–242 (hier: S. 232ff.).

① Wir bauen jetzt die Arche,
ein Schiff  für die ganze Welt,  [Hände beschreiben einen Kreis]
wo wirklich jeder
zu dem andern hält. [Arme auf die Rücken der Nachbarn legen]

REFRAIN:
: / : Aus der Arche werde [2 x klatschen] unsere Erde,  [s.o.]
aus der Arche werde Gottes neue Welt.  [s.o.] : / :

② Wir ziehen in die Arche, [sich bei den Händen fassen + mit den Füßen auf den Boden stampfen)
alle Bosheit bleibt zurück.  [Abwehren]
Wir suchen miteinander
Geborgenheit und Glück.  [Einander einhaken]

REFRAIN:
: / : Aus der Arche werde ... : / :

③ Wir warten in der Arche [Handflächen nach oben]
auf uns'rer Hoffnung Land,
wo Krieg und Waffen
völlig unbekannt.  [Unterarme überkreuzen]

REFRAIN:
: / : Aus der Arche werde ... : / :

④ Wir feiern in der Arche [Über dem Kopf in die Hände klatschen]
Gottes Liebe für die Welt. [Sich bei den Nachbarn einhaken]
Der Regenbogen
nicht vom Himmel fällt! 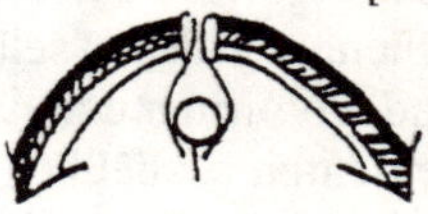 [Hände beschreiben einen Bogen und bleiben dann auf den Schultern der Nachbarn liegen]

REFRAIN:
: / : Aus der Arche werde ... : / :

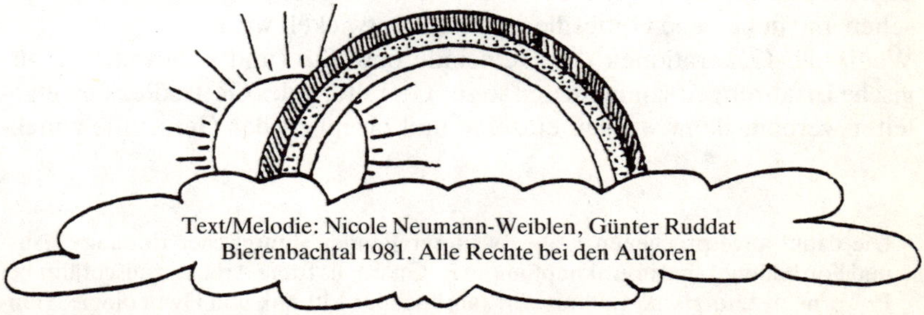

Text/Melodie: Nicole Neumann-Weiblen, Günter Ruddat

Dieses Lied kann nicht nur gesungen, sondern auch pantomimisch gestaltet werden. Die angedeuteten Gesten geben dazu erste Hinweise.

... mit dem Lernziel: Liturgische Kompetenz (oder: Von der Fähigkeit, Gottesdienst lebendig zu gestalten)

Mit *Liturgischer Kompetenz*, der Fähigkeit, Gottesdienst zu halten und zu gestalten, ist das Erlernen eines umfangreichen »Instrumentariums« angesprochen, das das *spirituelle (geistlich gelebte) Ausfüllen* und die *lebendige Gestaltung* unterschiedlicher Gottesdienstformen (in diesem Arbeitsbuch vor allem auf der Basis der Erneuerten Agende) zum Ziel hat. Diese beiden Dimensionen bilden die Brennpunkte unserer Hilfen zur Selbsthilfe.
Die *Spiritualität*, mit der an Gottesdienste »herangegangen« wird, bestimmt weitgehend die gottesdienstliche Atmosphäre. Es ist zu spüren, in welchem Geist Gottesdienst gefeiert wird, ob er von der elementaren Freiheit der Gottesbegegnung bestimmt ist oder »nur« von einer »technischen Aneinanderreihung« einzelner Schritte. Spiritualität umfaßt unsere ganze Lebenssituation und greift weit über das hinaus, was dieses Arbeitsbuch vermitteln kann: Wir können die Einstellung nicht »befehlen«, die ein Gottesdienstgeschehen in Gottes Hand legt. Wir können aber etwas dafür tun, daß die Freiheit mit der Zeit wächst, so etwas zu wagen. Die Einübung in Spiritualität umfaßt das ganze Leben der Gemeinde und derer, die sie »bilden«.[7]
Liturgische Kompetenz wird da aus-gebildet, wo Familien mit kleinen Kindern auf Freizeiten »Krabbelgottesdienste« zu gestalten beginnen, wo Kinder im Kinder- und Familiengottesdienst selbstverständlich beteiligt werden, wo Konfirmandinnen und Konfirmanden nach ersten Erfahrungen mit einzelnen Gottesdienst-Elementen schließlich einen ganzen Gottesdienst gestalten ... oder wo im Kontext der Frauenhilfe/-arbeit vorgefertigte Gottesdienstentwürfe zum 1. Advent oder zum Weltgebetstag kritisch durchgesehen und der eigene Gottesdienst daraus entwickelt wird.
Wenn alle Generationen der Gemeinde bewußte (und unbewußte) liturgische Erfahrungen sammeln und so zur Gestaltung des Gottesdienstes angeleitet werden, dann werden einzelne und Gruppen der Gemeinde zuneh-

7. Die damit angesprochenen Fragen weitergreifender »liturgischer Bildung« (Aus- und Fortbildung) sind in Anknüpfung an R. Guardinis frühe Arbeiten ausgeführt bei P. Cornehl, Liturgische Bildung. In: Jahrbuch für Liturgik und Hymnologie, Hannover 32, 1989, S. 1–18. Cornehl kennzeichnet seine Essentials liturgischer Bildung mit den Stichworten: Wahrnehmung – Verstehen – Gestalten – Haltung.

mend liturgisch kompetent, im wörtlichen Sinne: befugt, fähig und zuständig, den Gottesdienst am Sonntag und im Alltag selbst in die Hand zu nehmen.[8]

Die Einübung in Spiritualität hat auch eine instrumentelle, handwerkliche Seite, die allerdings nicht unabhängig von der spirituellen Dimension gedacht werden kann: Liturgische Kompetenz setzt *Kenntnisse* voraus. Nur wer um die Bedeutung der einzelnen liturgischen Schritte im Gesamtzusammenhang des Gottesdienstes und einiges von ihrer Entstehung und Geschichte, von ihrer Form und gewachsenen Bedeutung weiß, kann den Gottesdienst mit souveräner Phantasie gestalten (vgl. das Kapitel: *Ein Gang durch die Liturgie*, S. 43ff.). Dieses Wissen ist der Ausgangspunkt (oder zumindest eine wichtige »Durchgangsstation«) für das *Erlernen eines »Sensoriums«*, das den vielen Gottesdienstmodellen, die in der Gemeindepraxis eine Rolle spielen, gerecht wird.
Wir empfehlen ein *Lernen in der (Gemeinde-) Gruppe*, die unterschiedliche gottesdienstliche Situationen im Blick hat, aber bei der eigenen Spiritualität ansetzt. Ziel dieses Lernprozesses ist es, eine Brücke zwischen Theorie und Praxis, Praxis und Theorie zu schlagen, die die »handwerkliche« Arbeit an einzelnen speziellen Schritten und die Reflexion der konzeptionellen Gesamt-Gestaltung des Gottesdienstes zum Inhalt hat.
So versucht dieses Arbeitsbuch, *die Erneuerte Agende beim Wort zu nehmen* (→ S. 23ff.) und ihre Kriterien für lebendige Gottesdienstgestaltung zu entfalten, damit die entscheidende Perspektive liturgischer Kompetenzentwicklung handgreiflich wird: *Gemeinde gestaltet Gottesdienst* (→ S. 223ff.) und beginnt damit notwendigerweise und »wie von selbst«, den Gottesdienst in der Gemeindearbeit zu vernetzen und mit allen zu feiern.

8. Vgl. die entsprechende Aufgabenstellung im Umfeld des Kindergottesdienstes: G. Ruddat, Wie (ein) Kindergottesdienst entsteht. Elemente einer liturgischen Didaktik. In: Der Ev. Erzieher, Frankfurt/M. 41, 1989, S. 532–545.

Die Erneuerte Agende beim Wort nehmen

Erneuerte Agende – was ist das?

Als im Advent 1990 der *»Vorentwurf« der Erneuerten Agende* (im folgenden: *Erneuerte Agende* genannt) in den evangelischen Kirchen Deutschlands zur Erprobung eingeführt wurde, beschäftigten sich auch viele Gemeindeleitungen und Gottesdienst-Arbeitskreise, Pfarrkonferenzen und Fortbildungsveranstaltungen wieder mit dem Thema Gottesdienst – genauer gesagt: mit dem Versuch, rund dreißig Jahre nach den »alten« Agenden (VELKD: 1954 und EKU: 1959)[1] die gottesdienstliche Entwicklung der Zwischenzeit für eine »erneuerte«, also nicht einfach nur neue Agende zu berücksichtigen und damit Gottesdienst in Auseinandersetzung mit der Tradition zu strukturieren und zu variieren.
Seit Anfang 1994 liegen die Beratungsergebnisse und Stellungnahmen aus vielen Landeskirchen vor, die weitgehend das grundsätzliche Anliegen *eines* gemeinsamen Gottesdienstbuches, einer *»Agende«, also das (in einem Gottesdienst) zu (Be- und Ver-) Handelnde*, unterstützen.
Damit setzt sich *unter historischem Blickwinkel* eine Entwicklung fort, die in den vergangenen 160 Jahren im inner-evangelischen Bereich zu zunehmender Annäherung der liturgischen Strukturen und Elemente geführt hat, so daß die Erneuerte Agende als *erstes gemeinsames Gottesdienstbuch der evangelischen Kirchen im deutschsprachigen Raum* einen vorläufigen Schlußpunkt markiert; vorausgesetzt, das Ziel des Vorentwurfs läßt sich verwirklichen, »kein Gottesdienst-Buch zum Ablesen, sondern eine Vor-

1. Die *Vereinigte Evangelisch-Lutherische Kirche Deutschlands (VELKD)* wurde 1948 in Eisenach als Zusammenschluß lutherischer Landeskirchen innerhalb der Ev. Kirche in Deutschland (EKD) gegründet. Zur VELKD gehören die Landeskirchen Bayern, Braunschweig, Hannover, Mecklenburg, Nordelbien, Sachsen, Schaumburg-Lippe und Thüringen. In einem Gastverhältnis stehen die Ev. Landeskirche in Württemberg, die Ev.-Luth. Kirche in Oldenburg, die Lutherische Klasse in Lippe, der Lutherische Gemeindeverband Bremen und die Ev.-luth. Kirchen in Baden.
Die *Evangelische Kirche der Union (EKU)* trägt ihren Namen seit dem 1. April 1954. Bis dahin hieß sie seit 1922 »Evangelische Kirche der altpreußischen Union«. Die Union beruht auf dem Aufruf des preußischen Königs Friedrich Wilhelm III., den er bei der Dreihundertjahrfeier der Reformation 1817 erließ. Die EKU ist die Gemeinschaft der in ihr zusammengeschlossenen Gliedkirchen: Ev. Landeskirche Anhalts, Ev. Kirche in Berlin-Brandenburg, Ev. Kirche der schlesischen Oberlausitz, Pommersche Ev. Kirche, Ev. Kirche im Rheinland, Ev. Kirche der Kirchenprovinz Sachsen, Ev. Kirche von Westfalen.
Vgl. zu den »alten« Agenden die Literaturangaben in der Liturgie-Didaktischen Grundausstattung S. 256f.

lage für eigenständiges gottesdienstliches Handeln in Verbundenheit mit anderen Gemeinden und mit der Christenheit«[2] zu entwickeln.

Dabei greift die Revisionsarbeit einerseits deutlich auf die »alten« Agenden aus den 50er Jahren zurück, die ihrerseits – *im Blick auf die VELKD* – »die erste gemeinsame Agende« darstellte, die an die Stelle der sich gegenseitig z.T. stark widersprechenden Agenden von 10 Gliedkirchen trat, während – *im Blick auf die EKU* – die seinerzeit vom preußischen König Friedrich Wilhelm III. 1822 entworfene und 1834 durchgesetzte Agende nach 60 Jahren durch die neue »Agende für die Evangelische Landeskirche« abgelöst wurde und bis zum Erscheinen der überarbeiteten Agende I (Die Gemeindegottesdienste) 1959 in Geltung blieb.[3] Gleichzeitig erinnert die Erneuerte Agende in ihren beiden Grundformen an die sich auch in den alten Agenden spiegelnden liturgischen Traditionen: den sog. *Meßgottesdienst*, hervorgegangen aus der vorreformatorischen, in ihrer Geschichte bis in die Anfänge der Christenheit zurückreichenden Messe, und den *Predigtgottesdienst* vor allem im oberdeutschen Bereich, hervorgegangen aus den im Spätmittelalter neben der Messe entstandenen ›Prädikanten-Gottesdiensten‹« (= Prediger-Gottesdienst).[4]

Diese beiden *Grundformen:*

I. Gottesdienst mit Predigt und Abendmahl, und
II. Predigtgottesdienst (mit Abendmahl)

leiten in der umfänglichen »Erneuerten Agende«, die mit ihren 776 Seiten kaum als »Handbuch« einzusetzen ist, den ersten Teil der Vorlage, die *Gottesdienstordnungen (Das Ordinarium)* ein.

Die Grundformen sind jeweils in *vier Teile* gegliedert:

A Eröffnung und Anrufung,
B Verkündigung und Bekenntnis,
C Abendmahl,
D Sendung bzw. Fürbitte und Sendung.

Zwei *Liturgien,* also ausgeführte Gottesdienstordnungen (= Ausformungsbeispiele der Grundformen) werden im zweiten Teil der Erneuerten Agende angeboten.

Varianten (= Austauschformen zu den einzelnen Teilen der Grundform I) wollen (anstelle von denkbaren »*Total*varianten« – das würde weitere *Grund*formen zur Folge haben) die »*Schwerpunkt*-Variation« fördern und

2. Erneuerte Agende, S. 9. Vgl. zur Entstehungsgeschichte der Erneuerten Agende aus der Sicht der Mitautoren die drei einleitenden Beiträge von J. Stalmann und W. Lührs in: W. Reich/J. Stalmann (Hg.), Gemeinde hält Gottesdienst, Hannover 1991, S. 9ff., 21ff., 29ff.

3. Vgl. C. Mahrenholz, Kompendium der Liturgik des Hauptgottesdienstes, Kassel 1963, S. 7ff.

4. Erneuerte Agende, S. 14.

damit ein Anliegen des in der Vorbereitung zur Erneuerten Agende erarbeiteten *Strukturpapiers*[5] aufnehmen.
Die »Väter der Erneuerten Agende« betonen, dies bedeute »zugleich eine weise und realistische Beschränkung der liturgischen Kreativität und eine Vermehrung neuer, spontaner und kreativer Elemente im Gottesdienst.«[6]
Knappe »liturgie-didaktische Hinweise für die Gestaltung in offener Form« (verstanden als *Block*varianten) deuten den »auffallend« unausgeführten »Spielraum« dieser Agende an. Diesem Ansatz fühlen wir uns besonders verpflichtet. Denn darin wird nicht nur sichtbar – wie die Autoren (!) der Erneuerten Agende selbst formulieren –, »wie stark die aktive Gemeindebeteiligung sein kann, wenn die spezifischen Möglichkeiten dieser offenen Formen zu sachgerechter Entfaltung kommen«[7], sondern in den »offenen Formen« kommt eine *zweite Tradition der Gottesdienstgestaltung* zum Tragen:

Die besonders seit dem Kirchentag in Düsseldorf 1973 wirksamen *Erfahrungen mit »Lebendiger Liturgie«*[8] – so der mehrdimensionale »Tendenzbegriff« für unterschiedliche liturgische Aufbrüche im Kontext des Kirchentages – mit den wegbereitenden sogenannten »Gottesdiensten in neuer Gestalt«[9] (seit Anfang der sechziger

5. Die durch die Luth. Lit. Konferenz Deutschlands veröffentlichte grundsätzliche Denkschrift »Versammelte Gemeinde – Struktur und Elemente des Gottesdienstes – Zur Reform des Gottesdienstes und der Agende« (Hamburg 1974) – das »Strukturpapier« – stellt die wesentliche Grundlage für die Beratungen der Arbeitsgruppe »Erneuerte Agende« dar, die von VELKD und EKU 1980 – also noch im Zeichen der Trennung in West- und Ost-Bereiche – mit dem Auftrag gebildet wurde, die Revisionsarbeit an der Agende I (Haupt- bzw. Gemeindegottesdienst) zu koordinieren, weiterzuführen und zu einem Abschluß zu bringen. Der Text dieses Strukturpapiers ist einerseits abgedruckt in: H. von Schade/F. Schulz (Hg.), Gottesdienst als Gestaltungsaufgabe (reihe gottesdienst H. 10), Hamburg 1979, zum anderen in einer von der VELK-DDR erweiterten Ausgabe, Berlin 1980. Außerdem jetzt auch in: W. Reich/J. Stalmann (Hg.), Gemeinde hält Gottesdienst, Hannover 1991, S. 129–133.
6. Erneuerte Agende, S. 16.
7. Erneuerte Agende, S. 17.
8. Vgl. zu diesem liturgischen »Programm« des Kirchentages, das sich aufs engste mit den Initiativen des Arbeitskreises Gottesdienst und Kommunikation (agok) – heute: Ausschuß für Abendmahl, Gottesdienst, Fest und Feier (AGOFF) – verbindet, den Bogen folgender Veröffentlichungen: agok (Hg.), Liturgische Nacht. Wuppertal 1974 – AGOFF (Hg.), Forum Abendmahl. Gütersloh 1979 (zum »Feierabendmahl) – Lebendige Liturgie, Gütersloh Bd. 1, 1990; Bd. 2, 1992 (vgl. darin besonders die beiden programmatischen Einleitungen von H. Schröer).
9. Vgl. wieder die Initialzündung durch den Kirchentag in dem Band: G. Schnath (Hg.), Fantasie für Gott. Gottesdienste in neuer Gestalt, Stuttgart 1965 und die systematische Untersuchung von D. Trautwein, Lernprozeß Gottesdienst. Ein Arbeitsbuch unter besonderer Berücksichtigung der »Gottesdienste in neuer Gestalt«, Gelnhausen/München 1972.

Jahre) und den nachfolgenden Politischen Nachtgebeten[10] und Themagottesdiensten[11], kreativen Kinder- und Familiengottesdiensten[12] bleiben im Hintergrund. Sie sind lediglich in den Varianten der beiden Grundformen und den damit verbundenen »offenen Formen« anzutreffen. Die damit vollzogene Akzentsetzung ist – so die Autoren der Erneuerten Agende – unmißverständlich:
»Es geht damit nicht darum, durch die Erneuerte Agende solche offenen Formen überall einzuführen (das wäre ein Widerspruch in sich!). Vielmehr will die Erneuerte Agende diese Formen aus der Isolation herausholen und in die gewachsene Ordnung sonntäglicher Gottesdienste einbeziehen und einwurzeln.«[13]

Demgegenüber fragen wir, ob nicht gerade der traditionell agendarische Gottesdienst »aus der Isolation« herausgeholt werden muß. Denn lebendige Gottesdienstgestaltung mit und in der Gemeinde ermöglicht *Leben im Gottesdienst* und hilft so auch die Erneuerte Agende entwickeln, damit sie ihrem eigenen Anspruch gerecht werden kann.

Auf die in der Erneuerten Agende darüber hinaus behandelten *Sonderformen* soll hier ebensowenig weiter eingegangen werden wie auf *die nach dem Kirchenjahr oder dem Anlaß wechselnden Texte (Proprium)*, denen eine umfängliche, gleichwohl in keiner Weise befriedigende *Auswahl von Texten und liturgischen Melodien* nachgeordnet ist.
Auf die *liturgiedidaktischen Hinweise* zu den Texten gehen wir jeweils in unserem Hauptteil »Ein Gang durch die Liturgie« bei den betreffenden Elementen des Gottesdienstes ein.

In diesem Zusammenhang ist schließlich noch auf die nicht zu unterschätzende Wirkung sogenannter *»alternativer« Agenden* hinzuweisen, die z.B. von den Kasualien her (= Fall, Bezeichnung für die kirchlichen Amtshandlungen wie Taufe, Trauung, Beerdigung usw.) die kasuelle (= auf eine besondere Situation bezogene) Bedeutung jeder Liturgie als »Gottesdienst menschlich«[14] herausgestellt haben.

10. Vgl. stellvertretend: D. Sölle/F. Steffensky (Hg.), Politisches Nachtgebet in Köln, Bd. 1+2, Stuttgart 1969 bzw. 1971; U. Seidel/D. Zils (Hg.), Aktion Politisches Nachtgebet, Wuppertal/Düsseldorf 1971.
11. Vgl. stellvertretend: H. Schröer/G. Ruddat, Themagottesdienste, Gütersloh 1973 und G. Kugler u.a., Kommentargottesdienste, Gütersloh 1972.
12. Vgl. als erste Modellbände: G. Kugler, Familiengottesdienste, Gütersloh 1971 und K. Rommel, Familien im Gottesdienst, Lahr 1971. Im übrigen vgl. die Literaturangaben »zu besonderen Gottesdienstformen« (siehe S. 261ff.).
13. Erneuerte Agende, S. 14.
14. Vgl. besonders F.K. Barth u.a., Gottesdienst menschlich, Wuppertal 1990 und zum Stichwort »Alternative Agenden« in der Liturgie-Didaktischen Grundausstattung (siehe S. 257f.).

Kriterien für lebendige Gottesdienstgestaltung

Dem Vorentwurf der Erneuerten Agende werden fünf Kriterien vorangestellt, die sich im Laufe der achtjährigen Revisionsarbeit der Arbeitsgruppe »Erneuerte Agende« »in zum Teil kontroversen und mühsamen Prozessen« herauskristallisiert haben:

- Verantwortung und Beteiligung der ganzen Gemeinde,
- erkennbare, stabile Grundstruktur mit vielfältigen Gestaltungsmöglichkeiten,
- Gleichberechtigung von bewährten traditionellen und neuen Texten,
- Erweiterung der reformatorischen Basis durch ökumenische Spiritualität,
- nicht ausgrenzende Sprache (inclusive language).[15]

Leider werden diese Leitkriterien, denen wir uns weitgehend anschließen, dann in den Ausführungen der Erneuerten Agende selbst nicht hinreichend berücksichtigt bzw. umgesetzt, so daß sich ein zwiespältiger Eindruck ergibt:
Einerseits erscheint die Erneuerte Agende als der strukturelle Versuch einer Gottesdienst-Initiative »von oben«, die erst noch »von unten« – gerade auch spirituell – aus-gefüllt sein will; andererseits besteht (zumindest) die Möglichkeit (wenn nicht sogar die Gefahr), daß die Erneuerte Agende als Instrument zur Sicherung des überkommenen agendarischen »Status quo« benutzt wird, gerade wenn die Arbeitsgruppe ausdrücklich betont: »Bei der Anwendung dieser fünf Kriterien konnte es nicht *nur* darum gehen, den bisherigen ›Besitzstand‹ zu wahren.«[16]

Für dieses Arbeitsbuch zur Erneuerten Agende stellen die Kriterien gleichwohl den Ausgangspunkt dar, weil wir uns darum bemühen wollen, mit diesen Kriterien mehr Ernst zu machen als das in der Erneuerten Agende geschehen ist und insofern »die Erneuerte Agende beim Wort zu nehmen«.[17]

15. Erneuerte Agende, 10. Diese Kriterien im Vergleich zu »Lebendiger Liturgie« diskutiert H. Schröer, »Lebendige Liturgie« und »Erneuerte Agende« – wie verhält sich das? In: S. Fritsch-Oppermann/H. Schröer (Hg.), Lebendige Liturgie 2, 1992, S. 9–19 (bes. S. 14ff.).

16. Erneuerte Agende, 20 (Unterstreichung vom Vf.), dabei ersehnen sicher manche Kritiker (!) der Erneuerten Abende so etwas wie einen »Status quo *ante*«, den *vorher* gehenden Zustand der alten Agenden.

17. Wie bereits angedeutet bilden neben diesen Kriterien vor allem die Grundformen mit ihren Varianten – und dabei vor allem die »offenen Formen« – die Grundlage dieses Arbeitsbuches.

Verantwortung und Beteiligung der ganzen Gemeinde

1. Die Reformation hat im Neuen Testament das allgemeine Priestertum der Getauften neu entdeckt und von daher den Gottesdienst in die *Verantwortung der ganzen Gemeinde* gestellt. In der Praxis ist dieser Neuansatz allerdings bald steckengeblieben: Sie bietet das Bild eines Pastorengottesdienstes, an dem die Gemeinde außer durch Singen und gelegentliche Antworten nur innerlich beteiligt erscheint. Eine Gemeinde von Schwestern und Brüdern, die nach dem biblischen Zeugnis mit einer Vielfalt von Geistesgaben beschenkt ist, wird sich mit allen ihren Erfahrungen und Fähigkeiten am Gottesdienst beteiligen. Die Gottesdienstordnung muß hierfür die Wege und Möglichkeiten erschließen.-[18]

Dieses erste Kriterium holt den Gottesdienst »in die Mitte der Gemeinde« (zurück) und knüpft damit deutlich einerseits an frühchristliche Traditionen an, die alle priesterlichen Funktionen entgrenzend und entkleidend Gottesdienst als gemeinsame Gestaltungsaufgabe entwickelten und damit einen machtverändernden Rollenwechsel ermöglichten.
Andererseits wurde trotz der reformatorischen Grunderkenntnisse in der konkreten Ausgestaltung die ungebrochen isolierte und damit auch isolierende »priesterliche« Verbeamtung verlängert und zementiert, die sich bis in die Gegenwart in der liturgischen Hierarchie: Pfarrer – Organist – Küster (wir benutzen an dieser Stelle bewußt die exklusive Sprache!) verwirklichte – und eben nicht in der überfälligen Ko-Ordination (!) und Kooperation verschiedenster Gemeinde-»Ämter« im Sonn- und Alltag.
Dieses Defizit der »Hauptamtlichen« markiert allerdings die Notwendigkeit einer grundlegenden liturgischen Aus- und Fortbildung, die mit der liturgischen Kompetenz auch die entsprechende kommunikative Kompetenz entwickelt, damit Ansätze zur Beteiligung der Gemeinde auch in gemeinsamen Lernprozessen begleitet werden können. Denn die Mündigkeit

18. Erneuerte Agende, 10. Vgl. zum Hintergrund innerhalb der Erneuerten Agende den Abschnitt »Die Beteiligung der Gemeinde am Gottesdienst« (23–26) – nach Schröer »das Beste an dem neuen Buch« (vgl. Anm. 15, S. 10) –, der im »Begleitheft für die Gemeinde« (Gottesdienst der mündigen Gemeinde, Berlin 1991) mit einer kleinen Entwicklungsgeschichte noch einmal abgedruckt ist (S. 28–32) und der den Vorschlag der von der Liturgischen Konferenz Niedersachsens formulierten »12 Helmstedter Thesen zur Verantwortung der Gemeinde für ihren Gottesdienst« (abgedruckt in: W. Reich/J. Stalmann (Hg.), Gemeinde hält Gottesdienst, Hannover 1991, S. 135–137) enthält, in allen Gemeinden Gottesdienst-Ausschüsse zu gründen, die dieses Kriterium umsetzen sollen.

der Gemeinde ist zutiefst verknüpft mit der Mündigkeit der liturgisch Gestaltenden.
Oder wie es zu diesem Kriterium im »Begleitheft für die Gemeinde« deutlich markiert wird: »Wenn das ›Priestertum aller Getauften‹, eines der Grunderkenntnisse evangelischen Glaubens, nicht in der Mitte der Gemeinde gewagt wird, dann wird es auch in allen anderen Bereichen nicht gelingen, weil an der entscheidenden Stelle Christenmenschen der Weg zur Mündigkeit verweigert wird.«[19]
Die landläufig weitgehend nur theoretische Verantwortung der Gemeindeleitung (Kirchenvorstand/Presbyterium) für den Gottesdienst, die sich – weit entfernt vom Pathos »der ganzen Gemeinde« – dementsprechend eher als liturgische *A*-pathie (= Teilnahmslosigkeit) entpuppt, ist nur durch verändernde *Sym*-pathie von liturgisch engagierten Gruppen einzulösen. Das können natürlich auch Gottesdienst-Ausschüsse der Gemeindeleitungen sein, die gleichzeitig die Beteiligung der Gemeinde auf allen Ebenen und in allen denkbaren Formen einfordern und damit den »langen Weg der kleinen Schritte« angehen.
Hier sind eine Reihe kontraproduktiver Begleitumstände im Erprobungsprozeß der Erneuerten Agende – angefangen bei der nicht gerade menschen- und benutzerfreundlichen Anlage bis hin zur im Textteil weitgehend durchschlagenden »Sprache Kanaans« – anzumerken, die gerade nicht den Ansatz »von unten« ernstgenommen haben. Damit wird eine Linie verstärkt, die in noch ganz anderem Ausmaß für die Erprobung des Vorentwurfs zum neuen »Evangelischen Gesangbuch« (1988) gilt, das in den ersten Landeskirchen bereits im Advent 1993 eingeführt worden ist.
Dieses Kriterium der Erneuerten Agende signalisiert unmißverständlich, daß mit dem Gottesdienstverständnis auch das Gemeindeverständnis auf dem Spiel steht, anders gesagt: Erneuerte Agende ist schlecht mit liturgisch unbeweglichen, »alten« Gemeinden zu gestalten, sondern zielt letztlich auf »Erneuerte Gemeinde«[20], auf Gottesdienst- und Kirchenreform.

Das Kriterium befragen:
Wie wird Gottesdienst zur »Sache der ganzen Gemeinde«?
Wie wird im Wechselspiel des Gottesdienstes »Verantwortung und Beteiligung der ganzen Gemeinde« wichtig gemacht?
Wie werden Gemeindeglieder vom konsumierenden Publikum zu wirklich Teil-Nehmenden?

19. E. Brinkel/G. Roth, Gottesdienst der mündigen Gemeinde, Berlin 1991², S. 9.
20. Vgl. Erneuerte Agende, S. 23: »Deswegen ist der Gottesdienst zum zentralen Thema der Beratungen und Bemühungen in der Gemeinde zu machen.«

Das Kriterium entwickeln:
Der Titel dieses Arbeitsbuches »*Gemeinde gestaltet Gottesdienst*« wird darum in dem gleichlautenden Kapitel so umgesetzt, daß einerseits der gemeindepädagogische Rahmen unserer Liturgie-Didaktik deutlich wird, andererseits im zentralen »Gang durch die Liturgie« besonders durch den *Arbeitsschritt zur Gestaltung der einzelnen Elemente des Gottesdienstes* liturgische Konkretionen mit und in der Gemeinde handgreiflich werden, die letztlich auf einen »Gottesdienst mit allen« zielen.
Wo in Gemeinden schon mit Predigtvor- oder -nachgesprächen begonnen worden ist, ist der *Weg von einer gemeinsamen Predigtwerkstatt* (= Vorbereitungsgruppe), die Wege lebendiger Bibelarbeit eröffnet, nicht allzu weit *zu einer gemeinsamen Gottesdienstwerkstatt*[21], die Wege lebendiger Liturgie kontinuierlich angeht und miteinander einübt und feiert.
Die Geschichte und Praxis des Kindergottesdienstes mit seiner kontinuierlichen Vorbereitung und Durchführung – in der Hand der Gemeinde – können hier horizonterweiternde Perspektiven aufzeigen.[22]

Erkennbare, stabile Grundstruktur mit vielfältigen Gestaltungsmöglichkeiten

> 2. Die *stabile Grundstruktur* des Gottesdienstes muß erkennbar bleiben. Sie bedarf aber wegen der sehr unterschiedlichen Situationen, in denen Gemeinden leben, immer wieder der vielfältigen Ausgestaltung. Grundkenntnisse des Glaubens, die sich auch in der Struktur des Gottesdienstes niederschlagen und deshalb nicht beliebig sind, bedürfen der Übersetzung in die Situation. Ort, Zeit und die jeweilige Gemeinde müssen innerhalb dieser Grundstruktur Berücksichtigung finden.[23]

In Zeiten zunehmender Mobilität spiegelt dieses zweite Kriterium den Versuch einer »Rahmen-Ordnung«, einer Grundstruktur des Gottesdienstes, die »Vielfalt in der Einheit« oder »versöhnte Verschiedenheit« – um Kon-

21. Vgl. entsprechend den Schritt von der Predigt- zur Gottesdienstanalyse an den beiden Veröffentlichungen: R. Bohren/K.-P. Jörns (Hg.), Die Predigtanalyse als Weg zur Predigt, Tübingen 1989 und K.-F. Daiber u.a., Gemeinden erleben ihre Gottesdienste, Gütersloh 1978.
22. Vgl. dazu etwa G. Ruddat, Kindergottesdienst elementar – eine Bilanz zwischen Isolation und Integration. In: Jahrbuch der Religionspädagogik Bd. 5 (1988), Neukirchen-Vluyn 1989, S. 113–134.
23. Erneuerte Agende, S. 10, vgl. dazu auch S. 13–21.

sensformeln der ökumenischen Bewegung aufzunehmen – anstrebt und damit im Streit um die Wirklichkeit des Gottesdienstes immer auch nach einer neuen Balance zwischen den elementaren Oppositionen verlangt, die das Gottesdienstverhalten regulieren:

- Fixierung und Spontaneität,
- Tradition und Innovation,
- Repräsentanz und Partizipation,
- körperliche und psychische Mobilität,
- Emotionalität und Rationalität,
- Aktion und Interpretation.[24]

Solche Spannungsbögen, die sich ohne weiteres in Richtung Sicherheit (im Sinne von Durchsichtigkeit) und Verunsicherung (im Sinne von Überraschung), Sich-Zuhause-Fühlen und Aufbrechen, Gastfreundlichkeit und Fremdheitsgefühl usw. erweitern lassen, befragen gleichzeitig, welche »Spielräume«[25] ein Gottesdienst eröffnen kann, der programmatisch Leben »erinnern – wiederholen – durcharbeiten«[26] will und damit die konkrete Situation der Gemeinde und ihrer Menschen, den unverwechselbaren Kontext, vor Augen führt.

Dieses Eingebundensein des Gottesdienstes haben wir im nachfolgenden »Gang durch die Liturgie« so überdacht, daß sich die Grundstruktur der Erneuerten Agende in ihren vier Blöcken in etwas veränderter Umschreibung darstellt:

A	Mit Leib und Seele ankommen	(Eröffnung und Anrufung),
B	Die Botschaft wahr-nehmen	(Verkündigung und Bekenntnis),
C	Miteinander ein Leib werden	(Abendmahl),
D	Mit dem Segen weiter-gehen	(Sendung).

Mit dieser Umformulierung ist gleichzeitig der Versuch einer systematischen Fortschreibung angedeutet, der Gottesdienst in Richtung eines »Gesamtkunstwerks«[27] entwickeln will, was hier nicht ausgeführt werden kann:

Liturgien, die »in sich« von Anfang bis Ende stimmen, wenn alle Beteiligten sich in ein gut konzipiertes und geist-volles »Ganzes« einfügen, haben

24. Vgl. M. Josuttis, Der Weg in das Leben, München 1991, S. 50.

25. Vgl. miteinander F. Schulz, Spiel-Regeln und Spiel-Räume nach der Erneuerten Agende, in: W. Reich/J. Stalmann (Hg.), Gemeinde hält Gottesdienst, Hannover 1991, 72–76 und die breit angelegte Studie von H.-G. Heimbrock, Gottesdienst: Spielraum des Lebens, Kampen/Weinheim 1993.

26. Vgl. die aus der AGOK erwachsene gleichnamige Studie »zur Sozialpsychologie des Gottesdienstes«: Y. Spiegel (Hg.), Erinnern – Wiederholen – Durcharbeiten, Stuttgart 1972.

27. Vgl. zu diesem Gedanken jetzt umfassend: R. Volp, Liturgik. Die Kunst, Gott zu feiern. Zwei Bände, Gütersloh 1992/1994.

als »Gesamtkunstwerk« (»Kunst kommt von Können«) nicht nur die ästhetische Dimension des Ganzen im Blick, sondern zielen besonders darauf, daß Menschen von einem Text (oder Symbol), in einer Liturgie, einem in unterschiedlichsten Dimensionen abgestimmten Gesamtwerk des Gottesdienstes sich mit all ihren unterschiedlichen Sinnen ganzheitlich angesprochen und betroffen fühlen und damit das Geschehen begreifen.

Das Kriterium befragen:
Wie kommt die konkrete Situation vor Ort im Gottesdienst ins Spiel?
Wie betten sich die Grunderfahrungen des Glaubens und Lebens dialogisch und dramaturgisch in das »Ganze des Gottesdienstes« ein?
Wie wird im Gottesdienst Theologie und Anthropologie elementar gefeiert?

Das Kriterium entwickeln:
Über den bereits erwähnten intensiven »Gang durch die Liturgie« hinaus bezieht auch unser Schaubild von *drei* Grundformen (→ »Gottesdienst auf einen Blick«, S. 47f.) eine »Ökumenischen Liturgie« ein, die als Adaption der Lima-Liturgie auf deutsche Verhältnisse zu verstehen ist.[28]
Die Fortschreibung dieses Kriteriums wird sich in der profilierenden Kraft solcher Grundstruktur in »kleinen Formen« von Alltagsgottesdiensten (→ S. 214f.) wie in der großen Form der (Gemeinde-)Festgestaltung erweisen.[29]

Gleichberechtigung von bewährten traditionellen und neuen Texten

3. In der Arbeit an *alten und neuen Texten* hat sich gezeigt, welche Ausstrahlungskraft viele Texte der Tradition im Gegenüber zu neuen Texten haben. Sie vermitteln z.T. geistliche Erfahrungen und Weisheit, für die wir heute noch keine Sprache gefunden haben. Von daher stehen Texte der Tradition und bewährte neue Texte gleichberechtigt nebeneinander.[30]

28. Vgl. F. Baltruweit, Ökumenische Liturgie konkret. Eine Wegbeschreibung von Lima bis Berlin. In: S. Fritsch-Oppermann/H. Schröer (Hg.), Lebendige Liturgie 1, Gütersloh 1990, S. 86–99.
29. Vgl. unseren Denkzettel »Der kleine Gottesdienst« (S. 214f.) und unser Raster zur Gestaltung eines Gemeindefest-Tages (S. 218f.).
30. Erneuerte Agende, S. 10. Vgl. zum Hintergrund: J. Stalmann, Alte und neue Texte für den Gottesdienst. In: W. Reich/J. Stalmann (Hg.), Gemeinde hält Gottesdienst. Hannover 1991, S. 49–55.

»Es gibt derzeit keine allgemein anerkannte und nachvollziehbare liturgische Sprache«[31], die den Bestand und die Gestalt alter und neuer Texte, die Geist und Erbe absichert. Jenseits aller Harmoniebedürfnisse und allen Proporzdenkens müssen sich *alle* Texte bewähren (auch die alten!). Die wechselnden Texte unterschiedlicher Traditionen und Zeiten haben dabei mit anderen Anfragen zu kämpfen als geprägte Texte wie Apostolisches Glaubensbekenntnis, Vaterunser oder (aaronitischer) Segen. Unabhängig von »liturgischen Gezeiten und Landschaften«[32] erscheinen uns Menschenfreundlichkeit (im Sinne von uneingeschränkter Lebensqualität) und Glaubwürdigkeit (im Sinne von authentischer Originalität) notwendig, wenn Sprache – verbal oder nonverbal – »ankommen« soll. Das spricht im Sinne der Erneuerten Agende für horizont-erweiternden Umgang mit Texten und Sprache (und das ist angesichts der einschränkenden und reglementierenden Agenden-Tradition bemerkenswert).

Wie die »klassische« Textpredigt durch Themen, Symbole, biblische und historische Gestalten, Lieder, Texte aus der Literatur usw. ergänzt und entgrenzt werden kann[33], so bieten sich gerade auch für geprägte Texte Aktualisierungen, Paraphrasen und Verfremdungen[34] an, wenn diese in die Liturgie wirklich einbezogen werden und damit helfen, sich mit der eigenen Tradition *auseinander*- und auch wieder *zusammen*-zusetzen.
Solche Zugänge bewähren sich gerade dann, wenn ich sie an unterschiedlichen Orten und Zeiten mit unterschiedlichen Menschen (-gruppen) erprobe, um für »angemessene« Sprache sensibel zu werden.[35]
Entsprechende Versuche der Annäherung können gleichzeitig eine (selbst-)kritische Arbeit in der Schreib-, Lese-, Sprech-Werkstatt für wechselnde

31. Erneuerte Agende, S. 20. Wer tiefer in alle Fragen nach der Sprache eindringen will, sei auf das Handbuch verwiesen, das dafür Grundwissen für Theologinnen und Theologen vermitteln will: A. Grözinger, Die Sprache des Menschen, München 1991.

32. So J. Stalmann, a.a.O., S. 50, wo er um der Akzeptanz willen ein gewisses »Mittelmaß« in Kauf nimmt.

33. Vgl. die parallele Entwicklung im Kindergottesdienst und anderen kirchlichen Handlungsfeldern.

34. Vgl. z.B. die zwölfbändige Reihe von S. und H.K. Berg, Biblische Texte verfremdet, München/Stuttgart 1986–1990 und die in der Liturgie-Didaktischen Grundausstattung zusammengestellten Textauswahlen.

35. Ähnlich wie in der lectio continua (siehe S. 98), einer Predigtreihe über einen biblischen Zusammenhang oder einen katechetischen Grundtext, ist auch die bewußte Einübung von Texten durch das Jahr oder in bestimmten Abschnitten und Zusammenhängen zu entwickeln.

Texte vorbereiten und fördern.[36] Da entwickelt sich eine eigene Textsammlung vor Ort.
Bemerkenswerte neue Zugänge zu alten Texten ermöglichen darüber hinaus nonverbale Vergegenwärtigungen, z.B. das Vaterunser in der Gebärdensprache.[37]

Das Kriterium befragen:
Wie sieht meine Textauswahl für einen konkreten Gottesdienst aus und wie verhält sie sich zu der Textauswahl anderer in der Gruppe, die einen Gottesdienst vorbereiten (für Text*auswahl* ist entsprechend auch Text-Gestaltung bzw. -Arbeit einzusetzen)?
Wie sieht mein bewährter Textbestand im Vergleich zu anderen aus?
Ist die Sprache, die ich für mich gefunden habe, unsere (über-trag- und über-setz-bare) Sprache?

Das Kriterium entwickeln:
Die Zusammenstellung einer person- wie gemeindebezogenen Textsammlung und -ordnung, die mit alten und neuen Texten von Zeit zu Zeit als »Handreichung« gedruckt erscheint, kann bei vielen Gelegenheiten vor Ort und unterwegs ein Barometer bewährter Sprache darstellen. In dieser Richtung ordnen sich im »Gang durch die Liturgie« exemplarische Bausteine zu den geprägten und den wechselnden Texten in eine liturgische Werkstatt ein, die sich ohne weiteres in dem Sinne entwickeln kann, daß unterschiedliche Stile und Haltungen im Gottesdienst transparent werden.[38]

36. Vgl. dazu z.B. »Gesichtspunkte für das Beurteilen, Verändern und Abfassen von Gebeten« (In: E. Brinkel/G. Roth, Gottesdienst der mündigen Gemeinde. Berlin 1991, S. 63–65), wo formale, sprachliche und inhaltliche Gesichtspunkte genannt werden.

37. Vgl. G. Ruddat, Hand-greiflich den Glauben bewegen. Das Vaterunser als Element liturgischer Didaktik zwischen Gemeinde und Kirchentag. In: S. Fritsch-Oppermann/H. Schröer (Hg.), Lebendige Liturgie 2, Gütersloh 1992, S. 39–57.

38. Die Anregung H. Schröers (a.a.O., S. 16) »Die drei jeweils angegebenen Gebete des Tages könnten sich z.B. stilistisch deutlicher unterscheiden« gestaltet die rheinische Stellungnahme zu dem Vorschlag: »Die Kollektengebete sollten neu gestaltet werden ... jeweils ein traditionelles Gebet, ein Gebet in neuer und ein Gebet in für Kinder zugänglicher Sprache«.

Erweiterung der reformatorischen Basis durch ökumenische Spiritualität

4. Eine Agende auf reformatorischer Basis kann heute am Reichtum *ökumenischer Spiritualität* nicht vorbeigehen. Sie würde ärmer, wenn sich nicht wahrnähme, welche geistlichen Kräfte hier Neues in Bewegung zu setzen vermögen. Um den Aufgaben und Problemen christlicher und kirchlicher Existenz heute und in Zukunft gewachsen zu sein, brauchen Gemeinden eine neue Spiritualität, neue Formen und Erfahrungen von Frömmigkeit. Und hierfür wiederum bedürfen unsere – gewiß unverzichtbaren – reformatorischen Grunderkenntnisse einer ökumenischen Erweiterung. Wir können auch im Gottesdienst aus der Ökumene lernen.[39]

Dieses vierte Kriterium führt uns nicht gleich in die weltweite Ökumene (= Ausland), sondern will erst einmal vor Ort als »ökumenische Geistesgegenwärtigkeit« buchstabiert werden: Welche Erweiterung bedeutet es da schon, wenn die weitgehend »monokulturelle Apartheid« unserer Gottesdienste und der sie feiernden Gemeinden durchbrochen wird – stadtteilbezogen, multi-konfessionell und -kulturell.[40]
Das kann da anfangen, wo evangelische und katholische Gemeinden ökumenische Gottesdienste nicht als lästige »Pflichtübungen«, sondern als unverwechselbare Erfahrungen in regelmäßigem Rhythmus feiern ... und solche Ökumene sich vielleicht zuerst bei Festen um »Ausländer«, »Behinderte« und andere »Randgruppen« erweitert. So wird Gemeinde selbst aus ihrer Tendenz zur »Apartheid« geholt; Formen ökumenischer Spiritualität sind nicht aufgesetzt, weil sie ursprünglich mitgeteilt werden können.[41]
Dieser »Sitz im Leben« ist erst recht wichtig, wenn im Lernprozeß weltweiter Ökumene die jeweilige Diasporaexistenz (= Kirche in der Minderheit leben) die Sprache und Spiritualität des jeweils anderen Kontextes

39. Erneuerte Agende, S. 10. Vgl. zur ökumenischen Diskussion die nach Abschluß des Manuskripts erschienenen Beiträge: K. Richter, Die »Erneuerte Agende« – Nähe und Distanz zur erneuerten katholischen Liturgie, in: Gemeinsame Arbeitsstelle für gottesdienstliche Fragen der EKD, Hannover, Heft 19/1994, S. 3–22 und D. Tripp, Erneuerte Agende aus ökumenischer Sicht, ebd., Heft 20/1994, S. 3–56.

40. Vgl. dazu auch D. Werner, Missio Dei in unserem Land. Ökumenische Gemeindeerneuerung. In: Zeitschrift für Mission, 1993, H. 1, S. 6–25.

41. Vgl. über die Materialien zum Weltgebetstag oder Weltmissionstag oder im Ökumenischen Fürbittkalender hinaus die Anstöße von D. Trautwein, Mut zum Fest, München 1975 (besonders den Abschnitt: Von fremden Feiern lernen, S. 78ff.).

wahr-nehmen lernt.[42] Begegnungen und Besuche sind dafür besonders geeignete liturgische Spielräume.

In der Gestaltung interkultureller oder gar interreligiöser Liturgien stehen wir noch am Anfang, wobei die reformatorische Basis unversehens zum Knüppel werden kann, der die ökumenische Spiritualität zum Krüppel macht, was in dieser Sprache der Gewalt nichts anderes heißt, als daß von ökumenischer Spiritualität nur das »durch-kommt«, was domestiziert (gezähmt) werden kann. – In gewisser Weise ist hier auch das 3. Kriterium ökumenisch weiterzudenken.

Was das für den Agenden-Alltag bedeuten kann, hat Peter Cornehl in der Einleitung zu seiner Sammlung »Gebete unserer Zeit« pointiert formuliert, auch wenn er natürlich zwischen dem liturgischen und dem privaten Gebrauch solcher Texte unterscheidet und vor naiver christlicher Okkupation (Besitzergreifung durch »Eingemeindung«) warnt:

»Vermutlich werden wir in Zukunft das Ökumenische noch weiter auslegen müssen. Vielleicht wäre es gut gewesen, schon jetzt die Übergänge etwa zur Lyrik noch offener zu halten und schon jetzt externe Zeugnisse – Songs, Agitatorisches, Kabarettistisches – konsequent mit einzubeziehen. Ich glaube, daß recht bald nur noch solche ›Agenden‹ für die feiernde Gemeinde interessant sein werden, zu denen Bob Dylan und Pete Seeger ebenso Material beisteuern werden wie Kurt Marti und Marie Luise Kaschnitz, in deren musikalischem Repertoire die Rolling Stones und Jefferson Airplane ebenso vertreten sein werden wie Franz Josef Degenhardt und Hanns Dieter Hüsch, in denen eine Litanei von Huub Oosterhuis neben einer von Peter Handke steht und wo selbstverständlich Wolf Biermanns ›Gebet der alten Kommunistin Oma Meume aus Hamburg‹ nicht fehlt.«[43]

Das Kriterium befragen:
Wie erweitert sich die Gottesdienstpraxis unserer Gemeinde – lokal und global – durch ökumenische Spiritualität?

Das Kriterium entwickeln:
Die »Ökumenische Liturgie« als dritte Grundform dieses Arbeitsbuches will im angedeuteten Zusammenhang »Anstoß« zu einer ökumenischen Gottesdienstpraxis sein, die dann selbstverständlich auch vertraute Texte wie das Vaterunser in fremden Sprachen einbezieht, was bei Liedern schon weiter entwickelt ist.

42. Eine Gemeinde, die z.B. im Kontext ihrer Partnerschaft mit einer philippinischen Gemeinde die pazifische Variation des Jesus-Wortes »Ich bin die Kokosnuss des Lebens« gestaltet, wird dieses Wort auch im Abendmahl »ganzheitlich« ganz anders umsetzen können als eine Gemeinde, die sozusagen »freischwebend« derartige ökumenische Spiritualität »auf Abruf« übernimmt.

43. Veröffentlicht Gütersloh 1973, S. 9. Zitiert nach: P. Cornehl, Lieder – Lyrik – Liturgien. In: D. Zillessen u.a. (Hg.), Praktisch-theologische Hermeneutik. Rheinbach-Merzbach 1991, S. 297–305 (hier: S. 299).

Nicht ausgrenzende Sprache (inclusive language)

5. Die berechtigte Forderung nach einer *nicht ausgrenzenden Sprache* (inclusive language) stellt für eine Agende heute besondere Aufgaben. Diese bedeutet, daß die Sprache alle diejenigen einschließt, die wir allzu oft und leicht übersehen. Es handelt sich dabei nicht nur um Anfragen z.B. von Frauen oder auch jungen Menschen in der Kirche, sondern auch um eine ganze Reihe von Randgruppen und Minderheiten, die sich in einem christlichen Gottesdienst nicht ausgeschlossen fühlen dürfen. Das Problem betrifft aber auch unser Verhältnis zu den anderen Kirchen in der Ökumene. Unsere Sprache wird jedenfalls der Einheit der Kirche nicht gerecht, wenn sie Menschen ausschließt.[44]

»So sehr diese Forderung grundsätzlich einleuchtet, ist sie doch in der sprachlichen Gestaltung nicht immer leicht zu verwirklichen.«[45] Diese Schwierigkeit spiegelt der Textteil der Erneuerten Agende[46] nachdrücklich wider. Darum muß dieses fünfte Kriterium in besonderer Weise eingeübt und memoriert werden, solange bis es nicht mehr notwendig ist, frauen- oder umfassender: menschen- und gottgerechte Sprache zu fördern und zu fordern, weil Leben in Gottesdienst und Gemeinde angestiftet ist, wo niemand benachteiligt und unterdrückt wird. Ein solcher Katalog kann etwa so aussehen:

1. Frauen ausdrücklich benennen,
2. Frauen als selbständige Personen beschreiben,
3. Frauen in ihrer Rollen- und Begabungsvielfalt sichtbar machen,
4. behinderte Menschen nicht auf die Abweichung von meiner Norm festlegen,
5. Menschen anderer Hautfarbe und anderen Glaubens nicht abwerten,
6. jüdische Menschen als Volk Gottes achten,
7. Gott nicht durch den Gebrauch männlicher Bilder einschränken.[47]

44. Erneuerte Agende, S. 10.

45. Erneuerte Agende, S. 20. Vgl. demgegenüber die zunehmende Zahl alternativer Frauenliturgien (siehe Liturgisch-Didaktische Grundausstattung, S. 262f.).

46. Vgl. die kritische Bewertung von Sigrid Großmann, Ein Blick auf die Erneuerte Agende aus feministischer Perspektive. In: Erneuerte Agende. Dokumentation einer Studientagung. Hg. Beratungs- und Studienstelle für den Gottesdienst, Düsseldorf 1991, S. 39–52.

47. Aus: Frauengerechte Sprache – Spielregeln. Arbeitsblatt der Ev. Frauenarbeit in Deutschland, Frankfurt/M. o.J.; vgl. ausführlicher die 10 »Merkposten für eine vorurteilsfreie Sprache im Gottesdienst« (In: Gottesdienst der mündigen Ge-

Dieses in der Ev. Frauenarbeit entstandene Sieben-Punkte-Programm verändert auf die Dauer unser Frauen- (und Männer-), Menschen- und Gottesbild und weitet jene eben zuerst von Frauen geforderte inklusive Sprache[48] – im Sinne einer Selbstverpflichtung – auch auf andere mit Vorurteilen besetzte Minderheiten und Menschengruppen aus.
Das ist in der ganzen Liturgie (und natürlich in der gesamten Gemeindearbeit) einzulösen, etwa dadurch, daß Themen und Inhalte z.B. von Gebeten zusammen mit Betroffenen entwickelt bzw. durch sie selbst gestaltet werden.
»Normal ist, verschieden zu sein!« Und diese Unterschiedlichkeit muß in der Liturgie zum Ausdruck kommen.

Das Kriterium befragen:
Wo entdecken wir in der Sprache unserer Gottesdienste und im Verhalten unserer Gemeinde exklusive (ausgrenzende) Tendenzen, und wie können wir inklusive Schritte der Veränderung verabreden und umsetzen?

Das Kriterium entwickeln:
Abgesehen von dem Bemühen um inklusive Sprache in diesem Arbeitsbuch haben wir exemplarisch versucht, von Menschen, die behindert genannt werden, zu lernen. Entsprechende liturgische Erfahrungen ziehen sich durch das ganze Arbeitsbuch und können zu entsprechendem Transfer anregen. Gottesdienst für alle, besser: mit allen zu feiern, ist darum Ziel aller unserer Annäherungsversuche.

meinde, Berlin 1991, S. 50–53, Literatur zum Thema: 82). Grundsätzlich: H. Wegener/H. Köhler (Hg.), Frauen fordern eine gerechte Sprache, Gütersloh 1990.

48. Zur US-amerikanischen Vorgeschichte und den sich daraus ergebenden Herausforderungen für den deutschsprachigen Raum vgl. T. Berger, Auf der Suche nach einer »integrativen Liturgie«, in: Liturgisches Jahrbuch 37, 1987, S. 42–66 (jetzt wieder abgedruckt in dem Reader: Feministische Theologie, Comenius-Institut (Im Blickpunkt 4), Münster 1989, S. 117–128).
Einen Anstoß in dieser Richtung gibt die besondere Predigtreihe »... und schuf sie als Mann und als Frau«, die in der Ev. Kirche von Westfalen im ersten Halbjahr 1994 alternative Predigtmeditationen zum Schwerpunktthema »Gemeinschaft von Frauen und Männern in der Kirche« mit knappen liturgischen Hinweisen versieht (zu beziehen über: Arbeitsstelle Gottesdienst, Dortmund).

Den Kriterienkatalog fortschreiben

In der Stellungnahme zum Vorentwurf der Erneuerten Agende, wie sie vor der Landessynode der Ev. Kirche im Rheinland im Januar 1994 beschlossen worden ist (Drucksache 6), wird in konsequenter Fortführung der landessynodalen Beschlüsse zur »Neuordnung des Verhältnisses von Christen und Juden« als *zusätzliches Kriterium* vorgeschlagen: *die bleibende Erwählung Israels als Volk Gottes*.[49]

Damit sind alle, die mit der Erneuerten Agende arbeiten, nachdrücklich gefragt, inwieweit sie sich zu diesem zusätzlichen Kriterium und möglichen anderen Maßstäben verhalten, die doch insgesamt nichts anderes im Auge haben, als den Gottesdienst und die ihn feiernden Gemeinden zu »inspirieren« (= ihnen den Geist Gottes »einzuhauchen«). Auch in dieser Hinsicht ist die Erneuerte Agende beim Wort zu nehmen und zu entwickeln.

49. Vgl. dazu den sechsten Punkt des Katalogs zur Entwicklung inklusiver Sprache (S. 37).
Siehe dazu auch die Stellungnahme zum Vorentwurf der Erneuerten Agende durch den Ausschuß »Christen und Juden« der Evangelischen Kirche von Westfalen (1993), der sich bis hin zur Überarbeitung der in der Erneuerten Agende angebotenen Psalm- und Gebetstexte intensiv mit der Agende auseinandergesetzt hat und detaillierte Vorschläge zur Überarbeitung der Gesamtgestalt macht.

Ein Gang durch die Liturgie

Einführung

Wir feiern in jedem Gottesdienst eine *Liturgie*, einen *Weg*.
Dieser Weg hat schon lange vorher begonnen: Mein Leben lang hat Gott mir »gedient« – und seit meiner Taufe bekenne ich mich dazu. Der Gottesdienst endet auch nicht mit dem Segen; er führt in den Alltag hinein. So wie Gott mir dort dient, geht es auch darum, daß ich Gott diene. Die sonntägliche Liturgie ist eine feierliche »Verdichtung« dessen, was vor und nach ihr geschieht, ein gemeinschaftliches Geschehen, für das die Auferstehung Jesu – seine Lebendigkeit – den theologischen Bezugspunkt bildet. So will die Dimension des *Lebens* den Gottesdienst*charakter* bestimmen.

Liturgie – was heißt das?

Das Wort *Liturgie* gibt es in fast jeder Sprache. Das ursprünglich aus dem Griechischen stammende Wort bedeutet eigentlich »etwas für das Volk leisten / Dienst tun«: Die Liturgie soll ein Teil des Lebens der Menschen und somit »erdverbunden« sein. Schon die ursprüngliche Übersetzung zeigt: Das Subjekt des Weges, der miteinander gegangen werden soll, ist die Gemeinschaft. Die Liturgie ist ein Weg, auf dem wir Gott und Menschen *begegnen*. Und das Wichtigste bei der Feier des Gottesdienstes ist, diese Begegnung nicht zu verhindern, sondern sie zu ermöglichen. Denn sonst *hält* allein der Pastor oder die Pastorin den Gottesdienst – und wenn er bzw. sie ihn nicht hält, dann fällt der Gottesdienst in sich zusammen. In so einem Fall wird Gottesdienst *nicht* als Gottesdienst der Gemeinde gefeiert, die einen Weg zusammen geht. Denn zum Feiern brauchen wir einander. Und wir brauchen besonders auch die Kinder und die Jugendlichen, die uns in den sogenannten Hauptgottesdiensten wieder das Feiern beibringen können, wenn wir selbst es verlernt haben.
In der Liturgie kommen biblische und kulturelle Elemente zusammen. Das war von Anfang an so. Und das kann in der Erfahrung des Evangeliums, in der Gotteserfahrung und in der Erfahrung der Liturgie *nur so* sein.
In einem Schlußdokument der Weltmissionskonferenz des Ökumenischen Rates der Kirchen in Bangkok 1973 heißt es:
»Wahre Theologie schließt Reflexion von Erfahrung ein, Erfahrung der christlichen Gemeinschaft an einem bestimmten Ort zu einer bestimmten Zeit. Sie wird deshalb Theologie im Kontext sein; sie wird praktisch anwendbare und lebendige Theologie sein, die billige Verallgemeinerungen ablehnt, weil sie zu und aus einer bestimmten Situation spricht.«[1]
Liturgie ist Ausdruck von Theologie. Und wenn die feiernde Gemeinde nicht *Kontext*, sondern *Text*, also Subjekt des Weges, der Liturgie ist, darf und muß sie überlegen, wie sie ihren Gottesdienst gestalten will – wie ein Gottesdienst ihr gemäß ist. Das Kapitel *Ein Gang durch die Liturgie* möchte dabei helfen.

1. Schlußdokument der Sektion 1 »Kultur und Identität«, in: Ph. Potter, Das Heil der Welt heute, Stuttgart 1973, S. 181f.

In der Regel bestimmen die sonntägliche Liturgie zwei sie strukturierende Dimensionen: Die Teile, die normalerweise in jedem Gottesdienst gleichbleiben (z.B. der *Segen*), werden *Ordinarium* genannt (das, was den »stabilen Rahmen« des Gottesdienstes »im Allgemeinen« bildet); und die Teile, die in jedem Gottesdienst verschieden sind (z.B. die Bibellesungen), werden *Proprium* genannt (das, was das Besondere *dieses einen* Gottesdienstes ausmacht).
Hilfreich ist zunächst zu wissen, was unbedingt zum Gottesdienst gehört. Das sind *Schriftlesung, Predigt und eine Form der Antwort der Gemeinde* (Gebet ...) – und bei der Feier des Abendmahls *Einsetzungsworte und Austeilung*.[2] Das ist »nicht viel« – da ist ein weiter Spielraum für die Gestaltung des Gottesdienstes.

Die Arbeitsschritte der Liturgie-Didaktik

Wir wollen in diesem Kapitel den einzelnen Schritten der Liturgie nachgehen, nach ihrer theologischen Begründung und ihrem historischen Ort, auch nach dem Kontext fragen, in dem wir sie jeden Sonntag erleben. Und wir wollen sehen, wie die Schritte so zu gestalten sind, daß *Leben im Gottesdienst* geschieht.
Dazu soll in diesem Kapitel folgende wiedererkennbare Grundstruktur (das »Ordinarium« des jeweiligen Abschnitts) das Mitgehen bei den einzelnen Schritten in ihren Besonderheiten (»Proprium«) erleichtern:

1. Im Kontext des Gottesdienstes
Wir wollen zeigen, welche Bedeutung ein spezieller Schritt (z.B. das *Kyrie*) im Gesamtzusammenhang des Gottesdienstes hat.

2. Zur Erinnerung
Wir wollen Hinweise zur Entstehung bzw. Geschichte des speziellen Gottesdienstschrittes geben. Denn nur wer etwas über die gewachsene Bedeutung weiß, kann im Gottesdienst einen liturgischen Schritt mit souveräner Phantasie gestalten.

2. So heißt es in der Denkschrift »Versammelte Gemeinde«, auf der die Erneuerte Agende basiert (siehe Erneuerte Agende, S. 13) – in: H. v. Schade und F. Schulz (Hg. im Auftrag der Lutherischen Liturgischen Konferenz Deutschlands), Gottesdienst als Gestaltungsaufgabe, Hamburg 1979, S. 13 + 15.

3. Das ... (z.B. Kyrie) gestalten
Wir wollen Gesichtspunkte für die konkrete Gestaltung anbieten – nach dem Motto »Hilfe zur Selbsthilfe«:

• Dabei hilft *»Ein Blick in die Erneuerte Agende«* (sprich: in den Vorentwurf) – in der Erneuerten Agende stecken erstaunlich viele (liturgische) Lebensmöglichkeiten. Wir müssen sie nur entwickeln.

• Dabei helfen *»Exemplarische Bausteine«*, die zeigen, wie *Möglichkeiten* zu *Wirklichkeiten* werden können. Der entsprechende didaktische Kommentar gibt nicht nur Hinweise zur Struktur der einzelnen Elemente, sondern zielt auch auf eine Übertragung in unterschiedliche gottesdienstliche Situationen.

• Dabei hilft (in jedem Abschnitt) der Baustein *»Aus der Ökumenischen Liturgie«*; zusammen ergeben die Bausteine dieser »Reihe« eine vollständige Liturgie.

Die *Ökumenische Liturgie* wurde in der vorliegenden Form für das Ökumene-Forum des Münchener Kirchentages 1993 entwickelt und dort gefeiert – wie auch in Gottesdiensten verschiedener »ganz normaler« Gemeinden. Wir haben sie als »durchlaufendes Beispiel« ausgewählt, weil in ihren Texten umgesetzt wird, was wir von den einzelnen Schritten der Liturgie erwarten und weil sie ein Beispiel dafür ist, wie die Leitkriterien der Erneuerten Agende entwickelt werden können. Sie ist die dritte *Ökumenische Liturgie*, die auf einem Kirchentag gefeiert wurde – als eine in unsere Situation hinein adaptierte Form der *Lima-Liturgie*, in der die auf der Ebene des Ökumenischen Rates der Kirchen gefundenen Gemeinsamkeiten 1982 Gestalt gewannen (→ S. 162).[3]
Mehr als hundert Menschen haben die *Ökumenische Liturgie* zusammen mit Fritz Baltruweit vorbereitet und zum Gelingen der Feier beigetragen: Der *Ökumenisch-Liturgische Arbeitskreis*, bei dem Gemeindegruppen aus dem Raum Bremerhaven, Buxtehude, Emden, Essen, Garbsen, Leipzig und München mitwirkten und die *Forumsleitung des Ökumene-Forums* des Deutschen Evangelischen Kirchentages.

3. Die beim Berliner Kirchentag 1989 gefeierte Ökumenische Liturgie »Unter dem Feigenbaum« kann nachgelesen werden in: Fritz Baltruweit, Ökumenische Liturgie konkret, eine Wegbeschreibung von Lima bis Berlin, in: S. Fritsch-Oppermann und H. Schröer (Hg.), Lebendige Liturgie. Texte Experimente Perspektiven, Gütersloh 1990, S. 86–99.

Die Ökumenische Liturgie zeichnet sich u.a. dadurch aus, daß der Predigttext (die Geschichte vom barmherzigen Samariter) auch die entscheidenden Schritte der Liturgie prägt. Um das herauszuheben, werden die entsprechenden Texte durch eine *Pantomime-Darstellung* (mit Musik) unterstrichen. Um einen Eindruck davon zu vermitteln, behelfen wir uns mit dem Hinweis durch das nebenstehende Symbol und mit einer Foto-Serie. Die Darstellerinnen sind Katrin Ahlers, Heike Hinsch und Silke Stöhr aus Garbsen und Hannover.

• Schließlich hilft dabei der Baustein *»Liturgische Werkstatt«*, in dem Möglichkeiten angeboten werden, in der Gruppe (oder allein) den entsprechenden liturgischen Schritt zu »erlernen« bzw. eine (neue) Sensibilität zu gewinnen.

• Für einige Themen, die über einen liturgischen Schritt hinausgehen und für den ganzen Gottesdienst bedeutsam sind, haben wir einzelnen Abschnitten *Denkzettel* beigefügt.

Zur besseren Übersicht fassen wir in einem Schema in dreifacher Weise die Gottesdienststruktur zusammen, die wir vermitteln wollen und die zeigt, was für uns *die Erneuerte Agende entwickeln* heißt:

1. eine Grundstruktur für jeden Sonntag,
2. eine (schlichtere, aber Leben eröffnende) Alternative,
3. die ausführliche Form der Ökumenischen Liturgie.

Gottesdienst auf einen Blick

	Unser Gottesdienstvorschlag: ([Grund-]Form auf Basis der Erneuerten Agende)	Alternative:	Ökumenische Liturgie:
A Mit Leib und Seele ankommen (Eröffnung und Anrufung)	Sich auf den Gottesdienst vorbereiten (die Mitwirkenden begrüßen und mit dem Vorbereitungskreis in der Sakristei zusammen beten)		Einstimmung mit Liedern, einander begrüßen – auch die die Mitwirkenden; mit einem Lied still-werden
	Glockengeläut Vorspiel	Glockengeläut Vorspiel	Liturgischer (Solo)Tanz
	Begrüßung (Psalm) Eingangslied evtl. Gloria Patri	Begrüßung (Psalm) Eingangslied	Gruß Psalmgebet Lied
	<Sündenbekenntnis> Kyrie (evtl. entfaltet und mit Stille)		Kyrie (entfaltet) mit Kehrvers
			Situation (Sündenbekenntnis) Bitte um den Geist Lied
	Gloria Lied		Gloria (entfaltet) Lied
	Gebet des Tages	Gebet des Tages	Gebet des Tages
B Die Botschaft wahr-nehmen (Verkündigung und Bekenntnis)			Prozession (Wort, Licht, Brot ...) mit Lied (Kehrvers)
	Alttestamentliche Lesung		Alttestamentliche Lesung (Mitmach-)Aktion
			(Solo-)Lied
	(oder Lesung der Epistel) Halleluja-Lied		Lesung der Epistel Symbol-Meditation (mit Lied und Gebet)
	Lesung des Evangeliums	Biblische Lesung (evtl. entfaltet)	Lesung des Evangeliums
	Lied	(Lied)	(Solo-)Lied

Die Botschaft wahr-nehmen (Verkündigung und Bekenntnis)	Predigt Musik oder Lied Glaubensbekenntnis Lied Abkündigungen Lied (Einsammeln des Dankopfers) Fürbittengebet (mit Kehrvers)	Predigt Musik oder Lied Glaubensbekenntnis Lied Abkündigungen Lied (Einsammeln des Dankopfers) Fürbittengebet (mit Kehrvers)	Predigt Musik oder Lied Glaubensbekenntnis (Lied) Kollektenansage Lied (Einsammeln des Dankopfers) (spontane) Fürbitten mit Kehrvers
C Miteinander ein Leib werden (Abendmahl)	Lied <Sündenbekenntnis> Vorspruch Präfationsgebet Sanctus Einsetzungsworte (mit Lobpreis) Vater unser (Agnus Dei) Einladung Austeilung Friedenszeichen Dankgebet Liedvers	Lied Gebet Einsetzungsworte (mit Lobpreis) Vater unser Einladung Austeilung Friedenszeichen Dankgebet Liedvers	Lied / Vorbereitung des Abendmahlstisches Gabengebet Präfationsgebet Sanctus Einsetzungsworte (mit Lobpreis) Epiklese Hosianna Vater unser Einladung Austeilung Friedenszeichen Lied Dankgebet
D Mit dem Segen weiter-gehen (Sendung)	Sendung Segen Nachspiel	Sendung Segen Nachspiel	Sendung Segen Segenslied
	Zusammenbleiben bei Kaffee, Tee, Keksen, miteinander klönen … in Frieden gehen		Zusammenbleiben, singen, tanzen, miteinander aufräumen, Gute-Nacht-Geschichte, in Frieden gehen

A. Mit Leib und Seele ankommen (Eröffnung und Anrufung)

Der Gottesdienst beginnt vor dem Gottesdienst

Ein Fragebogen für die Verantwortlichen des Gottesdienstes

1. Wer kommt an diesem Sonntag?
   (→ Den Gottesdienst in der Gemeindearbeit vernetzen, S. 223ff.)

   - Kommen Menschen, die ich »normalerweise« nicht erwarte (z.B. am Volkstrauertag)?
   - Aus welcher Situation kommen die Menschen zum Gottesdienst? (Alte Menschen, die sich gedanklich schon lange auf den Gottesdienst eingestellt haben; Mütter/Väter, die vom noch nicht abgedeckten Frühstückstisch im letzten Moment aufgebrochen sind; junge Erwachsene, die noch gar nicht gefrühstückt haben …)
   - Wie nehme ich diese Situationen auf?
   - Wie werden die Menschen, die zum Gottesdienst kommen, an der Kirchentür empfangen? Von wem?
     (Wissen die Begrüßenden, ob Liederzettel und/oder das Gesangbuch ausgeteilt werden müssen?)
   - Besteht Gelegenheit, den Mantel abzulegen?
   - Wie gestaltet sich das Hineingehen? Wird geredet? Ist alles still? Wird schon gesungen oder Musik gehört? (Übt der Organist/die Organistin noch?) Wann werden die Kerzen angezündet, der (Abendmahls-)Tisch gedeckt? Welche Elemente integriere ich bewußt in die Vorphase des Gottesdienstes?
   - Welchen Ort suchen die Menschen, die am Gottesdienst teilnehmen? Was wünschen sie sich für den Gottesdienst?
     Suchen sie einen distanzierten Ort in der letzten Reihe oder am Rande – mit Distanz auch zu den Nachbarn – oder vorn, im Kreis anderer?
     Wie gewinnen sie Sicherheit für das Kommende?
     Welchen ersten Eindruck gewinnen sie vom Kirchenraum?

2. Was ist mit dem Raum? Wie ist er gestaltet?
   (→ Den Gottesdienstraum gestalten, S. 52f.)

   - Was ist in *diesem* Gottesdienstraum sinnvoll und möglich?
   - Welche Formen der Kommunikation legen sich nahe?
     Wie ist das Gefühl zu verstärken, daß wir *eine* Gemeinde sind?

- Wie kann ich den Weg der Liturgie sinnvoll in den vorhandenen Raum »einbetten«?
  (»Wahrnehmungs«übung dazu: in verschiedenen Gemeinderäumen und -ecken sich zu Andachten treffen und wahrnehmen, was Räume und ihre Gestaltung für Folgen haben für den Gottesdienst ...)
- Welcher Raum verträgt welche Liturgie?
  (Vertragen multi-funktionale Räume in Gemeindezentren dieselbe gregorianische Liturgie wie eine große Hallenkirche?)
- Wie sind die Lichtverhältnisse? Was wird durch Licht in dem Raum hervorgehoben? Sind die Gesichter der Mitwirkenden z.B. am Lesepult gut zu sehen?
  (→ Technik im Gottesdienst, S. 112f.)

3. Was ist mit mir – und mit meiner Zeit?

- Wann komme ich an?
- Wann habe ich die technischen Vorbereitungen abgewickelt?
- Habe ich Zeit, den Raum noch einmal auf mich wirken zu lassen und mich »seelisch einzuschwingen«?
- Was ist mit meiner »liturgischen Präsenz«?
  – Habe ich *Ruhe* vor dem Gottesdienst gefunden, um mich jedem Schritt, jedem Übergang in der Liturgie in Ruhe zu widmen und ihn wichtig zu nehmen?
  (Regel: Erst den einen Schritt zu Ende führen, dann den nächsten Schritt angehen.)
  – Habe ich mir klargemacht, was ich mit *jedem* liturgischen Schritt *will*? (Meine Einstellung zu jedem Schritt der Liturgie wird deutlich sichtbar werden!)
  – Habe ich den Ablauf so klar (und auswendig) vor Augen, daß ich frei bin für das Geschehen des Gottesdienstes und Sicherheit bei der »Führung« durch den Gottesdienst ausstrahlen kann?

4. Was ist mit denen, die mit mir zusammen den Gottesdienst vorbereitet haben?

- Wann kommen die, mit denen ich zusammen Gottesdienst gestalte? Habe ich Zeit, sie zu begrüßen?
- Ist Zeit und Ruhe dafür da, sich mit ihnen zu treffen, um die Vorbereitungen und das Geschehen, was nun folgt, in Gottes Hand zu legen? Ist Zeit für ein Gebet mit der Bitte um Gottes Gegenwart in der kommenden Stunde?[1]

1. Die Vorbereitung wird in dem Gebet in den Horizont der Erwartung gerückt, daß etwas im Gottesdienst geschieht, daß Leben geschieht und sich ereignet, daß *Raum*

Ein exemplarischer Baustein

Gott,
wir danken Dir,
daß wir hier sein dürfen,
hier in Deinem Haus.
Wir haben uns vorbereitet
und legen nun all das Gedachte und Aufgeschriebene
und uns selbst in Deine Hand.
Sei Du mitten unter uns.
Sei Du unsere Mitte.
Führe Du uns durch den Gottesdienst
und laß uns Deine Werkzeuge sein.
Begleite Du diese Stunde mit Deinem Segen.

Dieses Gebet in der Sakristei, bei dem sich die Beteiligten die Hände reichen können, schließt die Vorbereitung ab und faßt ihren Sinn zusammen: Die Zeit *vor* dem Gottesdienst zielt darauf, *für* das Gottesdienstgeschehen frei zu werden.
(Zur Entstehung des *Rüstgebetes* → S. 64 bzw. S. 80)

für Gott da ist und dieser Raum auch von Gott gefüllt werden wird. Karl Barth drückt das so aus: »Wenn am Sonntag Morgen die Glocken ertönen, um die Gemeinde und Pfarrer zur Kirche zu rufen, dann besteht da offenbar die *Erwartung* eines großen bedeutungsvollen, ja entscheidenden *Geschehens* … Die Erwartung … liegt in der ganzen Situation … Gott ist gegenwärtig. Die ganze Situation zeugt, ruft, schreit ja offenbar davon und wenn sie, vom Pfarrer oder von der Gemeinde aus gesehen, noch so fragwürdig, kümmerlich und trostlos wäre …« (in: K. Barth, Das Wort Gottes und die Theologie, München 1924, S. 104f. bzw. in H. Finze (Hg.), Karl Barth Gesamtausgabe 3, Vorträge und kleinere Reden, Zürich 1990, S. 73 f.).

Denkzettel

Den Gottesdienstraum gestalten

Der Gottesdienstraum spiegelt die Stimmung des Glaubens einer Gemeinde.
»Der Gottesdienstraum ist ein Versammlungsraum, in dem Gottesdienst gefeiert wird, und zwar als Gedenken und als Hinwendung zu Gott in der Gemeinschaft. Was hier geschieht, soll dem Heilsein der Menschen und der Welt dienen. Die Menschen also und das, was sie hier tun, stehen in besonderer Beziehung zu Gott und sind in diesem Sinn ›heilig‹. Darin besteht das Besondere des Kirchenraums ... Dieses Besondere in der Begegnung mit dem ›Andern‹ wird erlebt und will erlebt werden auch als ›Stimmung‹, als Atmosphäre.« (T. Müller, Evangelischer Gottesdienst, Stuttgart 1993, S. 153)

Die Voraussetzung für jede Raumgestaltung besteht darin, den Gottesdienstraum in seiner heil-vollen, leben-fördernden »Stimmung« (*Atem-*Sphäre) wahrzunehmen (→ S. 215):

1. *Den Gottesdienstraum von außen wahrnehmen* (die Kirche in ihrem Umfeld und in ihrer Architektur erfassen):
   Liegt die Kirche mitten im Ort, am Rande, auf einem Berg ...? Ragt der Kirchturm weithin sichtbar in den Himmel oder »geht das Gemeindezentrum unter«? Ist Platz für Gemeinde-Leben vor der Tür oder muß »man« – ohne Anlauf – über die Schwelle? Wieviel Transparenz (Offenheit) oder Burg- und Klostermentalität (Geborgenheit oder Abgeschlossenheit?) strahlt die Kirche aus?
2. *Den Gottesdienstraum von innen wahrnehmen* (zuerst aus dem Gedächtnis – »by heart«):
   Einen Grundriß zeichnen mit Türen und Fenstern, mit der Raumaufteilung (Eingangsbereich/Hauptraum/Altarraum ...), mit der Anordnung der Sitzgelegenheiten ... – die Gegenstände einzeichnen, die wichtig erscheinen (und evtl. die Dinge nachzeichnen, die tatsächlich »da« sind) – ... was fehlt? – *Was sagt der Raum aus?* Die Farben und Formen, die Wände und die Decken, das Licht und die Luft in den Blick nehmen (die »leeren« Flächen nicht vergessen!) ... Was hilft uns dabei, uns in ungewohnter Umgebung »zuhause« zu fühlen oder uns erst einmal »wohnlich« einzurichten (Mobiliar, das zum Verweilen einlädt?) – was sehen wir aus verschiedenen Blickwinkeln? Was nicht? – Wo hören wir gut? Wo schlecht? – Wie fühlen wir uns an verschiedenen Stellen des Raumes? Was stört? Was fehlt? – Wie finden wir unseren Platz? Wie läßt es

Denkzettel

sich gehen? – Wie sitzen oder sehen wir zusammen? In Reih und Glied oder im (Halb-)Kreis?

3. *Den Gottesdienstraum als Spiegel möglicher Gemeinde-Theologie begreifen:*
Ist er längs ausgerichtet mit festen Bankreihen? Führt der Weg von hinten nach vorn, ohne im Altarraum wirklich »anzukommen«? Agiert der »Priester« jenseits der Gemeinde im »Allerheiligsten«, besteigt er die Kanzel als »Berg der Offenbarung«, erklingt die Orgel »aus dem höheren Chor«?
Oder ist der Innenraum eher *rund* (halbkreisförmig, oval, zentral) angeordnet mit dem Altar als Abendmahlstisch in der Mitte der Gemeinde, so daß sich der Kreis als liturgische Form (vom Beten bis zum Tanzen) nahelegt?

Die runde, wohnliche Form mit einer Offenheit nach außen spiegelt evangelisches Raum-Gefühl und -Profil (auch wenn die »alte« Form »noch unversehens« viele Kirchenbauten bestimmt). – Schritte zur Umgestaltung des Raumes sollten sorgfältig miteinander bedacht werden und mit sachkundiger Beratung erfolgen.

Davon abgesehen ist die Raumgestaltung in ihrer Ausrichtung und den Farben auch vom *Kirchenjahr* geprägt (→ S. 228ff.), was zum Beispiel durch den *Blumenschmuck* zum Ausdruck kommt: Aus Weihnachtssternen wird der Christusdorn in der Passionszeit, der die Bilder des Kreuzwegs oder des Hungertuchs auf seine Weise unterstreicht; Osterglocken, Pfingstrosen, Sommerwiesensträuße, Sonnenblumen oder Ährenbündel können weitere kontinuierliche Signale dafür sein, daß wir etwas brauchen, was unseren Augen guttut – neben dem, was uns auf die Sprünge hilft: Aus der mit Stacheldraht umwickelten amnesty-Kerze kann sich ein Lichter-Dornen-Kranz entwickeln – und aus der »normalen« Krippe eine Hütte aus den Slums von Manila als Zeichen einer ökumenischen Weihnachtsgeschichte; die Großbilder aus dem Kindergottesdienst und die Plakate aus dem Konfirmandenunterricht lassen »Sterilität« gar nicht erst aufkommen …
So kann sich über weite Wegstrecken des Kirchenjahres auch so etwas wie ein »Ordinarium und Proprium« der Symbole und Farben, Bilder und »Aufbauten« entwickeln, das uns mit wiederkehrenden und jeweils überraschenden Raum-Zeichen entspannt und gleichzeitig in Atem hält. Hier sind viele Möglichkeiten der Beteiligung von Gruppen und Einzelnen gegeben (eine Art kleiner Tapetenwechsel für die Kirche).
(Zur Lichtgestaltung und Technik → S. 112f.)

Den Gottesdienstraum gestalten – ein exemplarischer Baustein

So unterschiedliche Gestaltungsvarianten sind in *einem* Raum denkbar:

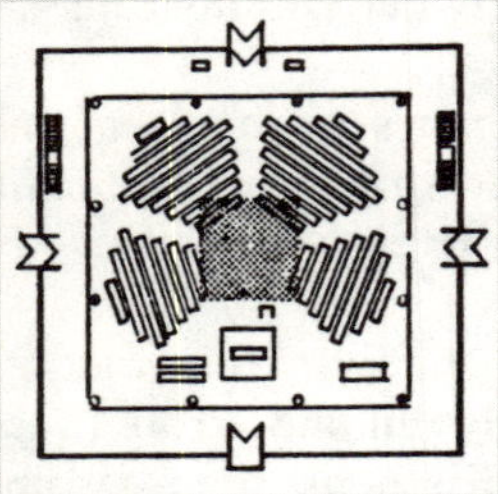

Inneneinrichtung für Taufgottesdienst

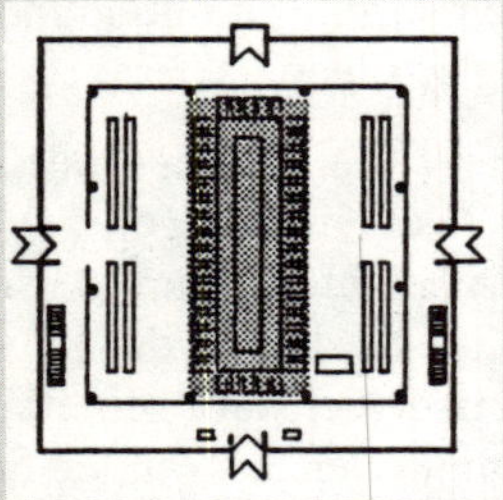

Inneneinrichtung für Abendmahlsfeier

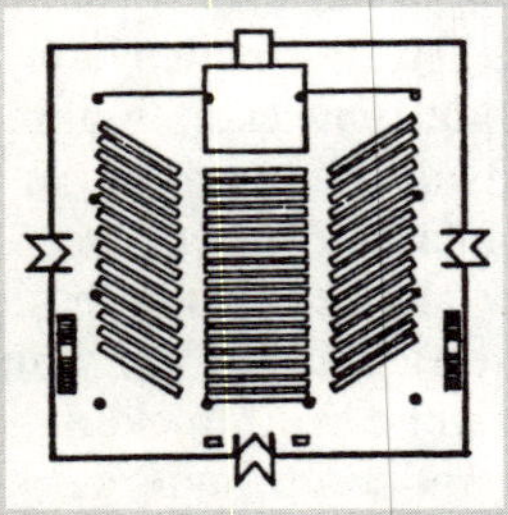

Inneneinrichtung für Gemeindeversammlung mit Theaterspiel

Raumkirche (von Architekt Walter 1965)
Aus: P. Poscharsky, Ende des Kirchenbaues?, Stuttgart u.a. 1969, S. 37

Die Eingangssituation

Es geht am Anfang der »Veranstaltung Gottesdienst« um die innere und äußere *Sammlung* aller am Gottesdienst teilnehmenden Menschen, um den Übergang von der offenen zur gestalteten Kommunikation.[2]

Glockengeläut

Glocken rufen zum Gottesdienst. Diese ursprünglich als heidnisch abgelehnten »Rufinstrumente«[3] dienen nicht nur der »Reviersicherung«[4] der Kirche, sondern sind vor allem symbolisches Zeugnis für die Nähe Gottes. Eine Konfirmandin sagte einmal: »Wenn ich die Glocken höre, dann denke ich an Gott.«[5] Und beim Tod eines Gemeindegliedes ist vielen das (Aus-)Läuten sehr wichtig.
Für die, die zum Gottesdienst kommen, stimmt das Glockengeläut in den Gottesdienst ein.

In manchen Gottesdiensten werden deshalb die Glocken erst nach dem Einsingen und dem »Zur Ruhe kommen« durch eine meditative Einleitung, die in die Stille führt, geläutet. Besonders bei Abendgottesdiensten bietet sich so etwas an (→ Baustein *Aus der Ökumenischen Liturgie*). Beim Ansingen von Liedern sollte darauf geachtet werden, daß nicht eine Lehrstunde daraus wird, sondern daß eine gemeinschaftliche gottesdienstliche Atmosphäre entsteht (→ Musik im Gottesdienst, S. 60f.).

Musik zum Eingang

In der *Musik zum Eingang* – Orgel, Flöten ... – verdichtet sich die offene Kommunikation zwischen denen, die sich in den Kirchenbänken miteinander unterhalten und denen, die still dasitzen, zum gemeinschaftlichen Einstimmen in den Gottesdienst.

2. Ein Gottesdienstvorbereitungskreis wird sich überlegen, mit welchen liturgischen Elementen die Eingangssituation des Gottesdienstes gestaltet werden soll.
3. Siehe J.H. Emminghaus, Der gottesdienstliche Raum und seine Gestaltung, in: Gottesdienst und Kirche, Handbuch der Liturgiewissenschaft 3, Regensburg 1987, hier S. 383f.
4. Vgl. M. Josuttis, Der Weg in das Leben, München 1991, S. 64f.
5. Ähnliches ist nachzulesen in der Studie »Fremde Heimat Kirche«, hg. von der Studien- und Planungsgruppe der EKD, Evangelische Kirche in Deutschland, Hannover 1993, S. 21.

Introitus / Gloria Patri (Ehre sei dem Vater)

Während der Eingangsmusik kann die *Eingangssituation* durch den Einzug der an der Vorbereitung Beteiligten visuell unterstrichen werden. Brot und Wein können mitgebracht, der Tisch gedeckt und die Kerzen angezündet werden.
Ursprünglich zogen an dieser Stelle der Gemeindebischof und die anderen gottesdienstlichen Amtsträger ein.[6] Während des Einzuges sang der Chor den *Introitus* (= Eingang). Das war in der Regel ein Psalm (→ S. 67ff.) – er wurde in der Verbindung mit dem *Gloria Patri* (»Ehr sei dem Vater und dem Sohn ...«) gesungen. So sang ursprünglich die Gemeinde dieses liturgische Stück nicht, das als Gegenbekenntnis zur arianischen Irrlehre (→ S. 135) entstanden ist. Das Gloria Patri stellt diesen einzigartigen Gottesdienst in den Rahmen aller Gottesdienste, die jemals gefeiert wurden und werden (→ S. 70).

Eingangslied

Alternativ zum Introitus des Chores entwickelte sich in der Reformationszeit das von der Gemeinde gesungene *Eingangslied*, das oft zum Schluß eine »Gloria Patri-Strophe« enthält:

»Gott Vater in dem höchsten Thron
und Jesus Christ, sein ein'ger Sohn,
samt Gott, dem werten Heil'gen Geist,
sei nun und immerdar gepreist.«
EKG 187 = EG 288[7]

Wenn ein Eingangslied mit einer Gloria-Patri-Strophe gesungen wird, dann entfällt das liturgische Stück, das in vielen Gemeinden den Beginn der *Eingangsliturgie* (Gloria Patri / Kyrie / Gloria ...) markiert.

6. Siehe Chr. Mahrenholz, Kompendium der Liturgik, Kassel 1963, S. 83. Zunächst gab es keine festen Gottesdienst-Anfangszeiten, weil die Sklaven von ihren Herren abends unterschiedlich entlassen wurden. Deshalb »vertrieben sich die bereits Anwesenden die Zeit mit Gesang ... Waren dann alle versammelt, so zog der Bischof mit seinem Gefolge von Presbytern und Diakonen ein; man sang den gerade angefangenen Psalm zu Ende und schloß ihn wie gewohnt mit dem ›Ehre sei dem Vater ...‹ ab«. Es folgte das Kyrie-Gebet (→ Mauder-Zitat S. 72). (A. Mauder, Eröffnung und Anrufungen, Feiernde Gemeinde, Heft 3, Hamburg 1978, S. 5)
7. EKG = Evangelisches Kirchengesangbuch; EG = Evangelisches Gesangbuch (In Berlin-Brandenburg wurde es Ende 1993, in vielen anderen Landeskirchen im Advent 1994 eingeführt.)

Das Eingangslied sollte möglichst vielen bekannt sein, weil es *abholenden Charakter* hat und das An- und Zusammenkommen der vielen unterschiedlichen Menschen erleichtern hilft. Es nimmt die Eingangssituation ernst – und geht in seiner Einstimmung auf den Gottesdienst in der Weise über die bisherigen Schritte der Liturgie hinaus, daß alle eingeladen sind mitzumachen. Für viele erfüllt besonders das *Lied »Danke«* diese Zielsetzung (→*Musik im Gottesdienst*, S. 60f.). Ein Morgenlied, Themalied[8] oder Lied zur Kirchenjahreszeit legt sich hier ebenfalls nahe.
Die *Begrüßung*, die oft vor dem Eingangslied plaziert ist, macht deutlich, daß in Gottes Haus alle *herzlich willkommen* sind und mit allem zu Gott kommen können, was sie bewegt.

8. Hier kann schon etwas von der inhaltlichen Ausrichtung des Gottesdienstes anklingen. Eine Liedkonkordanz kann bei der Auswahl behilflich sein – z.B. W. Erk/H. Krause (Hg.), Bibel und Kirchenlied, Stuttgart 1974.

Aus der Ökumenischen Liturgie

Das Vorspiel:
Ein Instrumentalstück,
einander einstimmen mit Liedern,
einander begrüßen, auch die Mitwirkenden des Abends.
Mit dem Lied »Jesu tawa pano« still werden:

Text und Musik: Patrick Matsikenyiri, Zimbabwe
Übersetzung: Fritz Baltruweit
Aus: Fritz Baltruweit – Meine Lieder

Als »Glockenersatz« bzw. »Orgelvorspiel«:
Liturgischer Tanz zur Kirchentagslosung von Kang Man Hong, Korea

Foto: epd-Bild/Niemz

Denkzettel

Musik im Gottesdienst

Musik versetzt unseren Körper und unsere Seele in Schwingungen und erreicht viel tiefere »Schichten« in uns, als es durch das Wort allein möglich ist. Musik vermittelt zwischen Jung und Alt, zwischen In- und Outsidern des Gottesdienstes.
Musik hat im Gottesdienst *dienende* Funktion: In ihr darf und soll etwas von der befreienden Botschaft des Evangeliums Gestalt gewinnen.
Die Musik und die Lieder des Gottesdienstes sind in ihrer Auswahl und Sprache Anzeichen dafür, in welchem und in wessen Geist Gottesdienst gefeiert wird. Wenn Christus das alleinige Haupt der Gemeinde ist, darf es nicht die Diktatur eines Musikstils geben. Es ist eine theologische Frage, ob die Orgel das alleinbeherrschende Instrument des Gottesdienstes ist (als Symbol für die Allmacht Gottes) oder ob verschiedene Instrumente einander ergänzen und miteinander »spielen«.

Konsequenzen für die Gestaltung:

- Wie oft gibt es die Möglichkeit, mehrere unterschiedliche musikalische Elemente einzusetzen: Posaunenchor *und* Blockflöten, Gitarre *und* Orgel, und auch Klavier bei neuen Liedern! …, Kantorei und Songgruppe/Band …?
- In jedem Gottesdienst sollte es »neue« und »alte« Lieder geben. Der lebendige Glaubensvollzug (neue Lieder) und das Erbe, der »Glaube der Vergangenheit« mit dem, was er uns zu sagen hat (alte Lieder), ergänzen einander – und ökumenische Lieder erweitern zusätzlich unseren Horizont.
- Ein menschenfreundlicher Gottesdienst vermittelt die Liebe zu den Menschen, die kommen. Das drückt sich in der Liedauswahl aus. Kommt nur die Kerngemeinde? Kommen Kirchenferne? Kommen Kinder? … – Sie alle sollten in der Liedauswahl »vorkommen«.
- Am Anfang sollte ein Lied gesungen werden, das möglichst viele kennen, z.B. »Danke«. Über dieses Lied können auch Menschen Kontakt zum Gottesdienstgeschehen finden, die nicht oft kommen.
- Wieviele unbekannte Lieder verträgt ein Gottesdienst? Im Normalfall vielleicht zwei. Eine längerfristige Planung (Welche Lieder möchten wir in einem Kirchenjahr einführen?) und das den Gottesdienst vorbereitende Singen in Gruppen (Konfirmanden/Altenkreis …) bringt in überschaubarer Zeit einen von vielen erlernten Liederzyklus zusammen, der immer wieder erweitert werden kann.

- Unbekannte Lieder sollten vorbereitet und eingesungen werden. (Nicht nach dem Motto: »Eben haben wir ein Lied gesungen [bzw. nicht mitgesungen!!], das im neuen Gesangbuch steht ...«.)
- Eine gute Möglichkeit der »Einstimmung« in unbekannte Lieder ist die Form der *Liedpredigt*, die bis zur Gestaltung eines ganzen Gottesdienstes rund um ein Lied führen kann. Hier bieten sich dann auch »Entdeckungen« altvertrauter Lieder an (vgl. dazu: R. Koerrenz/J. Remy (Hg.), Mit Liedern predigen, Theorie und Praxis der Liedpredigt, Rheinbach-Merzbach 1994).
- Welche liturgische Funktion haben solistische Beiträge des Chores oder der Orgel ...? Habe ich für die Beiträge den dramaturgischen und der Sache angemessenen Gesamtzusammenhang bedacht? Welche »Stimmung« sollen sie aufnehmen, vertiefen, hervorrufen ...?
- Wichtig ist, Freude am Singen zu vermitteln. Das ist auch die wesentliche Aufgabe des Kantors bzw. der Kantorin. In diesem Sinne zum Singen zu helfen ist wichtiger als das schulmeisterliche Einstudieren. (Und wenn die Kantoren und Kantorinnen das nicht gelernt haben, müssen andere für sie »einspringen«, bis sie es gelernt haben.)
- Wann soll welches Lied eingesungen werden? Während der Begrüßung (z.B. wenn sich ein Lied im Gottesdienst aus der Stille entwickeln soll)? Oder dann, wenn es »dran« ist (der Kehrvers des Fürbittengebetes z.B. stimmt beim Einsingen in das Gebet ein)?
- Oft ist es nötig, nicht nur neue, sondern auch alte Lieder einzusingen.
- Die Gemeinde sollte Noten in der Hand haben, um sich an ihnen »entlanghangeln« zu können. Das erleichtert das Erlernen, auch wenn kaum Notenkenntnisse vorhanden sind.

(Ausführlicheres zur »Musik im Gottesdienst« im Themenheft 2/94 der Zeitschrift »Der Evangelische Erzieher«, u.a. Fritz Baltruweit, Musik in der Pfarrerausbildung, S. 138-145).

Begrüßung

Im Kontext des Gottesdienstes

Jeder Gottesdienst möchte eine einzigartige Erfahrung der Freundlichkeit Gottes vermitteln. Das erste persönliche und frei gesprochene Wort im Gottesdienst vermittelt deshalb ein *»Herzlich willkommen«* und *»Hier bist Du gut aufgehoben«*.
Die Begrüßung nimmt die Situation der Gekommenen auf und führt in den Gottesdienst hinein, der mit dem Glockengeläut als Feier begonnen hat.[9]

Zur Erinnerung

Eine Begrüßung hatte im Gottesdienst schon immer ihren Ort. »Ursprünglich liefen wohl die jüdische Grußformel ›Friede sei mit Euch‹ und die jüdische Segensformel ›Der Herr sei mit Euch‹ nebeneinander her.«[10] Schließlich blieb das »Pax vobiscum« (Friede sei mit Euch) dem Papst bzw. den Bischöfen vorbehalten, während das »Der Herr sei mit Euch« jeder Liturg und jede Liturgin sagen durfte.
Im Gottesdienst nach Agende 1 war der Ort der *Salutatio* (= Gruß) nach dem *Gloria in excelsis* (»Ehre sei Gott in der Höhe« → S. 85ff.), weil an *der* Stelle der Liturg zum ersten Mal »auftrat« und die Gemeinde anredete, nachdem der Chor und die Gemeinde den Introitus, das Kyrie und das Gloria gestaltet hatten. Den Gruß »Der Herr sei mit Euch« beantwortete die Gemeinde mit »und mit Deinem Geist« (= mit Dir, Liturg/Liturgin, sei Gott auch). Auf die Kommunikation zwischen Mensch und Gott in Kyrie und Gloria folgte die Kommunikation zwischen Mensch und Mensch, zwischen Liturg und Gemeinde.[11]

9. Vgl. dazu E. Brinkel, G. Roth (im Auftrag der Arbeitsgruppe »Erneuerte Agende«), Gottesdienst der mündigen Gemeinde, Berlin 1991, S. 68; J. Stalmann, Tagesordnungspunkt Gottesdienst, Hannover 1989 (4. Aufl.), S. 88f.
10. Chr. Grethlein, Abriß der Liturgik, Gütersloh 1989, S. 123.
11. Vgl. M. Josuttis, Der Weg in das Leben, a.a.O., S. 234f.

Beim Gruß in dieser Form ist auf die Drehungen vom Altar bzw. zum Altar zu achten, z.B. sich mit der *Herz*seite zum Altar und von ihm wegzudrehen, sich also für *eine* Hin- und Herbewegung zu entscheiden und nicht zu »kreiseln«.
Die *Salutatio* wurde im Gottesdienst nicht allein als Begrüßungsformel verwendet, sondern als »Segenswunsch, den der Leiter des Gottesdienstes der Gemeinde zuruft und den die Gemeinde dem Leiter zurückgibt«[12] – und zwar immer dann, wenn er als einzelner aus dem Gottesdienstgeschehen heraustritt. »Die Salutatio ist ein Zeichen echt christlicher demütiger Haltung: Der Gemeindebischof spricht nicht zur Gemeinde und betet nicht mit der Gemeinde, ohne zuvor die Gemeinde gesegnet zu haben und sich von ihr segnen zu lassen.«[13]

Die Begrüßung gestalten

Ein Blick in die Erneuerte Agende

In der Erneuerten Agende ist der Gruß (Salutatio) an den Gottesdienstanfang gerückt. Das entspricht der gottesdienstlichen Situation, daß an dieser Stelle der Liturg bzw. die Liturgin und die Gemeinde einander zum ersten Mal »begegnen«.[14] Die Erneuerte Agende bietet eine liturgisch sehr dichte Form des Grußes an:

L.: Im Namen des Vaters und des Sohnes und des heiligen Geistes.
G.: Amen.
L.: Unsere Hilfe steht im Namen des Herrn,
G.: der Himmel und Erde gemacht hat.
L.: Die Gnade unseres Herrn Jesus Christus
und die Liebe Gottes
und die Gemeinschaft des Heiligen Geistes
sei mit Euch (allen)
G.: und mit Deinem Geist.[15]

12. Chr. Mahrenholz, Kompendium der Liturgik, a.a.O., S. 116.
13. Ebd., S. 116f.
14. Erneuerte Agende, S. 15.
15. Ebd., S. 33.

Die sprachlichen Formeln »Im Namen ...« und »Unsere Hilfe ...« stammen eigentlich aus dem Rüstgebet (→ S. 80).

Ob der Gruß in verdichteter liturgischer Sprache (»Im Namen ...«) oder die freie Begrüßung im Gottesdienst vorgesehen wird, ob mit dem Wochenspruch bzw. einem anderen biblischen Votum begonnen wird (dann muß dieses Wort in der Begrüßung aber auch »entfaltet« werden!) oder mit einem »menschlich« ansprechenden Wort (»Herzlich willkommen!«), sollte zusammen mit dem Gottesdienstvorbereitungskreis überlegt werden.
Die freie *Begrüßung* kommt in den aufgeführten liturgischen Strukturmodellen der Erneuerten Agende als Überschrift merkwürdigerweise nicht vor, sondern nur in den Erläuterungen. Es heißt: Sie gehört »nicht in den Textteil einer Agende«, weil sie »jeweils neu zu gestalten und nach Inhalt und Sprache selbst zu verantworten« ist.[16]

Aus der Ökumenischen Liturgie

Gruß

Liturgie:	Die Gnade unseres Herrn Jesus Christus und die Liebe Gottes und die Gemeinschaft des Heiligen Geistes sei mit Euch allen.
Alle:	*Amen.*

In der Ökumenischen Liturgie wird die »dichte« liturgische Form gewählt, weil in der Einstimmung auf den Gottesdienst (→ S. 55 bzw. S. 58) schon all das »erreicht« wurde, was eine freie Begrüßung bewirken möchte. Der Gruß wird so zu einer liturgischen »Verdichtung« des Geschehens, die ohne den »Vorlauf« nicht vermittelbar und damit auch nicht konzentrierend wäre. Deshalb empfehlen wir für den »Normalfall« eine freie Begrüßung. Und wenn sie aus irgendwelchen Gründen nicht möglich ist, sollten die Kommenden wenigstens vom Liturgen bzw. der Liturgin an der Tür begrüßt werden.

16. Ebd., S. 19.

Ein exemplarischer Baustein

Ein ›Herzlich willkommen‹ zu diesem Gottesdienst wünsche ich Ihnen allen und einen ›Guten Morgen‹!
(Auf das ›Guten Morgen‹ antwortet die Gemeinde üblicherweise ebenfalls mit einem ›Guten Morgen!‹)
Karneval ist vorüber.
(Es folgt ein Hinweis auf die Karnevalsfeier der Seniorinnenkreise.)
Am Aschermittwoch hat die Fastenzeit begonnen.
40 Tage dauert sie.
Wenn man im Kalender nachschaut, merkt man schnell:
Es sind eigentlich 46 Tage bis Ostern.
Die sechs Sonntage in dieser Zeit sind aber von der Fastenzeit ausgenommen.
Sie gelten als kleine Osterfeiern:
Wir feiern an ihnen den Sieg Jesu über die Macht des Bösen.
Dieses Miteinander von Passion und Ostern
spiegelt auch die Spannung, in der wir leben.
Wir erfahren diese Spannung darin,
daß wir einander schuldig werden,
daß wir das Böse zulassen, anderen Leiden zufügen –
und wir erfahren,
daß wir dennoch von Gott getragen sind,
der uns zu neuem Leben befreit.
In dieser Spannung leben wir –
und darum soll es auch in diesem Gottesdienst gehen,
den wir feiern
im Namen Gottes, des Vaters, des Sohnes und des Heiligen Geistes.
Amen.

Gert Liebenehm-Degenhard
am Sonntag *Invokavit* (1. Sonntag der Passionszeit)

Gesichtspunkte für die freie Begrüßung

• Eine persönliche Begrüßung vermittelt: Die Kirche nimmt die Menschen, die kommen, wahr und ernst. Deswegen heißt das erste Wort »Herzlich willkommen« – dieses einladende Wort hat auch theologische Qualität (→ S. 62).

Es wird immer wieder gefragt, ob die Begrüßenden zu Beginn als »Ich«-Person auftreten dürfen. Sie führen in der Regel fast durch den ganzen Gottesdienst. Warum sollen sie ausgerechnet an diesem entscheidenden liturgischen Punkt, wo es um die Herstellung einer Beziehung geht, schweigen? Sie nehmen die kostbare Situation wahr und werden sich die ersten frei gesprochenen Worte des Gottesdienstes genau überlegen – auch, in welche Stimmung die Begrüßung hineinführen soll. Lege ich meine Worte meditativ oder festlich an, fröhlich oder nachdenklich?

• »Besondere« Gäste können namentlich begrüßt werden, z.B. Besuch aus der Partnergemeinde, Tauffamilien ...

• Nach dem »Herzlich willkommen« wird die Situation aufgenommen (Woher kommen wir? In welchem Zusammenhang bewegen wir uns? In dem exemplarischen Baustein: Karneval/Anfang der Passionszeit). Was gesagt wird, hängt sehr von den Anwesenden ab.

• Ein Stichwort zum Thema wird gegeben bzw. das thematische Feld *eröffnet*.
In dem exemplarischen Baustein wird in die nicht einfache, sich aus dem Predigttext ergebende Problematik eingeführt (Vertreibung aus dem Paradies – 1 Mose 3,1–24). Das Wort zum Thema ist in dem Beispiel sehr ausführlich geraten. Eine Begrüßung soll nicht zu einer Co-Predigt werden. In dem konkreten Fall brauchte der Liturg aber die Ausführlichkeit, weil er eine rein narrative Predigt vorbereitet hatte.

• Die Begrüßung kann eventuell technische Ansagen enthalten, um Unsicherheiten bei Veränderungen gegenüber dem normalen Gottesdienstablauf zu begegnen.

• Irritationen können aufgegriffen werden.

Bei uns war an einem Sonntagmorgen die Kirche kalt. Bestimmt hätten sich einige der Gekommenen fast den ganzen Gottesdienst lang damit beschäftigt bzw. sich darüber geärgert. Ein Hinweis half, sich auf den Gottesdienst zu konzentrieren: »Wir haben leider vergessen, die Heizung anzustellen – aber als wir vor einer Stunde kamen, haben wir das sofort nachgeholt – und um 11 Uhr wird es bestimmt warm sein ...«.

• Lieder können (ein)gesungen werden. (→ *Musik im Gottesdienst*, S. 60f.)
• Schließlich wird das Geschehen (das nicht erst jetzt beginnt, sondern spätestens mit dem Vorspiel begonnen hat) in Gottes Hand gelegt bzw. gesagt, in wessen Namen der Gottesdienst gefeiert wird.

Noch einige Anmerkungen zur Begrüßungs*praxis*:
• Die Begrüßung muß eine klare Struktur haben. Sie springt nicht zwischen verschiedenen Dimensionen hin und her. Das irritiert.
• Unsicherheiten bei der begrüßenden Person sollten nicht durch aufgesetzte Lockerheit überspielt werden. Auch das irritiert. Denn die »eigentliche« Botschaft (»Ich bin unsicher«) kommt durch die Körpersprache doch an und wirkt stärker als das Gesagte. Wenn Unsicherheiten vermittelbar sind (»Ich hatte auf dem Weg zur Kirche einen Unfall«), können sie ruhig ausgesprochen werden. Das beste Mittel gegen Unsicherheit (im Sinne von »Lampenfieber«): Ich überlege mir genau, was und wie ich es sagen will, gucke in die Gemeinde – und dann geht es los. Dabei sollte ich nur Formulierungen wählen, die ich auswendig sagen kann – es geht um direkte Kommunikation!
• In der Begrüßung sollten auf keinen Fall Abkündigungen verlesen werden! Das wäre verfrüht. Wen interessiert schon zu Beginn des Gottesdienstes, was nach dem Gottesdienst geschieht. Außerdem ist der liturgische Ort der Begrüßung – dieses erste frei gesprochene Wort in der Eingangssituation, die in den Gottesdienst hineinführen will – dafür viel zu kostbar.
• Bitte nur das Notwendige sagen – auf Kürze achten und nicht schwafeln …

Schön, wenn sich nach der Begrüßung das Gefühl einstellt: Wir sind hier herzlich willkommen.

Psalm

Im Kontext des Gottesdienstes

Ein Psalmgebet kann an die Begrüßung anschließen. Ursprünglich wurden Psalmen als Introitus gesungen (→ S. 56). Sie sind auch in der Erneuerten Agende an der Position des Introitus – also ganz am Anfang – vorgesehen.

Zur Erinnerung

Im Alten Testament kommen in den Psalmen unzählige menschliche »Ur«-Situationen zur Sprache, die vor Gott gebracht werden können. Daran läßt sich im Gottesdienst anknüpfen – auch in unserer Sprache.[17] Der Psalmengesang hat im jüdischen Gottesdienst einen zentralen Stellenwert (Psalter = Gesangbuch). Daran knüpften besonders die Reformatoren wieder an. Die Psalmlieder des EKG sind noch deutlich durch Martin Luther (und sein Umfeld) bzw. den Genfer Psalter geprägt (EKG 176–200 / EG 270–310). Die Psalm-Tradition ist besonders in den reformierten Kirchen ausgestaltet worden.

Das Psalmgebet gestalten

Ein Blick in die Erneuerte Agende

Im Textteil der Erneuerten Agende werden für jeden Sonntag Psalmgebete angeboten.[18] Es wird auch zur freien Gestaltung Mut gemacht:

> Ein biblischer Psalm wird von einem Vorbeter/einer Vorbeterin oder von allen gesprochen. Nach jedem Vers werden Aktualisierungen, Gegenfragen, Entfaltungen durch Einzelsprecher/Einzelsprecherinnen vorgetragen. Die Gemeinde kann sich durch refrainartige Wiederholung eines gleichbleibenden Kernverses beteiligen. Den

17. Siehe dazu z.B. U. Seidel/D. Zils, Psalmen der Hoffnung, Gladbeck 1973/1982; Beratungsstelle für Gottesdienste und andere Gemeindeveranstaltungen (Hg.), Liturgie-Entwürfe für das Kirchenjahr, Frankfurt/M. 1985; I. Baldermann, Ich werde nicht sterben, sondern leben, Psalmen als Gebrauchstexte, Neukirchen-Vluyn 1990; ders., Wer hört mein Weinen?, Kinder entdecken sich selbst in den Psalmen, Neukirchen-Vluyn 1986.
18. Erneuerte Agende, S. 144ff.

Schluß kann ein geprägtes kurzes Gebet oder ein entsprechender Gesang der Gemeinde bilden.
Der Psalm kann auch in der Weise entfaltet werden, daß die Gemeinde Strophen eines Liedes »hineinsingt« und so auf die Verse oder Versgruppen antwortet.[19]

Das Psalmgebet kann, wie es in der Erneuerten Agende vorgeschlagen wird, frei entfaltet werden.[20]
Wir empfehlen die »dichte« Form des von der Gemeinde oder im Wechsel gesprochenen Psalmgebetes, das die Möglichkeit bietet, die Gemeinde stimmlich zu »sammeln«, zu »vereinen«, und den Gottesdienst dadurch in der Phase des Anfangs zu konzentrieren. Viele Psalmen sind im neuen Evangelischen Gesangbuch (EG) abgedruckt (Nr. 702–760).
Durch eines der vielen schönen alten oder neuen Psalmlieder kann ein gemeinsam gesprochenes Psalmgebet abgeschlossen werden.

Aus der Ökumenischen Liturgie

Psalmgebet

Liturg/in:	Der Herr ist mein Hirte.
Alle:	*Mir wird nichts mangeln.*
Liturg/in:	Er weidet mich auf einer grünen Aue
Alle:	*und führet mich zum frischen Wasser.*
Liturg/in:	Er erquicket meine Seele.
Alle:	*Er führet mich auf rechter Straße* *um seines Namens willen.*
Liturg/in:	Und ob ich schon wanderte im finstern Tal, fürchte ich kein Unglück.
Alle:	*Denn du bist bei mir –* *Dein Stecken und Stab trösten mich.*

19. Ebd., S. 104.
20. Im *Kyrie-* bzw. *Gloria*-Abschnitt (→ S. 72ff. bzw. S. 87ff.) haben wir Gesichtspunkte für das Erlernen solcher freien Formen zusammengestellt.

Liturg/in: Du bereitest vor mir einen Tisch
im Angesicht meiner Feinde.
Alle: *Du salbest mein Haupt mit Öl*
und schenkst mir voll ein.
Liturg/in: Gutes und Barmherzigkeit
werden mir folgen mein Leben lang.
Alle: *Und ich werde bleiben*
im Hause des Herrn immerdar. Amen.

Lied: Du bist meine Zuflucht[21]

Das Sündenbekenntnis erscheint aufgrund seiner Position in der Ökumenischen Liturgie nach dem Kyrie (→ S. 79ff.).

Kyrie

Im Kontext des Gottesdienstes

Die *Eingangsliturgie*, also auch das *Kyrie eleison* (= Herr, erbarme dich) und das *Gloria* (→ S. 85ff.), ist vom *Woher* bestimmt.
Was ich (in der letzten Woche) erlebt habe, bringe ich mit zum Gottesdienst. Es bestimmt mich mindestens am Anfang noch. Ich bringe es mit zu Gott, stelle es in den Rahmen des Gottesdienstes – und nicht nur in den Rahmen *dieses einen* Gottesdienstes, sondern in den Rahmen *aller* Gottesdienste, die gefeiert werden, in den Rahmen aller Gottesdienste, die jemals gefeiert wurden und noch gefeiert werden (→ *Gloria Patri*, S. 56). Ich komme »mit meiner Seele« an und stelle sie in diesen »universellen« Kontext. Ich stehe im Zusammenhang mit allen und allem. Das ordnet mich ein in ein Ganzes und weist mir meinen Ort zu. Das erlöst mich davon, Mittelpunkt und Nabel der Welt sein zu wollen oder zu müssen, und nimmt mich doch als einzigartiges Schöpfungswerk Gottes wichtig: Alles, was ich mitbringe, ist bei Gott gut aufgehoben – meine persönliche Situation *und* das, was über mich hinausgeht.

21. Mein Liederbuch 2 – Ökumene heute, Düsseldorf 1992, B 154.

Zur Erinnerung

Der Ruf »Kyrie eleison« (= Herr, erbarme dich / hebräisch: Hosianna = Herr, hilf doch) ist der umfassendste Gebetsruf aus der Tiefe aller menschlichen Not, »die offenbar urtümlichste Sprachgestalt des Religiösen«[22], in der die Bitte um das notwendende Eingreifen Gottes zur Sprache gebracht wird, die Bitte um Hilfe an Leib und Seele, um Vergebung der Schuld – und »die demütige Huldigung der Größe, Heiligkeit und Barmherzigkeit Gottes«[23]. Ich bringe meine persönliche Situation existentiell vor Gott.
Der Kyrie-Ruf, der auch ein Akklamations-Ruf während des Einzuges des »Herrn« bzw. Herrschers sein konnte[24], hat eine politische Dimension. »Angesichts der Tatsache, daß man dem römischen Kaiser auf dem Forum mit ›Kyrie eleison‹ begegnete, ist die politische Dimension dieser Akklamation im Gottesdienst unüberhörbar. Wer ›Kyrie eleison‹ im christlichen Gottesdienst singt, kann dies außerhalb des Gottesdienstes keinem Menschen zurufen.«[25]

Im Kirchenkampf während des Dritten Reiches hieß es dementsprechend: »Jesus Christus ist uns gemacht von Gott zur Weisheit und zur Gerechtigkeit und zur Heiligung und zur Erlösung (1 Kor 1,30). … Wir verwerfen die falsche Lehre, als gebe es Bereiche unseres Lebens, in denen wir nicht Jesus Christus, sondern anderen Herren zu eigen wären, Bereiche, in denen wir nicht der Rechtfertigung und Heiligung durch ihn bedürften.«[26]

Kyrie rufen bedeutet, die eigenen menschlichen Allmachtswünsche zu beschränken, die eigene Angewiesenheit zu bekennen und Vertrauen auszudrücken.[27]

Andere riefen das Kyrie eleison dem Kaiser oder dem Sonnengott zu. Im Alten Testament wird dagegen der Gott Israels so angerufen: »Wende Dich zu mir und erbarme dich meiner – denn ich bin einsam und elend.« (Ps 25,16)
Im Neuen Testament wird Jesus so angesprochen: »Ach Herr, Du Sohn Davids, erbarme dich meiner!« schreit die kanaanäische Frau, deren Tochter von einem bösen

22. A.A. Häußling, Akklamationen und Formeln, in: Gestalt des Gottesdienstes der Kirche 3, Regensburg 1987, S. 233.
23. F. Kalb, Grundriß der Liturgik, München, 2. überarbeitete Aufl. 1982, S. 119.
24. So wurde auch Jesus in Jerusalem empfangen (Mt 21,9).
25. Chr. Grethlein, Abriß der Liturgik, a.a.O., S. 122.
26. These 2 der Barmer Theologischen Erklärung 1934 – in: A. Burgsmüller/R. Weth (Hg.), Die Barmer Theologische Erklärung, Neukirchen-Vluyn 1983, S. 35.
27. Vgl. M. Josuttis, Der Weg in das Leben, a.a.O., S. 233.

Geist geplagt wird (Mt 15,22). Und der Blinde von Jericho ruft: »Jesus, Du Sohn Davids, erbarme dich meiner!« (Lk 18,39).
Das Kyrie ist wohl schon in der frühesten Kirchengeschichte der Ort der ganz konkreten Klage im Gottesdienst. Wahrscheinlich ist es »aus Bekanntmachungen und Ansagen zu Beginn des Gottesdienstes entstanden ..., vielleicht gerade in Verfolgungszeiten: Wer alles verhaftet wurde, vor Gericht gestellt wird, sein Vermögen einbüßte, des Landes verwiesen wurde usw., weil er den ›Kyrios Augustus‹ nicht anbetet, sondern mit der Gemeinde bekennt, daß Jesus Christus der Kyrios ist.«[28] In der Zeit der Bekennenden Kirche während des Dritten Reiches wurde dieser Brauch wieder lebendig: Es wurden die Namen der verhafteten Gemeindeglieder genannt.

Das Kyrie gestalten

Ein Blick in die Erneuerte Agende

In der Erneuerten Agende werden Hinweise zur lebendigen Gestaltung des Kyrie gegeben:

> Freie Ausformung konkreter Zeiterfahrungen als Klage aus Ratlosigkeit, Trauer und Sehnsucht in vorbereiteten oder spontanen Beiträgen einzelner Sprecher/Sprecherinnen, die durch gesungene Kyrie-Rufe der Gemeinde in alten und neuen musikalischen Formen aufgenommen werden.[29] Große spontane Bitt-Litanei, die sich aus Äußerungen der Betroffenheit durch Hunger, Krieg, Grausamkeit, Beraubung der Freiheit, Zerstörung der Schöpfung der Welt durch Lieblosigkeit, Selbstsucht und Machthunger in der persönlichen Umwelt und im eigenen Herzen zusammenfügt. Einzelne Sprecher/Sprecherinnen treten aus der Gemeinde nach vorn, wo sie von allen gehört werden (Mikrophon!). Die Gemeinde antwortet, möglichst singend, mit einem (mehrstimmigen) Kyrie-Ruf. Die Litanei (= gesungenes Bittgebet) wird durch ein geprägtes kurzes Gebet oder einen entsprechenden Gesang der Gemeinde beschlossen.[30]

28. A. Mauder, Eröffnung und Anrufungen, Feiernde Gemeinde, Heft 3, Hamburg 1978, S. 8.
29. Erneuerte Agende, S. 99.
30. Ebd., S. 102.

Das hört sich gut an. Wie aber kann eine Gemeinde so eine lebendige Form des Kyrie erlernen, die in der frühen Christenheit selbstverständlich gewesen sein muß?

»Wir können uns die Gottesdienste der Missionsgemeinde gar nicht mannigfaltig genug vorstellen. Der Leiter betet frei, holt aus dem Schatze seiner Erinnerungen Worte und Wunder des Herrn, spricht frei über sie. Die Gemeindeglieder beteiligen sich mit lauten Akklamationen, wohl auch mit Fragen und Zwischenrufen, Beifallsäußerungen bis zum Klatschen; wer einen Psalm ›hat‹, trägt ihn vor. Zungenreden und Weissagen brechen ungehemmt in den Gang der Feier ein. Gebändigte und ungebändigte Charismen (= Gaben) werden laut, und nicht immer hat einer die Autorität, zu sagen: ›Das ist alles gut, aber ich will euch einen noch köstlicheren Weg zeigen!‹ Vorbilder, irgendwo aufgegriffen, werden nachgeahmt und wieder verlassen, Traditionen irgendwelcher Art fortgeführt und wieder aufgegeben.
In den Missionsgottesdiensten kann sich keine Form bilden, sie sind rein auf Improvisation abgestellt, auf Zeit, Ort, anwesende Personen, Landesbräuche, Volksgewohnheiten.«[31]

Besonders die *spontane* Form des Kyrie muß behutsam erlernt werden und wachsen können. Ein Fehltritt am Anfang macht die weitere Einführung von Neuem besonders schwer. Ich sollte also die Gemeinde nicht etwa mit der Ansage überfallen: »Heute kommen Sie bitte nach vorn und bringen spontane Kyrie-Rufe vor Gott, auf die wir alle mit dem Kehrvers ›Herr, erbarme dich‹ antworten«.
Es gibt lebendige Formen der persönlichen Beteiligung aller durch entsprechende Anleitung, dabei spielen *Stille* und aktuell vorbereitete Texte die Hauptrolle.

Ein exemplarischer Baustein

Einleitung (durch den Liturgen/die Liturgin):

Aus der letzten Woche
bringen wir viel mit
in diesen Gottesdienst:

31. G. Kunze, Die Lesungen, in: Leiturgia 2, Kassel 1955, S. 127.

Unsere Freude,
unseren Dank,
das, was uns belastet,
unsere Trauer,
unsere Schuld.

Wir werden still
und denken an das, was wir vor Gott bringen wollen –
in der Gewißheit:
Bei ihm ist alles gut aufgehoben.

Stille

Danach kann eine zweite Person sagen:

Wir bringen vor Gott auch Klagen,
die über unsere persönliche Situation hinausgehen:

- ...
- ...
- ...

Liturg/Liturgin:
Wir schließen all das zusammen, indem wir Gott anrufen:
Kyrie eleison – Herr, erbarme dich.
• Kehrvers – oder die bekannte Version (Straßburger Kyrie)
Gloria → S. 88.

Gottesdienstvorbereitungskreis der Garbsener Stephanusgemeinde

In dem Beispiel wird versucht, an die persönliche Situation aller Anwesenden anzuknüpfen. In der Stille können sie ihren Gedanken nachgehen und sie vor Gott bringen.
Einzelne bringen exemplarische Situationen vor Gott, die über den persönlichen Horizont hinausgehen (Jugoslawien, Ausländerfeindlichkeit ...). Alle antworten mit dem Kehrvers.
Das Kyrie betont die Klage. Sie kann zur Anklage Gottes werden (»Warum muß ich das erleiden ...?«). Das Kyrie hat *keinen* Fürbittencharakter! Im Gegensatz zu den »vom Wohin« (Sendung) geprägten Fürbitten ist das Kyrie vom »Woher« geprägt und geht über die Klage *nicht* hinaus.

Wohin beim Kyrie blicken?
Diese Frage stellt sich, wenn der Liturg bzw. die Liturgin hinter dem Altar steht als Gegenüber zur Gemeinde. Eine Anrufung geschieht aber eigentlich *mit* der Gemeinde (also normalerweise in Richtung Altar – auf jeden Fall *nicht* die Gemeinde anschauend). Ein Kreuz auf dem Altartisch hilft den Blick zu konzentrieren .

Aus der Ökumenischen Liturgie

Foto: Baltruweit

Da ist eine Frau.
Sie fällt unter die Räuber.
Sie schlagen sie,
schlagen sie,
ziehen sie aus,
schlagen sie,
lassen sie halbtot liegen
und machen sich davon.

Kehrvers:

Text und Musik: Fritz Baltruweit
Aus: Fritz Baltruweit – Meine Lieder

»Ich bin hungrig.
Du fütterst lieber Deine Tiere
und füllst deine Kühlhäuser.
Ich lebe im Sudan
oder bei Dir zu Hause um die Ecke.«

»Ich bin durstig.
Dich kümmert es nicht.
Ich verdurste an Deiner Gleichgültigkeit,
an Deiner Lieblosigkeit.«

Kehrvers

»Ich bin fremd.
Du hast Angst vor mir.
Du verbrennst meinen Container
oder schaust dabei zu.«

»Ich komme von einem anderen Kontinent.
Mein Glaube ist Dir fremd.
Du hörst mir nicht zu.
Du verstehst mich nicht.«

Kehrvers

»Du hast mich ausgezogen.
Ich bin nackt.
Du raubst mir
das Allerletzte
für Deinen billigen Kaffee
und Dein billiges T-Shirt.«

»Ich kann nicht mehr –
ich, der Wald,
ich, der Fluß,
ich, das Tier.
Du hast mich krankgemacht
und alleingelassen.«

»Ich bin gefangen –
abhängig von Sachzwängen
und nicht fähig
zu teilen.«

Kehrvers

In der Ökumenischen Liturgie haben wir für die liturgischen Stationen, also auch für das Kyrie, die Situation des Predigttextes zugrunde gelegt (Vom barmherzigen Samariter – Lk 10,25–37). Im Kyrie wurde die Geschichte mit dem diesen Tag prägenden Text der Bibelarbeit verbunden (Mt 25,31–46).

Der Kyrie-Kehrvers (Höre mich …) erhielt die in Lukas 10 angelegte Zuspitzung. Die Klage steht im Mittelpunkt.

Das zeigt, wie Predigttexte das gesamte gottesdienstliche Geschehen in seiner liturgischen Gestalt prägen können.

In der einleitend gespielten Situation wurde der Versuch der konsequenten Deutung im Sinne inklusiver Sprache gemacht.
In der Durchführung zeigte sich, daß diese inklusive Form bei den Teilnehmenden weder als »anstößig« noch als »aufgesetzt« empfunden wurde. Der Samariter hätte selbstverständlich auch eine Samariterin sein können. Der Überfallene steht ebenfalls für »Mensch«, nicht nur für »Mann«. – Viele dachten im Juni 1993 in dem Zusammenhang an die Vergewaltigungslager im ehemaligen Jugoslawien.
Wenn ein so deutlicher Schwerpunkt im Gottesdienst inklusiv gedacht und gebracht wird, werden andere Formulierungen (z.B. Herr, erbarme dich ...) relativiert und können – wie es eine Frau ausgedrückt hat – so stehen bleiben.

Aus der liturgischen Werkstatt

Je spontaner im Gottesdienst miteinander umgegangen wird, desto mehr Erfahrung muß eine Gemeinde im Vorfeld mit Spontaneität gemacht haben. Als »Lernfeld« bieten sich Zielgruppengottesdienste und Gruppenerfahrungen bzw. Erfahrungen auf Freizeiten an.
In Jugend- oder Familiengottesdiensten (bei Kindern ist Spontaneität ja noch »normal«) kann der spontane Umgang miteinander »eingeübt« werden, ehe solche Gottesdienstformen auf den »normalen« Sonntagsgottesdienst abfärben.
Ein Vorschlag zum »Einüben« einer spontanen Kyrie-Litanei ist das Miteinander-Erleben der *Zeitungsliturgie*[32], die besonders für Freizeiten und Seminare zu empfehlen ist:

Die liturgischen Teile einer Freizeit sollten besonders hervorgehoben werden – z.B. durch das Aufbauen von einer oder drei Kerzen (falls sie schon dastehen, durch das Anzünden) und vielleicht einer Blume in der Mitte des Kreises.
Zeitungsseiten liegen um die Mitte herum, so daß immer zwei Personen zusammen sich ein Blatt aussuchen können. Die anleitende Person weist darauf hin, daß je zwei miteinander sich das Blatt ansehen und eine Meldung (bis hin zu Anzeigen) aussuchen möchten. Dann soll der eine die Meldung vorlesen – und die andere dazu einen Einfall, ein Erlebnis erzählen, etwas, was sie damit verbindet. Bevor die Anwesenden sich die Zeitungsteile aussuchen, singen alle gemein-

32. Nach einer Idee von Herbert Lindner, Feucht.

sam einen einfachen, auswendig singbaren Kyrie-Kehrvers, der dann nach jedem Beitrag wieder aufgenommen wird.
Nach der Such- und Besprechungsphase gibt es einen Moment der Stille. Der Kehrvers wird gesungen. Es folgen die einzelnen Äußerungen – jeweils abgeschlossen mit dem Kehrvers. Die anleitende Person spricht ein kurzes zusammenfassendes Gebet.

Die Zeitungs-Liturgie führt zu einer sehr intensiven Situation, wenn sich die Anwesenden darauf einlassen. Die anleitende Person muß sich überlegen, wie sie die Gruppe aus der Atmosphäre der Betroffenheit wieder herausführt. Zunächst könnte ein stilles Kyrie-Lied gesungen werden[33], dann zwei bis drei atmosphärisch immer »offener« werdende Lieder.

Sündenbekenntnis

Im Kontext des Gottesdienstes

»Vergeben fördert Gesundheit.« Diese in einem Institut der Hamburger Universität wissenschaftlich herausgefundene Erkenntnis ging durch die Presse: Vergeben führe häufig zur Minderung oder zum Fortfall psychosomatischer Beschwerden, auch, wenn es nur »innerlich« geschehe.[34] – Wahrscheinlich ist mit dem Satz vor allem gemeint: Wenn mir vergeben wird ...

Das Sündenbekenntnis nimmt die Situation ernst, in der wir uns befinden, und macht uns unsere eigene Angewiesenheit bewußt. Gerade wo Leistung viel bedeutet und wir immer wieder hinter unseren Ansprüchen zurückbleiben, kann schon das Bewußtwerden der Tatsache, daß wir nicht allein stehen, sondern auf Gott gewiesen sind, entlastend und befreiend wirken. Unsere Sehnsucht nach Heilung hat im Gottesdienst Platz und findet Antwort. Unsere Schuld, die wir mitbringen, ist bei Gott aufgehoben und in guten Händen.

33. Z.B. »Meine engen Grenzen«, Mein Liederbuch 2, a.a.O., B 153.
34. H.P. Held, Beichten nur beim Therapeuten?, in: Gemeinschaftswerk für Evangelische Publizistik (gep) (Hg.), Der Gemeindebrief – Material- und Gestaltungshilfe, Frankfurt/M. 1993, Nr. 119, S. 14.

Zur Erinnerung

Vergebung ist nicht nur Notwendigkeit für unser (Über-)Leben, sondern immer wieder neue Zusage Gottes.
»Deine Sünden sind Dir vergeben«, sagt Jesus zu dem Gelähmten, den vier Männer durch das Dach des Hauses vor Jesu Füße heruntergelassen hatten (Mk 2,5).
Seinen Jüngern gibt Jesus die Vollmacht zu vergeben: »Was ihr auf Erden binden werdet, soll auch im Himmel gebunden sein, und was ihr auf Erden lösen werdet, das soll auch im Himmel gelöst sein.« (Mt 18,18) – und zwar in dem Zusammenhang der Verheißung seiner Gegenwart, wo immer Menschen in Jesu Namen zusammen sind: »Wo zwei oder drei versammelt sind in meinem Namen, da bin ich mitten unter ihnen.« (Mt 18,20)

1. Ursprünglich hatte das *Confiteor* (= Ich gestehe, bekenne ...) in der Sakristei seinen Ort als Vorbereitung der Amtsträger auf den Gottesdienst.

2. Von dort aus gelangte es als *Rüstgebet* in die Anfangsphase des Gottesdienstes, aber nicht im Sinne einer »Reinigung vor Gott«, sondern als Bekenntnis des grundsätzlichen Verwiesenseins des Menschen auf Gott, im Sinne von: Wir stehen in Gottes Schuld.[35]
Wo ein Gnadenzuspruch im Rahmen des Gloria erfolgt oder wo Abendmahl gefeiert wird, wird der Zuspruch, auf den das Rüstgebet »abzielt« und »hofft«, erfahrbar.

3. Ein Sündenbekenntnis als Teil der *Beichte* (zur Beichte gehören – im Gegensatz zum Rüstgebet – das *Bekenntnis der Sünden* und *der Zuspruch der Vergebung im Namen des dreieinigen Gottes* mit dem Ziel eines neuen Anfangs) kann (als Vorbereitung zum Abendmahl) im Eingangsteil geschehen – die Gottesdienststruktur dieses Teils ist dann[36]: (Lied) – Gruß (Begrüßung) – Besinnung und Sündenbekenntnis – Beichtfragen – Absolution (= Vergebungswort durch den Liturgen/die Liturgin) mit Segenswort – Dank – Gloria – Kollektengebet.

4. Die Verbindung des Sündenbekenntnisses mit dem Kyrie ist nicht nur in verschiedenen Gliedkirchen der EKD Tradition, sondern ist auch als Variante in der Erneuerten Agende vorgesehen.[37]

- In dem Exemplarischen Baustein zum Kyrie (→ S. 73f.) ist dieser Gedanke mitbestimmend.

35. Vgl. F. Schulz, Die Offene Schuld als Rüstgebet der Gemeinde, in: Jahrbuch für Liturgik und Hymnologie 4, 1958/59, S. 86ff.
36. Nach Agende Bd. III, Die Amtshandlungen, Teil 3 – Die Beichte, Hannover 1993, S. 41.
37. Erneuerte Agende, S. 98f.

- In der *Ökumenischen Liturgie* der »Münchener Form« 1993 ist das Sündenbekenntnis zwischen Kyrie und Gloria plaziert – auch durch die liturgische Entfaltung des Textes Lk 10,25–37, in dem wir unsere Sünde als »Vorbeisehen an den Opfern« als eine narrative Form der Apathie (Teilnahmslosigkeit) beschrieben sahen. Das Sündenbekenntnis mündet in die Bitte »Komm, Heiliger Geist«.

5. Nach der Predigt / als Beginn des Abendmahlsteils könnte der Ablauf der Beichte (zur Vorbereitung des Abendmahls) so aussehen[38]: Abkündigungen – Fürbitten – Lied zum Dankopfer – Besinnung und Sündenbekenntnis – Beichtfragen – Absolution mit Segenswort – Dank – Abendmahlsliturgie.

6. Alternativ zu 5. ist an der Stelle (oder alternativ dazu zwischen Predigt und Glaubensbekenntnis) in der Erneuerten Agende die *Offene Schuld* (die theologische Ausrichtung ist mit dem *Rüstgebet* »verwandt«) als Möglichkeit vorgesehen, an die der *Friedensgruß* anschließen kann.[39]

Wo auch immer ein Sündenbekenntnis im Gottesdienst gesprochen wird, geht es darum, sich die eigene Situation klarzumachen und auch die eigene Schuld beim Namen zu nennen – aber nicht nach dem Motto »Du sollst jetzt mal ordentlich runtergedrückt werden …«, sondern im Licht der Gnade Gottes, die uns in unserer Situation zugesagt ist, wie auch immer sie aussehen mag: »Darum ist es zu tun, daß du deine Not klagst und dir helfen und ein fröhliches Herz und Gewissen machen lässest. … Wenn ich daher zur Beichte ermahne, so tue ich nichts anderes, als daß ich ermahne, ein Christ zu sein«, sagt Martin Luther im Großen Katechismus.[40]

38. Nach Agende Bd. III, Die Amtshandlungen, Teil 3, a.a.O., S. 48.
39. Erneuerte Agende, S. 38 bzw. S. 504ff.
40. Ebd., S. 7.

Das Sündenbekenntnis gestalten

Aus der Ökumenischen Liturgie

Foto: Baltruweit

… und lassen sie halbtot liegen.
Da kommt jemand vorbei
– und sieht sie, guckt hin, guckt zu …
und geht weiter.

Liturg/in: Wir haben einen Tag zusammen erlebt
und erfahren,
wie reich Begegnungen machen können.
Das ist die eine Wirklichkeit.
Wir wissen aber auch,
wie vielen wir etwas schuldig geblieben sind,
auch heute.
Gott,
wir bitten Dich um Vergebung.
(Stille)

Alle: *Gott,*
du überwindest,
was zwischen uns und Dir,
zwischen uns und anderen Menschen steht.
Vergib uns unsere Schuld,
befreie uns zu einem neuen Anfang.
Amen.

Liturg/in: Gott,
gib uns Mut und Kraft,
miteinander zu teilen
und die Einheit Deines Geistes zu leben.
Verbunden mit Jesus Christus
rufen wir Dich an.
Komm, Heiliger Geist!

Alle: *Komm, Heiliger Geist!*
(Der Ruf folgt in verschiedenen Sprachen – jemand aus dem entsprechenden Land spricht ihn vor, alle sprechen ihn nach.)

Lied:

2. Gott, in deinen Händen ist das Leben nah.
Da bricht kein Gericht mein Lebenslicht.
Viele tausend Schulden zeichnen dich bis heut.
Du wiegst sie mit deiner Liebe auf.
Gott, mit deiner Liebe fängt mein Leben an.
Du bist es, der allen Grund ersann.
Gott, mit deiner Liebe fängt mein Leben an.
Dir sing ich mein Lied, solang ich kann.

3. Gott, in deinen Händen ist Vergebung da.
Du baust eine Brücke, die mich trägt.
Sie verbindet Ufer – nichts trennt mich von dir.
Bleib bei mir – begleite meinen Weg.
Gott, mit deiner Liebe fängt mein Leben an.
Du bist es, der meinen Sinn ersann.
Gott, mit deiner Liebe fängt mein Leben an.
Dir sing ich mein Lied, solang ich kann.

Text: Anna-Mari Kaskinen, Übertragung: Fritz Baltruweit
Melodie: Pekka Simjoko
Aus: Fritz Baltruweit – Meine Lieder / CD, MC Freiräume

Gloria

Im Kontext des Gottesdienstes

Das *Gloria in excelsis* (Ehre sei Gott in der Höhe) führt nach dem Kyrie in eine neue Stufe der Vergewisserung. Wir dürfen Gott nicht nur alles sagen, klagen und ihm unsere Schuld bekennen. Wir können uns auch dessen gewiß sein, daß unsere unvollkommene Wirklichkeit in seiner göttlichen Treue aufgehoben ist, die uns immer wieder eine neue Perspektive gibt, in dieser Welt zu leben.

Wie allerdings genau diese Weiterführung oder Antwort zu verstehen ist, wird bis heute diskutiert. Denn das Kyrie als »Vermittler« zwischen dem Confiteor (Sündenbekenntnis) und dem Gnadenzuspruch mit Gloria wurde von den Vätern der Agende 1 als »psychologisierend« abgelehnt. Sie wollten ein direktes Nacheinander von Kyrie und Gloria ohne erklärende bzw. vermittelnde Texte: »Es hat eine tiefe innere Berechtigung, daß das Gloria dem Kyrie unmittelbar ohne psychologische Vermittlung zugeordnet ist, was sowohl im liturgischen Vollzug als auch hinsichtlich der musikalischen Weisen zum Ausdruck kommt. Kyrie und Gloria stehen wie zwei erratische Blöcke nebeneinander, die das geheimnisvolle Ereignis der Rechtfertigung widerspiegeln ohne jeglichen Versuch, das Geheimnis im Sinne eines Sündenbekenntnisses mit nachfolgender Gnadenverkündigung rationalisieren zu wollen.«[41]

In unserer Situation, in der es immer weniger Liturgie-»Eingeweihte« gibt, ist es allerdings notwendig, den Gottesdienstablauf verständlich und einleuchtend zu gestalten.[42]
Entscheidend ist, daß deutlich wird: Kyrie *und* Gloria geben uns die Gewißheit, daß wir nicht verlassen sind, sondern uns auf Gott verlassen können in allen Lebenssituationen. Unsere Klagen sind bei Gott gut aufgehoben. Unsere Unvollkommenheit, Angst und Schuld wird von Gott getragen, der uns befreien will zu einem erfüllten Leben. Deshalb singen wir das Gloria. Seine Treue geht weiter als alles, was uns von ihm trennt. Um das – nicht pädagogisierend (nach dem Motto: Jetzt erkläre ich Ihnen mal, warum wir das Gloria singen …), sondern feiernd (… den Zuspruch *erfahrend*) – auszudrücken, sagen und singen wir »Ehre sei Gott …«.[43]

41. K.F. Müller, Das Ordinarium Missae, in: Leiturgia 2, Kassel 1955, S. 28.

42. Vgl. Chr. Grethlein, Abriß der Liturgik, a.a.O., S. 146 bzw. (zur grundsätzlichen Fragestellung) I. Werlen, Ritual als kommunikatives Handeln bzw. H. Frisch, Gottesdienst als Mitteilung, in: K. Ermert (Hg.), Gottesdienst als ›Mitteilung‹, Loccumer Protokolle 24, Loccum 1983, S. 41ff. bzw. 196ff.

43. Die Erneuerte Agende geht in der Variante A 1 (S. 98/99) auch in diese Richtung.

Zur Erinnerung

In fast jedem Gottesdienst singen wir die Engelsbotschaft der Weihnachtsgeschichte: »Ehre sei Gott in der Höhe und Friede auf Erden bei den Menschen seines Wohlgefallens« (Lk 2,14).
Das Gloria gelangte erst im neunten Jahrhundert in die römische Messe. Es wurde ursprünglich nur bei besonderen Fest-Anlässen wie Weihnachten und Ostern[44] gesungen und zunächst allein vom Papst und dann vom Bischof angestimmt. Auch in Gottesdienstordnungen, die im Laufe der Reformation entstanden, ist das Gloria nicht unbedingt aufgenommen[45] – es fehlt z.B. in Luthers Deutscher Messe 1526.[46]
Die von J.S. Bach und anderen Komponisten seiner Zeit vertonten Messen zeigen, daß für sie das Gloria selbstverständlich als ein Höhepunkt in den Gottesdienst gehört.[47]

Das Gloria gestalten

Ein Blick in die Erneuerte Agende

In der Erneuerten Agende werden Hinweise für eine lebendige Gestaltung des Gloria gegeben:

44. Chr. Mahrenholz, Kompendium der Liturgik, a.a.O., S. 83.
45. Vgl. F. Kalb, Grundriß der Liturgik, a.a.O., S. 120/121.
46. Vgl. W. Herbst (Hg.), Evangelischer Gottesdienst, Göttingen 1992, S. 78.
47. Ebd., S. 145 – Übrigens ist auch heute das »Ehre sei Gott in der Höhe« nicht in allen Gottesdiensten vorgesehen: in der Passionszeit (außer Gründonnerstag) soll es, in der Adventszeit *kann* es entfallen (Erneuerte Agende, S. 34). Das *Gloria Patri* soll nach der Erneuerten Agende übrigens nur noch in der Karwoche entfallen.

Freie Ausformung von Zuspruch, Widerspruch und Hoffnung aus der Botschaft des Evangeliums in vorbereitetem oder spontanem, auch von Gruppen gesungenem Lobpreis, der durch Gloria-Rufe der Gemeinde in neuen musikalischen Formen aufgenommen wird.[48]

Die Gemeinde wird von einem Kantor/einer Kantorin ermutigt und angeleitet, atmend, summend, lauschend, aus der Stille heraus Klangräume aufzubauen und sich selbst darin ausschwingen zu lassen. Auf diesem Hintergrund können geeignete Einzelgänger einen spontanen Lobgesang ausführen. Die Gemeinde kann sich zu kurzen mehrstimmigen Lobrufen vereinigen.
Ähnliches kann durch Singkanons, Zusingen in Gruppen, Ansingen von Refrainliedern, Wechsel zwischen Chor- und Gemeindegesängen, singendes Umschreiten des Raumes, ein den Raum erfüllender Lobgesang entstehen. In allem sollte die menschliche Stimme als das eigentliche Organ des Gotteslobs zur Geltung kommen.[49]

In den Anregungen wird deutlich, daß wir darüber nachdenken müssen , wie wir Gott loben wollen, wie ein angemessenes Gotteslob erklingen kann.

Das Wort »(Gott) loben« ist (im Gegensatz zum »Gott sei's geklagt«) in unserem normalen Sprachgebrauch nicht selbstverständlich (höchstens im Sinne von »Gott sei Dank«). Vielleicht hilft uns der Umgang mit unseren Kindern (»Hast Du Dein Kind heute schon gelobt?«) dazu, auch im Gottesdienst wieder eine Beziehung zu dem Wort zu bekommen.
»Das finde ich gut.« – »Den finde ich gut.« So sagen wir schon eher. Wir werden die Umgangssprache – so wie es in den vergangenen Jahrhunderten immer der Fall war – auch in diesen Teil des Gottesdienstes einbeziehen müssen, wenn wir den Zusammenhang zu unserem Leben herstellen wollen (→ Liturgische Werkstatt, S. 91f.).

Für das Erlernen der in der Erneuerten Agende vorgeschlagenen freien Gloria-Formen gilt das im Kyrie-Kapitel Ausgeführte (→ S. 72f.).
Eine praktische Voraussetzung für den zweiten Vorschlag der Erneuerten Agende: Solche Dinge müssen vorher im Chor, der im Gottesdienstgeschehen nicht von vorn oder hinten agieren, sondern sich unter die Gottesdienstgemeinde mischen sollte, oder in der Gruppe ausprobiert werden.

Vielleicht ist es bei diesem liturgischen Schritt gar nicht so wichtig, daß etwas von dem in der Erneuerten Agende Vorgeschlagenen probiert wird. Entscheidend ist vielmehr, daß der Kyrie-Gloria-Zusammenhang ein-

48. Erneuerte Agende, S. 99.
49. Erneuerte Agende, S. 106.

leuchtend gefeiert wird: Nach einem ermutigenden Wort, das die Treue Gottes zusagt, wird das Lob Gottes in einem von allen gesungenen fröhlichen und rhythmisch-beschwingten Lied zum Ausdruck gebracht (diesen Zweck erfüllte lange Zeit das Lied »Allein Gott in der Höh' sei Ehr ...«, EKG 131/EG 175).

Ein exemplarischer Baustein

Fortsetzung von S. 74

Liturg/Liturgin:
Wir haben unseren Gott angerufen
in der Gewißheit,
daß wir uns auf ihn verlassen können.
In Jesus Christus sagt er uns zu:
»Ich bin bei Euch jeden Tag
bis an das Ende der Welt.«
Darum loben wir Dich, Gott,
und singen Deinen Namen:

Glorialied
– z.B.: Ich lobe meinen Gott, der aus der Tiefe mich holt, damit ich lebe[50]

In dem zusprechenden Wort des exemplarischen Bausteins wird die Intention des Gloria zum Ausdruck gebracht. Ein Bibelwort begründet, fundiert das. Es gibt viele Bibelworte, die an dieser Stelle stehen könnten – und natürlich auch viele (Antwort-)Lieder der Gemeinde.
In der Entfaltung des Kyrie/Gloria-Bausteins wird dabei die »klassische Folge« der EKU-Agende (Erste Form A) aufgenommen, die in der Erneuerten Agende nicht nur als Variante erscheinen sollte[51]:

50. Mein Liederbuch für heute und morgen, Düsseldorf 1981, B 102.
51. Gemeint ist Variante A 1 (S. 98/99). Die Aufnahme dieser in der Evangelischen Kirche der Union (EKU) weitgehend »normalen« Abfolge in die *Grundform(en)* der Erneuerten Agende wird z.B. in einer Stellungnahme der rheinischen Landessynode 1994 (Drucksache 6) gefordert.

Sündenbekenntnis (bzw. entfaltetes Kyrie)
|
Kyrie (Gesang/Kehrvers/Lied)
|
Gnadenzusage
|
Gloria (Gesang/Kehrvers/Lied)

Aus der Ökumenischen Liturgie

Foto: Baltruweit

Da kommt jemand vorbei – und sieht sie liegen,
ist entsetzt, geht zu ihr hin,
gibt ihr zu trinken, gibt ihr zu essen,
gibt der Nackten ein Kleid.

Liturg/in:
Daß jemand uns sieht
und nicht vorbeigeht,
das ist auch wahr.
Davon leben wir.
Davon bekommen wir unseren Atem
und leben auf.

Gott,
dafür danken wir Dir
und loben Dich.

Lied:

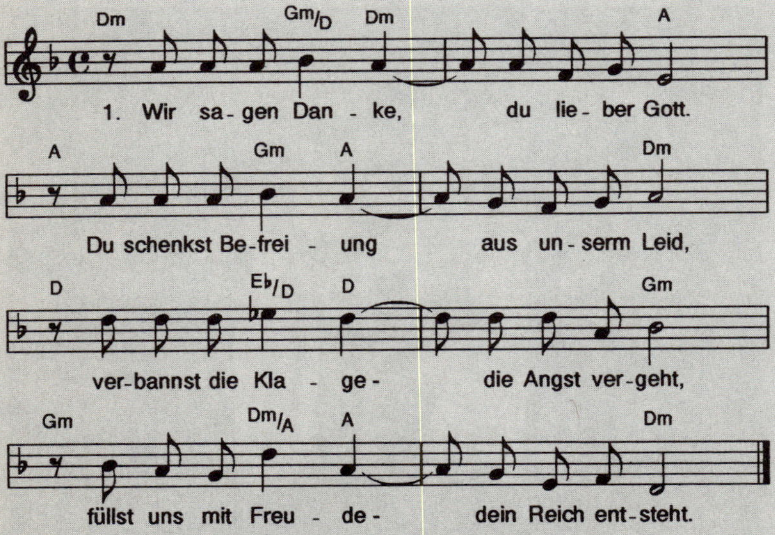

2. Wir sagen Danke, du lieber Gott,
   machst aus uns Sündern dein neues Volk,
   das aus Vergebung den Aufbruch wagt,
   das dir sein Loblied singt, Danke sagt.

3. Wir sagen Danke, du lieber Gott –
   und unser Leben für diese Welt
   werde zum Segen dem, der nichts hat:
   geteiltes Leben macht alle satt.

4. Wir sagen Danke, du lieber Gott,
wollen den Weg gehn, den du uns rufst;
er bringt uns Frieden, Gerechtigkeit,
und schenkt die Hoffnung für unsre Zeit.

Text: Melchizedek M. Solis, deutscher Text: Fritz Baltruweit
Musik: Mutya Lopez Soliz – Philippinen
Aus: Fritz Baltruweit – Meine Lieder

Nach dem Kyrie wird auch im Gloria der Ökumenischen Liturgie die Geschichte aus Lukas 10 mit unserer Wirklichkeit »zusammengeschaut«. So wird das Erfahren von Gottes Nähe, die befreit, in der Wahrnehmung durch die Nächsten konkret.

Aus der liturgischen Werkstatt

Auch die Ausformung eines »freien« Gloria ist erlernbar, besonders wenn es in der Gruppe eingeübt wird:[52]

Der Ort des Geschehens sollte wie bei der Zeitungsliturgie hergerichtet sein (→ S. 78f.). Die anleitende Person teilt nach dem Singen eines Lobliedes Zettel aus mit der Bitte, einen Satz aufzuschreiben, ein »Lob«, ein Dankeschön für einen Menschen, der mir nahesteht.
Die Zettel werden eingesammelt, gemischt und neu verteilt. Nach einer kurzen Stille wird ein Halleluja gesungen – die anleitende Person führt in das Lesen der Texte mit dem Hinweis ein, daß wir unser »Lob« nun im Angesicht Gottes miteinander teilen und mit dem Halleluja jeweils darauf antworten wollen. Denn »wie der Mensch ist – so ist Gott«.

52. Nach einer Idee von Herbert Lindner, Feucht.

Einige Beispiele: »Du tust mir gut, weil du mich ermutigst und entlastest.« – »Ich danke dir für deine Liebe, mit der du mich trägst und veränderst.« – »Schön, daß bei dir immer Platz für mich ist – an deinem Tisch.« – »Du hast mir Freiheit und Halt gegeben. Danke.« – »Du hast mir einen neuen Weg gezeigt und mich begleitet.« Abgeschlossen wird diese Litanei durch die Wiederholung des eingangs gesungenen Lobliedes.

Im Gegensatz zu der Zeitungs-Liturgie kann die Atmosphäre während oder nach der Lob-Liturgie durch Irritationen bestimmt sein. Ist eine Übertragung der an Menschen gerichteten Worte auf Gott so einfach möglich und legitim? Während die Zeitungs-Liturgie zu einer tiefen Anrufung Gottes werden kann, droht die Lob-Liturgie (eigentlich ist sie eher eine liturgische *Übung*) zu einer »Didaktisierung« zu entgleisen. Das Positive an der Lob-Liturgie: Wir lernen verstehen, wie das Gotteslob lebendig werden kann, indem wir das, was uns im Alltag begegnet, mit der Gottesbegegnung in Verbindung zu bringen – bis hin zum Sprachgebrauch. Sie schärft unsere Wahrnehmung dafür, dankbar zu leben – in dem Wissen darum, daß Gott uns trägt in dem, was wir Tag für Tag erleben.
Auch hier gilt wieder: Liturgische Erfahrungen in der Gruppe bzw. in »Sonder«gottesdiensten sind eine Voraussetzung für das Feiern spontaner Elemente im Gottesdienst für alle.

Kollektengebet – Gebet des Tages

Im Kontext des Gottesdienstes

Das Kollektengebet (sammelndes, konzentrierendes, zuspitzendes Gebet) – in der Erneuerten Agende auch »Gebet des Tages« genannt – schließt den Gottesdienstabschnitt der Eingangsliturgie ab. Was im Kyrie/Gloria-Teil vor Gott gebracht und von Gott in Erfahrung gebracht wurde, wird in dem Gebet »auf den Punkt« gebracht. Als »Scharnier« zwischen Eingangsliturgie und Verkündigungsteil bereitet es auch auf das nun zu uns kommende Gotteswort vor. So spitzt das Kollektengebet die Anrufung auf das konkrete Anliegen dieses einzigartigen Gottesdienstes zu und faßt es in einem Satz zusammen.

Zur Erinnerung

Ursprünglich nahm das »nach einer altrömischen, heidnischen Amtsoration (-anrufung) gebildete Gebet die auf den Gebetsaufruf ›Oremus‹ laut vorgebrachten Bitten der einzelnen Gemeindeglieder auf und faßte sie knapp zusammen (›collecta‹)«.[53] Das »Oremus« (= Laßt uns beten) wurde auch als Einleitung zu einer Gebets*stille* gebraucht, die mit einer »Kollekte« (= »Gesammeltes«, einem die Stille ab- und zusammenschließendem Gebet) beendet wurde.[54]

Für das Kollektengebet hat sich eine einheitliche Form herausgebildet:
- *Aufforderung zum Gebet* (»Laßt uns beten«),
- *Anrede* (»Herr, unser Gott«) – oft verbunden mit einem den Dank ausdrückenden oder erklärenden *Zu-Satz* (»Du hast diese heilige Nacht erhellt durch den Glanz des wahren Lichtes«),
- *Bitte* (in der das Anliegen des Gottesdienstes zusammengefaßt wird: »Gib, daß wir voller Freude an jenem Licht teilhaben, dessen Geheimnis wir in der Geburt deines Sohnes erkennen«),
- *Schlußformel* (»der mit dir und dem Heiligen Geiste lebt und regiert von Ewigkeit zu Ewigkeit«).[55]

Das Kollektengebet gestalten

Im Gegensatz zu den möglichen konkreten Klage- (und evtl. auch Dank)-äußerungen aus der Gemeinde im Kyrie und Gloria sind hier die Liturgin bzw. der Liturg gefragt als Verantwortliche für die inhaltliche Zusammenfassung, Zuspitzung und Ausrichtung auf das, was kommt: das Wort Gottes. Für den Fall, daß das Kollektengebet das erste »frei« gesprochene Wort im Gottesdienst ist, legt sich ein abholender und einladender Charakter nahe – das, was »normalerweise« schon am Anfang des Gottesdienstes zu geschehen hat (→ Begrüßung). Dabei ist es wichtig, auf die Offenheit der Formulierungen besonders im ersten Satz zu achten, damit sich niemand ausgeschlossen fühlt, sondern möglichst alle (aus ihren unterschiedlichen Situationen heraus) in das Gebet »einstimmen« können.

53. Chr. Grethlein, Abriß der Liturgik, a.a.O., S. 124.
54. Chr. Mahrenholz, Kompendium der Liturgik, a.a.O., S. 84.
55. Das der Erneuerten Agende, S. 157, entnommene Beispiel steht für viele im Textteil angebotene Kollektengebete.

In einem entsprechenden Gottesdienst war das erste frei gesprochene Wort »Gott, wir sind blind …«. Durch diesen Anfangssatz fühlten sich vermutlich nicht alle zum Mitbeten eingeladen, denn sie hatten vielleicht gar nicht das Gefühl, blind zu sein … Und: Wie wirkt so ein Satz auf blinde Menschen?

Zwei exemplarische Bausteine

Guter Gott,
wir danken Dir.
Wir dürfen hier sein
in Deinem Haus –
und Du machst es hell.

Laß uns für Dein Licht
empfänglich sein.

So komm, Du Gott, zu uns
in Deinem Wort und Geist,
daß sich unser Leben
durch Dich erhellt
heute
und jeden Tag.
Amen.

Alternative Sprachgestaltung des Eingangsbeispiels → Zur Erinnerung

Herr, unser Gott,
es ist gut,
daß wir diese Stunde
mit Dir haben.
Wir freuen uns,
daß Zeit ist
zum Singen, Nachdenken
und Reden mit Dir.

Wir brauchen Deinen Dienst
an uns,
damit uns (immer) wieder
klar wird,
wem wir gehören
und warum wir leben.

Herr, wir bitten Dich:
Laß diesen Gottesdienst
nicht beschränkt bleiben
auf diese Stunde und diesen
Raum,
sondern laß ihn durch uns
hinauswirken
in den Alltag unseres Lebens
und in das Leben anderer.
Amen.

Silvia Mustert

In beiden Gebeten wird versucht, mit nicht »eingefahrenen Formeln« zu formulieren. Nach dem Kyrie und Gloria wird ein persönlicher Akzent sichtbar. Schließlich wird die »klassische« Schlußformel aufgebrochen und mit eigenem Akzent interpretiert.

Aus der Ökumenischen Liturgie

Gott,
Du Geist der Liebe und der Veränderung,
komm mit Deinem Wort,
erfülle und bewege uns,
im Geiste Jesu Christi einander anzunehmen
und Deine Gerechtigkeit auf Erden zu säen.

Das Kollektengebet in der Ökumenischen Liturgie hat nach der umfassenden Eingangsliturgie den Schwerpunkt der Vorbereitung. Gottes Wort wird kommen – in einer Prozession werden Bibel, Brot und Wein … (→ S. 103f.) zum Altar getragen. Die Tendenz der folgenden Bibellesungen wird in einem Satz schon angedeutet.

Aus der liturgischen Werkstatt

Beim Kollektengebet liegt die Vorbereitung darin, sich die genaue Funktion des Gebetes und seiner einzelnen Schritte klarzumachen:

- Wie möchte ich Gott anreden?
- Welchen Zu-Satz, welches »Prädikat« möchte ich Gott verleihen?
- Was ist mir in der Begegnung mit den biblischen Texten, die im Gottesdienst vorkommen, wichtig geworden? Wie kann ich das in einem Satz zusammenfassen und als Bitte formulieren?
- Soll eine Schlußwendung mein Gebet abschließen?
  Was ist mir an den »herkömmlichen« Schlußwendungen wichtig geworden? Welchen Akzent möchte ich in diesem Gottesdienst setzen?

Für Kollektengebete gibt es sehr viele Vorlagen.[56] Es liegt nahe, auf vorhandene Texte zurückzugreifen. Vorliegende Texte sind aber in der Regel

56. Z.B. im Textteil der Erneuerten Agende. – Zu empfehlen sind das »Gottesdienstbuch« von Chr. Zippert (Gütersloh 1990) und die »Liturgieentwürfe für das Kir-

als »Ideenbörse« gemeint, die in die eigene Sprache zu übertragen sind. Die Liturgin bzw. der Liturg selbst *betet*. Er bzw. sie liest kein Gebet ab, sondern begibt sich in die Kommunikation mit dem Gott, der die Gemeinde und ihren Gottesdienst begleitet.

Problemanzeige

Nach der ausführlichen Beschreibung der Bedeutung von Teil A (Eröffnung und Anrufung) stellt sich unübersehbar die Frage, ob denn die Eingangsliturgie ihre eigentliche Funktion im Gottesdienst auch nur ansatzweise erfüllt.
Unzweifelhaft lassen gerade die Anrufungen zu Beginn des Gottesdienstes (Ehr sei dem Vater ... / Kyrie ... / Ehre sei Gott ...) ein »Heimatgefühl« bei den gottesdienstlichen Insidern entstehen, aber »die Anderen« bleiben draußen.

Die dem Wort- und Abendmahlsteil einmal vorgelagerte und immer mehr erweiterte Eingangsliturgie erfüllt für viele ihren ursprünglichen Sinn nicht mehr, nicht nur mit dem Körper, sondern auch mit der Seele im Gottesdienst anzukommen.[57] Die Bedeutung des Eingangsteils wird in der Regel »auf die immer gleiche Minimalgestalt«, nämlich auf das Singen von Kurz-Formeln, die kaum jemand versteht, reduziert und damit »abstrahiert«.[58]
So empfehlen sich die in der Erneuerten Agende in diesem Zusammenhang vorgestellten Varianten, im Gottesdienst entweder Psalm, Kyrie oder Gloria zu betonen und auf die anderen Elemente zu verzichten.[59]

Eine elementare Struktur der Eingangsliturgie könnte so aussehen:[60]

Vorspiel
|
Begrüßung (+ Psalm)
|
Lied
|
Gebet des Tages

chenjahr« der Beratungsstelle für Gottesdienste und andere Gemeindeveranstaltungen in Frankfurt/M. (2. Aufl. 1985 – leider vergriffen) – oder auch: H. Rosenstock/H. Köhler, Du Gott, Freundin der Menschen, Neue Texte und Lieder für Andacht und Gottesdienst, Stuttgart 1991.

57. Vgl. J. Stalmann, TOP Gottesdienst, a.a.O., S. 88f.
58. Ebd., S. 105.
59. Erneuerte Agende, S. 98ff. (Varianten A1–4)
60. Vgl. ebd. S. 42 (Grundform II)

B. Die Botschaft wahr-nehmen (Verkündigung und Bekenntnis)

Das Wort Gottes im Kontext des Gottesdienstes

In der ersten Phase des Gottesdienstes haben wir hinter uns gebracht, was wir aus der letzten Woche »mitbrachten« und es in den Rahmen des Gottesdienstes und aller Gottesdienste gestellt. Wir durften im Kyrie »aussprechen«, was uns belastet. Das Gloria gab uns die Gewißheit, daß Gott mit uns ist. Im Kollektengebet ist das Anliegen des Gottesdienstes konzentriert und zugespitzt worden.
Nun sind wir offen für Gottes Wort, das unseren Tag erhellen, uns aufbauen, unsere Situation deuten und uns den Weg in die nächste Woche weisen will.
Wir antworten auf das Empfangene mit dem Bekenntnis unseres Glaubens.

Nachdem wir mit Leib und Seele im Gottesdienst angekommen sind, ist jetzt Zeit für das, was sich die Menschen vom Gottesdienst erhoffen: Anregungen für das eigene Christsein, Kraft für den Glauben, den Alltag und die Nächstenliebe. Sie wollen ausgeglichener, gestärkter und nachdenklicher nach Hause gehen. »Am tiefsten getroffen, am meisten erfreut, am dankbarsten für den Gottesdienst sind die Teilnehmer dann, wenn der Prediger ihnen ein Gefühl von Vertrauen, von Geborgenheit erweckt hat.«[1] (→ S. 224 bzw. S. 242f.) So hat sich ein Gottesdienstvorbereitungskreis mit der Frage zu beschäftigen, wie ein Gottesdienst geschehen kann, in dem Gottes frohe Botschaft Wirklichkeit wird, Gestalt gewinnt, einen Körper bekommt mitten in unseren Lebenszusammenhängen ... und wie wir in ihm die Befreiung erfahren, die im Evangelium steckt, und den Geist Gottes mit seiner heilenden Kraft. Die Sehnsucht nach einer heilenden Wirkung des Gottesdienstes ist stark – in der Erinnerung an all das, was Jesus zeichenhaft wirkte. Wir *können* im Gottesdienst etwas von Gottes segensreichem Dienst an uns erfahren.
Das *Heilende*[2] ist etwas *Heiliges* im Gottesdienst, etwas Unverzichtbares gerade in einer zerstörten und zerstörungswütigen Welt. Der evangelische Gottesdienst betont dieses *Evangelium*, diese *gute Botschaft*, die nun in den Teilen B. (Die Botschaft wahr-nehmen), C. (Miteinander *ein* Leib werden) und D. (Mit dem Segen weitergehen) Gestalt gewinnen will. Wir tun gut daran, dieses Geschehen, das vom Heiligen Geist ausgeht, nicht zu blockieren.

1. M. Josuttis, Der Weg in das Leben, a.a.O., S. 213.
2. Vgl. dazu W. Reich, Gottesdienst mit den Mühseligen und Beladenen, Heil und Heilung im Gottesdienst, in: W. Reich und J. Stalmann, Gemeinde hält Gottesdienst, Hannover 1991, S. 85–91.

Die biblischen Lesungen

»Vor einer Überlastung der evangelischen Gottesdienste mit Texten hat das Landeskirchenamt in Wolfenbüttel gewarnt. In einem ... Rundschreiben an alle Gemeinden ... vertritt das Landeskirchenamt die Auffassung, drei Lesungen biblischer Texte und möglicherweise auch noch des Predigttextes im Gottesdienst seien – von Ausnahmen abgesehen – ›zuviel des Guten‹.«
epd 29.12.1993[3]

Im Kontext des Gottesdienstes

Oft folgt nach dem Kollektengebet ein »Gewitter des Wortes« (zwei bis drei Lesungen aus der Bibel), das hier und da in unterschiedlicher Weise »blitzartig« einschlägt.[4]

Ein fester Kanon von Lesungen ist im »Perikopenbuch« (→ S. 119) für jeden Sonntag vorgeschlagen und abgedruckt:[5] eine alttestamentliche Lesung, die *Epistel*lesung (aus den Briefen des Neuen Testaments), die Evangeliumslesung, der Psalm des Sonntags, weitere Predigttexte – und sogenannte *Marginal*texte (weitere für den Sonntag »geeignete« Bibeltexte, die »am Rande« [von lat. margo = Rand] als alternative Predigttexte empfohlen sind). Die *Perikopen* (= »rings herum ausgeschnittenes Stück«) der Epistel- und Evangeliumslesungen hatte schon Martin Luther aus der kirchlichen Tradition übernommen, weil er »auf jeden Fall die Kontinuität der alten Kirche wahren wollte.«[6] Sie verbinden uns heute mit unterschiedlichsten Kirchen.
Es ist allerdings kein Gesetz, die vorgesehenen Lesungen – und dann auch noch alle – in jeden Gottesdienst übernehmen zu müssen. Auch eine kontinuierliche Bibellese- und Predigtreihe in mehreren aufeinanderfolgenden Gottesdiensten (»lectio continua«) ist denkbar – oder andere Variationen. Oder *ein* biblischer Text bildet den Leitfaden für den Gottesdienst und wird in unterschiedlicher Art und Weise entfaltet.

Mehrere Lesungen haben ihren Sinn darin, daß *ein* biblischer Text nie für sich allein steht, sondern daß verschiedene biblische Texte einander bedür-

3. epd, Nr. 226/93, S. 3.
4. M. Josuttis, Der Weg in das Leben, a.a.O., S. 238.
5. In den Herrnhuter Losungen (Psalm, Epistel, Evangelium, Predigttext), dem Pfarramtskalender und dem Sonn- und Festtagskalender sowie im *Liturgischen Kalender* des EG (Nr. 954 – Ausg. Berlin-Brandenburg u.a.) sind die entsprechenden Bibelstellen ebenfalls angegeben.
6. Nach Chr. Grethlein, Abriß der Liturgik, a.a.O., S. 126.

fen und interpretieren. Das Lesen mehrerer biblischer Texte spiegelt unsere christliche Existenz wider: Auch wir können nicht für uns allein Christ sein, sondern brauchen einander. Auch eine Kirchengemeinde, eine Kirche kann nicht für sich allein Kirche sein – wir brauchen einander. In diesem Zusammenhang sind gerade auch alttestamentliche Texte, Texte aus der hebräischen Bibel wichtig, die unsere Verbundenheit mit den jüdischen Geschwistern dokumentieren.
Die Frage der Vermittlung der Textfülle bleibt dabei weitgehend offen.[7] Es bleibt zu fragen, »ob die dreifache Schriftlesung nicht in den meisten Fällen die Aufnahmefähigkeit der (in immer geringerem Maße mit der Bibel vertrauten) Menschen übersteigt und so eventuell zu einer Immunisierung gegenüber dem biblischen Wort führt.«[8]
Manchmal ist weniger mehr. Die Wirkung, die *eine* gut erzählte Geschichte haben kann, ist durch die Menge der Erzählungen nicht unbedingt zu ersetzen.

Zur Erinnerung

Biblische Lesung ist unverzichtbarer Bestandteil des Gottesdienstes. Die biblischen Lesungen gehören wie das Beten und die Abendmahlsfeier zum Urgestein der Liturgie.

Zwei »Urgestein«-Quellen sollen kurz vorgetellt werden:
1. Besonders katholische Theologen[9] berufen sich auf Lk 24,13–35 – die Emmausgeschichte. Aus der Geschichte ergeben sich (liturgisch gesehen) zwei große Blöcke:
- der Wort-Gottesdienst und
- die eucharistische Feier (Abendmahl).

Wenn die Emmaus-Geschichte als Modell für den Gottesdienst herangezogen wird, sollte die *Bewegung*, die in der Geschichte steckt, für das Gottesdienst-Geschehen noch stärker entdeckt werden: Gottesdienst als Weg, als Prozeß ... Das bekannte Bild von Thomas Zacharias: »Gang nach Emmaus«[10] kann dafür eine Anschauungshilfe sein.

7. Nach einer Reduktion auf ein bis zwei Lesungen (je nach Übereinstimmung zwischen Lesungs- und Predigttext) in den meisten Agenden des 19. Jahrhunderts kehrte die Agende 1 zur zwei- bzw. dreifachen Schriftlesung zurück.
8. Chr. Grethlein, Abriß der Liturgik, a.a.O., S. 146.
9. So Anscar Chupungo in einer Liturgie-Vorlesung (Manila 1992).
10. Th. Zacharias, Farbholzschnitte zur Bibel, München 1966, Bild Nr. 7. Die Motive dieser Reihe liegen als Wand- und Handbilder, Dias und Overheadfolien beim Kösel-Verlag, München, vor.

2. Eine weitere Quelle finden wir bei Justin (spätestens 150 n. Chr.).[11] Dort sind wesentliche Schritte aufgezeichnet, die bis heute das Gottesdienstleben bestimmen (sollten):

- Jemand liest aus den »Memoiren« der Apostel (aus dem kaum vollendeten Neuen Testament) und der Propheten (aus dem Alten Testament) vor.
- Der »Präsident«, Vorsteher, Älteste der Gemeinde legt »diese Dinge« aus.
- Dann stehen alle auf und beten »für unsere Mitglieder« (Fürbitten, die mit der Lesung korrespondieren).
- Alle geben einander den Friedenskuß, der das Gebet besiegelt (ein starkes Zeichen – als »Besiegelung« des Gebets!).
- Brot und Wein werden in die Versammlung gebracht.
- Der Vorsteher betet ein »langes Gebet« über Brot und Wein.
- Alle antworten mit »Amen«, d.h.: Wir stimmen dem Gebet zu.
- Diakone teilen Brot und Wein aus (Kinder sind selbstverständlich dabei). Denen, die nicht da sind, werden Brot und Wein von den Diakonen gebracht.
- Die etwas geben können, geben es dem Vorsteher (Dankopfer). Er verteilt es an die, die es brauchen.

11. In der Fassung von A. Chupungo, Liturgie-Vorlesung, Manila 1992: Die Apologie Justins des Märtyrers, bes. 65,1–5 und 67,3–6, hg. von G. Krüger, Tübingen 1915 – Auszüge (deutsch) in: A.M. Ritter, Alte Kirche, Neukirchen-Vluyn 1977, S. 37f.

Denk-
zettel

Bilder im Gottesdienst

Nicht nur die geheimnisvollen Ikonen der orthodoxen Christenheit oder die mittelalterlichen Armenbibeln, sondern auch die Kinderbibeln unserer Tage erinnern uns an den elementaren Weg, vom Bilder-»lesen« zum Sprechen zu gelangen. In einer Zeit der Videoclips ist »Verlangsamung der Seh-Gewohnheiten« angesagt, Zeit zum stillen Betrachten und zum Ent-Decken der »Bilder-Sprache«. Dabei wird am besten mit den Bildern »vor Ort« begonnen: Von der Kirchentür zum Kirchenfenster, vom Altar bis zum Opferstock wird unversehens eine Geschichte des Glaubens lebendig, wie sie in diesem unverwechselbaren Raum Gestalt gewonnen hat.

Schritte des Umgangs mit Bildern (in Anlehnung an G. Lange)

1. Was sehe ich?
Alle »lesen« das Bild, tasten es mit den Augen ab und gehen still in dem Bild spazieren. Anschließend (mindestens 3 Minuten Zeit zur Meditation) werden die spontanen Wahrnehmungen miteinander ausgetauscht. – Bei der Betrachtung von Plastiken (oder anderen Gegenständen) läßt sich viel von blinden Menschen lernen, die hand-greiflich sehen.
2. Wie ist das Bild aufgebaut?
Jetzt wird das Bild – mit Hilfe einer Person, die sich vorbereitet hat – systematisch entdeckt: seine Formen und Farben, seine Strukturen und Elemente werden in ihrer unverwechselbaren »Ordnung« bewußt gemacht.
3. Was löst das Bild in mir aus?
Alle versuchen, sich ihre Gedanken und Gefühle zu verdeutlichen. Welche Stimmung wird hervorgerufen, auf welche Gestimmtheit zielt das Bild? Finde ich es ansprechend oder eher abstoßend?
4. Was hat das Bild zu bedeuten?
Erst jetzt wird die Thematik des Bildes, seine Botschaft und ihr Bezug zur Bibel oder zu einem Thema des Glaubens zur Sprache gebracht. Dabei kann ein Vergleich mit anderen künstlerischen Arbeiten zum Thema helfen, seinen unverwechselbaren Standort, seine Traditionen und seine mögliche Innovationskraft zu ermitteln.
5. Wo komme ich in dem Bild vor?
Wenn ich mich schließlich in das Bild hineinziehen und in seine Geschichte verwickeln lasse, kann sich so etwas wie eine ganz persönliche Predigt entwickeln.

Denkzettel

Mögliche Zugänge: In welcher Figur (Rolle) finde ich mich am ehesten wieder? Oder bleibe ich in der Zuschauer-Rolle? Wie verwandelt mich die Begegnung mit dem Bild?

Für die Einbeziehung von Bildern in einen liturgischen Ablauf empfiehlt sich – abgesehen von einer möglichst gemeinsamen Vorbereitung, die auch den Dialog mit den musikalisch Verantwortlichen sucht – folgende Struktur:

- (Biblische Lesung)
- Zeit zum Betrachten des Bildes (dazu evtl. meditative Musik)
- Bild-Meditation (evtl. mit integrierter biblischer Lesung)
- Stille zum Weiter-Sehen
- Gebet aus der Stille (zum Weiter-Gehen)

Diese Grundform läßt sich z.B. für Abendgottesdienste einfach umrahmen:
Einstimmung – Begrüßung – Lied – (Psalm-)Gebet ...
... Vaterunser – Abendlied – Segen – Ausklang.

Zum technischen Umgang

Wenn die Bilder nicht selbst groß genug und für alle sichtbar sind, stellt sich die Frage nach einem Diaprojektor (mit Zoom) oder Tageslichtprojektor (ohne Gebläse). Bei der Vorbereitung des Raumes (Verdunkelung ...) ist die Frage der Projektion auf eine Leinwand oder (besser) auf die Wand der Kirche vorher durch Ausprobieren zu klären. Handbilder (die es inzwischen zu vielen Bildern gibt) oder Fotoabzüge im Postkartenformat geben das Bild zum verweilenden Betrachten und zum Mitnehmen an die Hand.

Literatur/Bildmaterialien (Dias/Folien/Hand- und Wandbilder)

M.L. Goecke-Seischab/E. Domay: Botschaft der Bilder, Lahr 1990 (Lit.); H.-U. Schmidt/H. Schwebel (Hg.): Mit Bildern predigen, Gütersloh 1989. J. Zink, Dia-Bücherei Christliche Kunst, Eschbach ... (24 Bände mit 1440 Farbdias und 16 Toncassetten); Auswahlen zu Themen oder Kirchenjahreszeiten (wie H.K. Berg, Weihnachten sehen), Bilderzyklen einzelner Künstler der Gegenwart wie Marc Chagall (C. Goldmann), Walter Habdank (P. Neuenzeit). Roland P. Litzenburger (G. Baudler), Thomas Zacharias (F.K. Doedens/G. Lange) – meist kostenlos zugänglich in den Mediotheken der Kirchenkreis-/Dekanatsstellen.

Die Textfülle gestalten

In einem besonderen Gottesdienst, für den mehr als eine Stunde eingeplant ist, kann versucht werden, dem zentralen Text – z.B. dem Evangelium – zwei andere Texte (Altes Testament/Epistel) gedanklich einleuchtend zuzuordnen.
Die biblischen Texte sollten nicht für sich allein stehen. Der Bezug zueinander kann durch entsprechende Überleitungen ausgedrückt werden. Auch bietet sich bei einander zugeordneten Texten ein Medienwechsel an, z.B.: Ein alttestamentlicher Text wird durch ein Lied besungen und kommentiert, die Epistel durch eine gegenständliche Meditation entfaltet, das Evangelium durch die Predigt ausgelegt (→ Ökumenische Liturgie).

Aus der Ökumenischen Liturgie

Foto: Baltruweit

Foto: epd-Bild/Langrock

Da kommt jemand,
bringt sein Wort mit,
Licht, das das Dunkel erhellt,
Brot, Wein und Öl –
und vor allem: sich selbst.

In einer Prozession werden eine Bibel, Licht, Brot, Wein und Öl zum Altar getragen. Der Kehrvers »Nada te turbe« aus Taizé wird dazu gesungen.

Jacques Berthier: Taizé, France

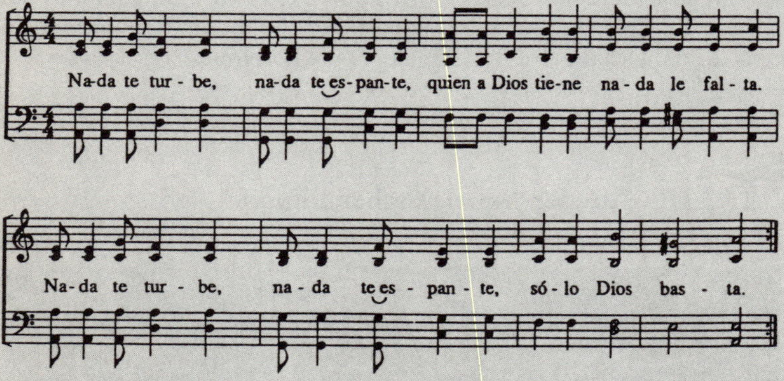

Nichts beunruhige dich, nichts ängstige dich: Wer Gott hat, dem fehlt nichts. Gott allein genügt.

Die Lesung aus dem Alten Testament nimmt einen Ausschnitt des Predigttextes und die Überschrift des gesamten Ökumene-Tages auf – und bringt so zwei Abschnitte, die den Tag bestimmen, zusammen:

Wir hören Worte aus dem fünften Mosebuch:
»Du sollst Gott von ganzem Herzen lieben,
mit ganzer Seele – mit allem, was Du hast –
und Deinen Nächsten wie Dich selbst.«
»Ich habe Euch Leben und Tod, Segen und Fluch vor Augen gestellt,
damit Du das Leben wählst – und am Leben bleibst,
Du und Deine Nachkommen,
indem Ihr Eurem Gott gehorcht und ihm nachfolgt.«

(5 Mose 6,5; 3 Mose 19,18; 5 Mose 30,19f.)

Die Lesung wird entfaltet in einer spontanen Mitmachaktion der Theologin Frau Chung Hyun Kyung (Seoul/Korea).

Foto: epd-Bild/Neetz

Prof. Chung Hyun Kyung hat durch ihren ganzheitlichen Vortrag während der Vollversammlung des Ökumenischen Rates der Kirchen in Canberra/Australien 1991 weltweit Anerkennung gefunden und Diskussionen ausgelöst.[12] Als Vertreterin der »Kontextuellen Theologie« (→ S. 43) und der Befreiungstheologie hat sie das *Forum Ökumene* und damit und darüber hinaus den Kirchentag geprägt mit der Aufforderung an ihre europäischen Geschwister, eine eigene Befreiungstheologie zu entwickeln.[13]

Eine Epistellesung – Röm 15,4–7, die die Kirchentagslosung (also wieder Bekanntes) aufnimmt – wird weitergeführt durch eine Zwischenmusik mit dem nächsten liturgischen Text nach Lk 10 und einer Öl-Meditation:

12. Siehe dazu: Chung Hyun Kyung, Schamanin im Bauch – Christin im Kopf, Frauen Asiens im Aufbruch, Stuttgart 1992.

13. Siehe dazu das Interview von Fritz Baltruweit mit Chung Hyun Kyung, Evangelische Kommentare 6/93, S. 334–336.

Foto: Baltruweit

Da kommt jemand,
bringt Wein mit – und Öl,
um die Wunden zu verbinden.

Öl-Meditation:
Da kommt jemand –
ein Ausländer übrigens oder eine Ausländerin.
Er bringt etwas mit. Oder sie bringt etwas mit.
Etwas mitgebracht bekommen, das ist schön.

Das Mitbringsel, das Öl, ist uns zunächst einmal so fremd
wie dieser Jemand aus dem Ausland.

Das soll gut für meine Wunden sein?
Das soll heilen?
Das soll ein Zeichen für Gottes Segen sein?

Oft brauche ich nichts nötiger
als daß mir jemand gut zuspricht,
mich aufbaut –
auch meine Verletzungen verbindet, die mir zu schaffen machen.

Das zu erfahren ist das Evangelium,
die gute Botschaft, von der wir leben,
die auch heute Gestalt geworden ist unter uns
in …

Das Öl des Samariters, der Samariterin
kann zum Zeichen werden
für die Wirklichkeit der Welt Gottes.

Wir teilen Euch jetzt Öl aus,
dieses kostbare Zeichen der Welt Gottes.
Und ich lade Euch ein, Eure Fingerkuppen in das Schälchen mit dem Öl einzutauchen,
und Eurem Nachbarn, Eurer Nachbarin
das Zeichen auf die Stirn zu malen,
das uns miteinander verbindet.

Wir zeichnen einander ein Kreuz auf die Stirn
und können etwas von der Kraft und von der Zärtlichkeit spüren,
die wir einander geben können,
können etwas spüren
von der Kraft und von der Zärtlichkeit Christi.

Foto: epd-Bild/Niemz

Sololied während der Austeilung:

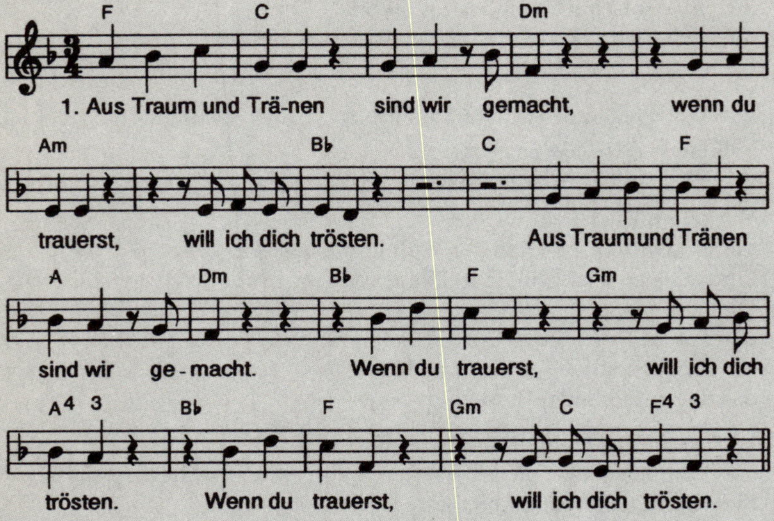

2. Aus Tag und Abend sind wir gemacht.
   Wenn dir kalt wird, will ich dich wärmen.
3. Aus Angst und Hoffnung sind wir gemacht.
   Wenn du Tod sagst, sage ich Leben.

Text: Lothar Zenetti; Musik: Fritz Baltruweit
Aus: Fritz Baltruweit - Meine Lieder / LP, MC Wo der Himmel die Erde berührt
Textrechte im Pfeiffer-Verlag, München; Musikrechte im tvd-Verlag, Düsseldorf

Gott,
wir danken Dir für dieses Zeichen
Deiner biblischen Geschichte,
das uns heiler macht
als wir waren …
Durch nichts wissen wir besser,
wohin wir gehören,
als durch das Zeichen des Kreuzes.
Du segnest uns – und wir dürfen ein Segen sein.
Wir danken Dir.
Amen.

Evangeliumslesung: Lk 10,25–37

Chrolied als Predigteinstimmung

Predigt zur Evangeliumslesung

Lied nach der Predigt:

Du warst eingemauert; du hast überdauert Lager, Bann und Haft.
Bist nicht totzukriegen; niemand kann besiegen deiner Liebe Kraft.
Wer dich foltert und erschlägt, hofft auf deinen Tod vergebens,
Samenkorn des Lebens.

Jesus, Freund der Armen, groß ist dein Erbarmen mit der kranken Welt.
Herrscher gehen unter; Träumer werden munter, die dein Licht erhellt.
Und wenn ich ganz unten bin, weiß ich dich an meiner Seite,
Jesu, meine Freude.

Text: © Gerhard Schöne; Melodie: EKG 293 = EG 396

Eine *gegenständliche (Symbol-)*Meditation prägt den Gottesdienst nachhaltig. Sie sollte gedanklich gut vorbereitet und in das Gesamtgeschehen so eingebettet sein, daß sie im Gottesdienstverlauf das »Gewicht« bekommt, das ihr entspricht.

Ein Blick in die Erneuerte Agende

Auf die »normale« Sonntagssituation geschaut, gerät auch in der Erneuerten Agende eine sachlich angemessene und nachvollziehbare Zuordnung von Texten sowie eine »dramaturgische« Gestaltung des Verkündigungsteils an Hand eines biblischen Textes in den Blick:

> An die Stelle verlesener Bibeltexte treten andere Ausdrucksformen: Biblische Geschichten werden szenisch gespielt oder in Sprechrollen aufgeteilt. Bibeltexte können auch in bildnerischer Gestaltung durch das Medium der Kunst neu zum Sprechen gebracht werden. An die Stelle der lehrhaften Episteln können Glaubenstexte kirchlicher Überlieferungen treten. Kontrastierende »Gegentexte« können die Aufmerksamkeit für die biblische Botschaft schärfen. Die Predigt wird (dann) mehr die Aufgabe haben, das Ensemble der verschiedenen Texte und Ausdrucksformen aufeinander zu beziehen und die unmittelbare Begegnung mit dem biblischen Zeugnis zu fördern.[14]

Die Umsetzung dieser Anregungen ist wohl einfacher als die im Rahmen der Eingangsliturgie. Vieles kann am Schreibtisch der Pastorin bzw. des Pastors geschehen – und Mitwirkende, die lesen, gibt es in vielen Gemeinden.
Auch dieser Teil kann eine reizvolle Aufgabe für einen Gottesdienstvorbereitungskreis sein.
Die positive und lebendige Wirkung szenischer Spiele oder des Lesens von biblischen Texten mit verteilten Rollen wird bereits in Familiengottesdiensten erfahren worden sein. Vorstellbar wäre auch, daß eine Lesung im Gottesdienst jeweils von Konfirmandinnen und Konfirmanden gestaltet wird. In dem Zusammenhang sind Lese- und Spielproben vor dem Mikrophon unerläßlich (denn mit der akustischen Verständlichkeit »steht und fällt« der Gottesdienst → Technik im Gottesdienst, S. 112f.), aber schon nach kurzer Zeit wird sich durch solche Proben ein Stab an (jugendlichen) Mitwirkenden gebildet haben, die Spaß an der Sache haben und die immer qualifizierter im Vortrag werden.

14. Erneuerte Agende, S. 109.

Aus der liturgischen Werkstatt

Das Lesen der Bibeltexte ist eine gute Möglichkeit, Gemeindeglieder am Gottesdienst aktiv zu beteiligen. Wir wollen ermutigen, diese Möglichkeit möglichst weit und unterschiedlich zu verfolgen:

- Auch das Lesen des Bibeltextes, z.B. durch einen sprachbehinderten Menschen, kann einmal sehr eindrucksvoll und »wortmächtig« sein (der Text könnte dann zusätzlich abgedruckt werden).
- Bei ausländischen Gästen bieten sich mehrsprachige Lesungen an.
- ...

Lesen sollte vorbereitet und geübt werden!

Fragebogen zur Vorbereitung des Lesens

- Wie oft lese ich mir den Text in der Vorbereitung laut vor?
- Was geht mich der Bibeltext an? Kann ich ihn lesen, »als wäre es die spannendste Geschichte der Welt«?
- Wie sind die Betonungen zu setzen, wo die Pausen einzuhalten?
- Wie sind Eigennamen auszusprechen und zu betonen?
- Wieviele Lesungen soll es im Gottesdienst geben? Welche?
- Wie bette ich die Lesung(en) in den Verkündigungsteil ein?
- Wann bietet es sich an, einen Text mit verteilten Rollen zu lesen? Besonders Jesus-Geschichten können – von mehreren gelesen – in ihrer Dynamik deutlicher und eindrucksvoller entfaltet werden.
- Welche Bibelübersetzung wähle ich? Die *Gute Nachricht* wird am verständlichsten sein; die Luther-Übersetzung ist sprachlich am eindrücklichsten; die Einheits-Übersetzung verbindet uns mit den katholischen Christen (→ Liturgie-Didaktische Grundausstattung, S. 254).
- Setze ich vor die Lesung ein *Präfamen*(= Vorrede/Vorwort)? Bei den meisten Lesungen erleichtert ein Präfamen das Verstehen und das Sich-Einlassen auf den Text. Wir empfehlen, Vorlagen [15] nur als Assoziationshilfe zu benutzen und im Gespräch in der Gemeinde Präfamina für die Lesungen zu entwickeln.
- ...

Mit dem Präfamen sind wir bei den liturgischen Stücken, die die Lesungen umrahmen.

15. Z.B. Neue Texte für den Gottesdienst Nr. 5/6 – Präfamina, Hannover 1980.

Denk-
zettel

Technik im Gottesdienst

Im Gottesdienst möchte ich die »Akteure« hören und sehen.

Das Hören

Da der protestantische Gottesdienst besonders durch eine »Hör-Kultur« geprägt ist, sind in den meisten Kirchen Verstärkeranlagen vorhanden. Es hat sich herumgesprochen, daß man (Mann) die Kirche nicht mehr »zusammenschreien« muß, sondern daß die nuancierte Stimmführung einen Text oder die »Spreche« differenziert und lebendig zu gestalten vermag. So hat es manchmal große Vorteile, mit dem Mikrophon ganz »nah« und »leise« – sozusagen am Ohr der Zuhörer/innen – zu sprechen.
Bei Sprachübertragungen wird die »Klangregelstufe« normalerweise bei den »Tiefen« in den Minus- und bei den »Höhen« in den Plusbereich geregelt. Bei Musikübertragungen werden auch die »Tiefen« betont. Normalerweise beträgt die Entfernung vom Mund zum Mikrophon 10–15 cm. Bei den »Chor«-Mikrophonen, die normalerweise im Altarbereich verwendet werden, kann die Entfernung deutlich größer sein. Was bei Mikrophonen von Musikanlagen notwendig ist, nämlich mit dem Mund 2–3 cm an das Mikrophon heranzugehen, löst bei Kirchenanlagen Übersteuerungen aus.
Bei allen Akteuren ist Verstehbarkeit das oberste Gebot. Das Sprechen vor dem Mikrophon muß geübt werden, bis es »sitzt«. Dabei macht das Erlernen der Variationsbreite der eigenen Stimme im Zusammenhang mit dieser einfachen Technik Spaß. Und es ist – einmal eingeübt – immer wieder »abrufbar« (»wie beim Schwimmen«).

Auch kleine *Gesangsgruppen* sollten verstärkt werden (mit den im Altarbereich gebrauchten Chormikrophonen).
Besonders die *Gitarre* sollte bei »vollbesetztem« Haus nicht nur als »Schrammelgitarre« zu hören sein (oft ist nicht einmal das der Fall). Vor die Gitarre kann ein Mikrophon gestellt werden. Preiswert ist auch die Anschaffung eines »Pick-up-Mikrophons«, das auf der Schalendecke der Gitarre mit einem Klebestreifen befestigt wird und an eine vorhandene Anlage angeschlossen werden kann. Noch besser aber ist, sich (als Gemeinde) eine Gitarre mit eingebauten Tonabnehmern anzuschaffen, die über einen (Gitarren-)Kofferverstärker – kaum klangverfälscht – verstärkt wird. Nach einer kurzen Einübung wird auf diese Weise eine wesentlich differenziertere Begleitung auch für Menschen möglich, die meinen, das Gitarrenspiel nicht meisterlich zu beherrschen.

Für *Kindergruppen*, die etwas spielen, bietet sich der Einsatz einer (aus Rohrstock leicht selbst zu bauenden) »Angel« an. Das ist ein langer Stock, an dem vorn ein Mikrophon befestigt ist. Und das hält jemand dem Kind, das gerade etwas zu sagen hat, vor den Mund.

Das Sehen

Oft wird in den Kirchen alles mögliche angeleuchtet, nur die Person, die am Pult etwas zu sagen hat, steht im Dunkeln. ... Manchmal wird sie von der Leselampe etwas »geisterhaft« von unten beleuchtet.
Ich möchte die sprechende Person nicht nur hören, sondern auch sehen – mit ihrer Körpersprache, ihrer Mimik und Gestik, weil auch das zum Verstehen des Textes wichtig ist. Deshalb sollte eine (dezente) Beleuchtung der »Aktions«orte des Gottesdienstes selbstverständlich sein.

Bei *Krippenspielen* und anderen *szenischen Beiträgen* wirkt schon der Einsatz von zwei Scheinwerfern Wunder. Sie lassen auch eine kleine Szene »in einem völlig neuen Licht erscheinen« und bieten eben die Möglichkeit, die Akteure »ins rechte Licht« zu setzen und das, was sie zu sagen haben, zu unterstreichen. Scheinwerfer sind übrigens gar nicht so teuer.

Die Licht-Gestaltung ist für Menschen, die sie einmal entdeckt haben, aus dem gottesdienstlichen Geschehen nicht mehr wegzudenken.

Die Rahmenstücke der Lesungen

Halleluja

Der *Halleluja*-Gesang (= Gelobt sei Gott) bereitete ursprünglich die Evangeliumslesung vor. Mit dem Halleluja sollte Großes eingeleitet (nämlich das Evangelium als die wichtigste Lesung im Gottesdienst) und an eine große Tradition angeknüpft werden: In wievielen biblischen Büchern, in wievielen Psalmen wird dieses schön-klingende Lob-Wort Gott zugesungen ... *»Halleluja! Lobt Gott ... für seine Taten! ... Alles, was Atem hat, lobe Gott – Halleluja!«* (Ps 150).
In der Erneuerten Agende schließt das »Halleluja« wie in Agende 1 die Epistellesung ab. Es kann sinnvollerweise auch nach der alttestamentlichen Lesung gesungen werden, die häufig statt der Epistel gelesen wird.[16]

Wochenlied

Dann wird das Singen des *Wochenliedes* vorgeschlagen.
Es wurde eingeführt, weil das sonntags im Gottesdienst eingeübte »Lied der Woche« die Hausandacht der Familie an jedem Tag der Woche prägen sollte. Aber wo geschieht das noch?
Wenn die Voraussetzung für den Sinn des Wochenliedes entfällt, schließt sich die Frage an, ob ein allein auf den Sonntag bezogener jährlich wiederkehrender Zyklus von Wochenliedern nicht eine entsprechend kontinuierliche Gottesdienstteilnahme voraussetzt, von der wiederum heute nur in »Einzelfällen« ausgegangen werden kann.
Wir schlagen vor, Halleluja und Wochenlied miteinander in einem *Halleluja-Lied*[17] zu verbinden, das als »liturgisches Stück für eine begrenzte Zeit« etwa vierteljährlich ausgetauscht wird. So könnten über einen längeren Zeitraum bestehende, aber schließlich doch wechselnde Lieder die Tradition des *Wochenliedes* fortführen und gleichzeitig den in der Regel etwas einsam dastehenden Halleluja-Gesang inhaltlich aufnehmen.

- Die Epistel- bzw. alttestamentliche Lesung könnte vorher durch den Lektor bzw. die Lektorin abgeschlossen werden mit Worten wie »Das ist Gottes Wort« oder »Das ist das Wort der Heiligen Schrift«, der Halleluja-Gesang z.B. so eingeleitet werden: »Laßt uns Gott loben mit unserem ganzen Leben – Halleluja.«

16. Das *Halleluja* entfällt (→ Erneuerte Agende, S. 54) in der Passionszeit (incl. der Sonntage vor der Passionszeit, also ab *Septuagesimä*). »Hilfen zum Verstehen« für das Entfallen solcher liturgischer Stücke stellt J. Stalmann u.a. nach dem Motto zusammen: »Niemand spielt in jedem Gottesdienst immer mit allen Registern ...« (top Gottesdienst, a.a.O., S. 111).
17. Z.B. »Ihr seid das Volk, das der Herr sich ausersehn« – Mein Liederbuch für heute und morgen, a.a.O., B 20.

- Wenn ein Chor im Gottesdienst mitwirkt, kann er das Halleluja durch zusätzliche Strophen entfalten, während die Gemeinde den bekannten Halleluja-Gesang als Kehrvers dazu singt.
- Im unierten Gottesdienst kann das Halleluja Lesung und Bekenntnis verbinden (→ Grundform II der Erneuerten Agende[18]). Hier (oder auch zwischen zwei Lesungen) ist ein »klassischer« Ort der Chormusik, an dem der Lobpreis Gottes in unterschiedlichster Weise Gestalt annehmen kann.

Versikel

Die Evangeliumslesung wird durch die sogenannten *Versikel* umrahmt (*Ehre sei Dir, Herre – Lob sei Dir, o Christe*). Wie kann ihre Bedeutung im Gottesdienst heute nachvollzogen werden? Inwieweit ist verständlich, was wir da singen?

»In der gottesdienstlichen Lesung der Evangelien tritt der Gemeinde der menschgewordene Gottessohn in der Geschichte seiner Erdentage entgegen. Ihn begrüßt die Gemeinde mit dem ›Ehre‹-Ruf und dankt ihm am Schluß mit dem ›Lob‹-Ruf.«[19] Diese Beschreibung läßt uns den ursprünglichen Sinn der Versikel nachvollziehen. Im gottesdienstlichen Ablauf fügten sie sich einmal harmonisch in ein gesungenes Ganzes ein: Ankündigung der Lesung (vom Liturgen gesungen) – »Ehre sei dir, Herre« (von der Gemeinde gesungen) – Evangeliumslesung (vom Liturgen gesungen) – »Lob sei dir, Christus« (von der Gemeinde gesungen).

Wir müssen heute nach neuen Formen suchen, die den Sinn wieder verständlich machen und über den »Signal«wert hinausgehen (Nun beginnt die Evangeliumslesung – und jetzt ist sie vorbei ...).

- Vielleicht ist zunächst wirklich die beste Lösung, die Versikel wegzulassen, besonders in Gottesdiensten, wo viele das Gefühl haben: »Die Versikel wirken ›aufgesetzt‹«.
- Bei der Suche nach Alternativen sind wir noch nicht weit gekommen. Ein Vorschlag »auf dem Wege« für den möglichen Ablauf einer (Evangeliums-) Lesung:

  - Ein Präfamen leitet die Lesung ein
  - Lesung
  - Schlußwort der Lektorin bzw. des Lektors
  - evtl. Antwort der Gemeinde.

In der Erneuerten Agende sind Antworten der Gemeinde als Alternative zu der traditionellen Form vorgeschlagen.[20]

18. Erneuerte Agende, S. 42/44.
19. Chr. Mahrenholz, Kompendium der Liturgik, a.a.O., S. 68.
20. Erneuerte Agende, S. 500.

Ein exemplarischer Baustein

(um bei dem Beispiel zu bleiben: zu Lk 10,25–37)

Lektor/in:
Im Evangelium des heutigen Sonntags wird Jesus von einem Schriftgelehrten gefragt: *»Wie ist es mir möglich, ewig zu leben?«*
Es gibt ein Hin und Her, einen Austausch von Fragen und Argumenten – und schließlich antwortet Jesus mit einer Geschichte, die wir wohl alle kennen: ein Ausländer kommt und hilft einem Menschen in Not.

So steht es geschrieben im 10. Kapitel des Lukasevangeliums: …

Lektor/in (abschließend – nach der Lesung):
Das ist das Evangelium Jesu Christi.
Gemeinde:
Jesus, Du bist die Liebe, die keine Grenzen kennt. Wir danken Dir.

Solche Antworten bzw. Versikel können Gottesdienstvorbereitungskreise in Gemeinden zu den einzelnen biblischen Texten gut erfinden.

Die Predigt

Im Kontext des Gottesdienstes

Die *Predigt*[21] wird seit Agende 1 (im Gegensatz zu früheren Agenden) als Teil der Liturgie verstanden. Das ist nicht selbstverständlich. Für viele ist die Predigt mit ihren »vorgeschriebenen« biblischen Texten das zentrale Geschehen des Gottesdienstes.

21. In diesem Abschnitt sollen homiletische (die Predigt»lehre« betreffende) Gesichtspunkte nur eine untergeordnete Rolle spielen, weil es zu ihnen eine Fülle von Literatur gibt; uns geht es vor allem um die liturgischen Aspekte der Predigt.

Eine historische *und* theologische Wirkung der Hervorhebung des Predigtgeschehens war, daß die Predigt als *das* Hauptstück des Gottesdienstes angesehen wurde. Mancherorts kamen Gottesdienstbesucher »erster Klasse« erst zur Predigt in den Gottesdienst. Sie wurde empfunden als der große »›Auftritt‹, neben dem ›die Liturgie‹ (nur) als Rahmenwerk erscheinen kann, besonders für den, der wöchentlich das schwere Werk der Predigtvorbereitung zu tun hat.«[22] Diese »Wirkungsgeschichte« sollte in der Agende 1 bewußt korrigiert werden: Die Predigt ist *ein* Teil eines Ganzen.

In der Predigt wird die Enge des Alltagshorizontes durch eine in die Situation hinein ausgelegte Botschaft von außen aufgebrochen. Aktuelle Ereignisse werden in das Licht der Heilsgeschichte gerückt. Der Alltag wird »erleuchtet« durch den aktuellen und persönlichen Zuspruch Gottes, durch eine Horizonterweiterung[23], die unser Leben und Handeln deuten und bestimmten möchte.
Der Prediger bzw. die Predigerin wird sich oft fragen: Wer kann denn diese Zielvorgabe einlösen? Wer hat heute wirklich etwas zu sagen? –
Predigt ist immer auch »Geistgeschehen« und vermag Menschen in einer Weise zu »treffen« und anzusprechen, über die wir uns oft nur wundern können. Das ist tröstlich für alle, die auf der Kanzel stehen.

Zur Erinnerung

Im Synagogengottesdienst in Nazareth wurde Jesus die Thorarolle gereicht, und er las aus ihr vor, *»und als er das Buch zutat, gab er's dem Diener und setzte sich. Und aller Augen in der Synagoge sahen auf ihn. Und er fing an, zu ihnen zu reden.«* (Lk 4,20f.)
Die in der Synagoge und bei Jesus kennengelernte Form der Predigten (→ Bergpredigt Mt 5–7, Seepredigt Mk 4,1 u.v.a.) nahmen die Christen in ihre Gottesdienste auf. Sie hatten ursprünglich *missionarische* Züge (Mk 16,15 oder Apg 2,4) oder waren auf das *Bleiben in der Apostellehre* ausgerichtet (Apg 2,42).

22. J. Stalmann, TOP Gottesdienst, a.a.O., S. 118f.
23. Vgl. M. Josuttis, Der Weg in das Leben, a.a.O., S. 243f.

Vollmächtige Prediger gab es in den Epochen der Kirchengeschichte zu allen Zeiten.[24] Besonders Martin Luther und die Reformatoren bewirkten, daß das Predigtgeschehen zum Zentrum des (evangelischen) Gottesdienstes geworden ist.
Luther schlug übrigens vor, frühmorgens über die Epistel, vormittags über das Evangelium und nachmittags über die alttestamentliche Lesung zu predigen.[25]

Die Predigt gestalten

Vorfragen für die Gestaltung

- Wie lange predige ich?
  Wird die Predigt als ein Teil der Liturgie verstanden, sollte sie vom zeitlichen Rahmen her sinnvoll in ihr eingebettet sein. Faustregel: Die Predigt sollte in einem Gottesdienst mit Abendmahl ein Fünftel, in einem Gottesdienst ohne Abendmahl ein Viertel der Gesamtzeit nicht überschreiten.[26]
- Wo predige ich?
  Auf der Kanzel, am Lesepult oder frei vor der Gemeinde? Ist der Ort der Kanzel in der Kirche nah bei der Gemeinde oder ihr Gegenüber? Predige ich mit der Gemeinde auf einer Ebene oder weit »über« ihr – nach dem Motto »Das Wort kommt von oben«?
- Was will ich sagen? Was ist mein Ziel?
  Wenn ich den Predigttext zweimal abschreibe, ihn zu gliedern und immer weiter zu paraphrasieren versuche, klärt sich schon vieles von dem, was ich sagen will.

24. Es wird immer wieder auf große Prediger wie Bernhard von Clairvaux († 1153), Berthold von Regensburg († 1272), Meister Eckhart († 1327), Johannes Tauler († 1361) und Johann Geiler von Kaysersberg († 1510) hingewiesen (z.B. F. Kalb, Grundriß der Liturgik, a.a.O., S. 141), die Predigten mit umrahmenden Kurzliturgien neben der Messe und oft vor der Kirche hielten. Sie boten eine Alternative zur Messe und waren sozusagen ihre »Konkurrenz« (vgl. dazu auch W. Schütz, Geschichte der christlichen Predigt, Berlin 1972, S. 65f.).
25. W. Herbst (Hg.), Evangelischer Gottesdienst – Quellen zu seiner Geschichte, Göttingen, 2. überarb. Aufl. 1992, S. 74.
26. Vgl. F.K. Barth, Liturgieentwürfe, Materialheft 36, Beratungsstelle für Gestaltung, Frankfurt/M., 1. Aufl. 1982, S. 341.

- Wie kann gelingen, daß der Predigttext wirklich gehört wird?
  Wie leite ich den Text ein? Wie baue ich eine Spannung auf, daß die Menschen, die zuhören, auch wissen wollen, was der Text zu sagen hat?

Die Predigttexte sind wie die Lesungen im *Perikopenbuch* zusammengestellt (→ S. 98). Es gibt sechs Predigtreihen. Neben den »Lesungstexten« (aus dem Alten Testament, der Epistel und dem Evangelium) gibt es drei weitere sog. Predigtreihen. Alttestamentliche Texte bilden ca. alle vier Wochen einmal die Grundlage der Predigt. Alle sechs Jahre ist eine Predigt über denselben Text zu hören.
Das Gottesdienstbuch von Chr. Zippert (→ S. 95f.) bietet für jeden Sonntag einen eigenständigen Abschnitt an. Zu Beginn wird ein Überblick über die thematische Ausrichtung des Sonntags (das »Proprium« → S. 44) an Hand des Wochenspruchs und der Überschriften der sechs Predigttexte gegeben. Marginaltexte (mit »M« gekennzeichnet) und Psalmen (→ S. 67ff.) vervollständigen das thematische Feld, das durch die Gesamtschau der sechs Predigttexte eines Sonntags eröffnet wird.
Natürlich ist auch das Predigen von *nicht* für den Sonntag vorgeschlagenen Texten möglich. Das ist selbstverständlich, wenn eine Predigtreihe für mehrere Sonntage konzipiert wird (z.B. zum Glaubensbekenntnis). So etwas bietet sich ebenfalls an, wenn aus einem besonderen Anlaß ein besonderes Thema den Gottesdienst prägen soll (z.B. das Thema »Frieden«).
Auch beim Aussuchen eines Themas lohnt sich ein Blick in das Perikopenbuch, denn oft ist das für den Sonntag vorgesehene Thema ganz brauchbar.[27]

Ein Blick in die Erneuerte Agende

Die Erneuerte Agende weist auf Möglichkeiten hin, das in der herkömmlichen Form »eintönige« Predigtgeschehen aufzubrechen:

> Die Straffung des Lesungsteils gibt die Möglichkeit, die Predigt auf verschiedene Weise auszugestalten: als Verkündigungsgespräch (»Podiumsgespräch«, Gruppengespräch in der Gemeinde) oder in Anknüpfung an eine Spielszene oder unter Einbeziehung kritischer Rückfragen oder als geleitete Meditation in Phasen der Annäherung und Annahme der biblischen Botschaft. Wichtig ist vor allem die Eröffnung der Möglichkeit zu Äußerungen der Gemeinde, die sonst dem Predigtmonolog nur zuhören darf. Es besteht die Möglichkeit,

27. Eine andere Möglichkeit bieten z.B. die von P. Krusche u.a. herausgegebenen *Themenstudien* für Predigtpraxis und Gemeindearbeit (4 Bände), Stuttgart 1977ff.

aus Gruppengesprächen erwachsene kurze Beiträge christlicher Erfahrung und biblischer Weisung durch verschiedene Sprecher/Sprecherinnen vortragen zu lassen und dem ermutigenden Zeugnis von Laien Raum zu geben. Die Aufgabe des Predigers/der Predigerin wird es dann sein, Textvorgaben zu erläutern und den Zusammenklang der Beiträge durch Ergänzung und Begrenzung zu sichern.[28]

Damit werden in die Erneuerte Agende zwei wesentliche Momente aufgenommen, die unserer Zeit angemessen sind und die deshalb immer wieder eingefordert werden:

- Wir müssen die lange Rede aufbrechen, die im Zeitalter der schnell wechselnden (Fernseh-)Bilder für die meisten Menschen eine Überforderung darstellt.
- Die Predigt muß dialogischer werden – und die (Kern-)Gemeinde möchte gerade an diesem Teil des Gottesdienstes aktiv beteiligt sein.

Aus der liturgischen Werkstatt

Auf drei Ebenen wollen wir die Fragen der Gestaltung angehen:
1. mit einem Fragebogen, der für alle Predigt-Formen gilt,
2. mit einem Beispiel für eine Predigt, die das Dialogische nicht nur »geistlich«, sondern auch in der Form aufnimmt,
3. mit der Befragung von Möglichkeiten für ein Aufbrechen der Predigt im Sinne der aktiven Partizipation der Gemeinde.

1. Predigt-Fragebogen[29]

- Welchen Eindruck vermittelt mir meine Predigt, wenn ich sie durchlese (oder mir laut vorlese)? Kommt das, was ich sagen will, deutlich zur Sprache – auch in der Form und Art, *wie* es geschrieben ist und *wie* ich predigen werde?

28. Erneuerte Agende, S. 111.
29. Peter Bukowski diskutiert in seinem Buch »Predigt wahrnehmen« (Neukirchen-Vluyn 1990) umfassend und ausführlich Kriterien für die Predigt und ihre Vorbereitung – diesem Buch sind die meisten der folgenden Fragen entnommen (bes. S. 23).

- Kann ich in *einem* Satz zusammenfassen, was die Predigt will?
- Was ist mir besonders gut gelungen?
- Gibt es etwas, was mich stört?
- Ist der Satzbau klar und unkompliziert (Jeder *Daß*-Satz bindet Konzentration)? Stimmt die Sprache? Treffen die Begriffe das, was ich vermitteln will? Sind Fremdworte in die Predigt hineingeraten? Stehen die Verben nah am Subjekt?
  Ist es »Spreche« (Kann es »Spreche« werden?) oder viel zu sehr »Schreibe«?
- Ist die Predigt für die Angeredeten interessant, relevant und ihnen angemessen? Was könnten sie mit nach Hause nehmen? Welche Fragen und Antworten braucht die Gemeinde vom Text?
- Werden Antworten nur in theologisch abstrakter Sprache angeboten, die sozusagen eine Deutung des Textes in die Wirklichkeit hinein verweigert?
- Welche Bedeutung haben Bilder und Geschichten in meiner Predigt?
  Wenn wir Bilder und Geschichten aufnehmen, haben wir Verantwortung für sie. Wenn ein Bild als »Problemanzeige« aufgenommen wird, wartet die Gemeinde auf eine (nicht unbedingt »glatte«) »Problemlösung« im Licht des Bibeltextes.
- Wie rede ich von Gott? In welcher Sprache?
- Wie rede ich von den Menschen, der Gesellschaft, der »Welt«?
- Predige und formuliere ich eher »positiv« oder eher »negativ« (Gott ist *nicht* wie …)? Weiß ich, was ich positiv von Gott sagen will?
- Bleibe ich bei *einer* Predigt*form* – oder springe ich zwischen verschiedenen hin und her?
- Fällt es mir leicht, meine Predigt zu gliedern (mit vier bis fünf Überschriften)? Habe ich eine erkennbare und hörbare Gliederung? Wie sind die quantitativen Gewichte auf die einzelnen Gliederungspunkte verteilt und welche Funktion haben sie? Welche theologischen Grundentscheidungen spiegeln sich im Predigt*aufbau* wider?
- Hat die Predigt *eine* oder *mehrere* Einleitungen? Ist sie zu kurz, zu lang, gerade richtig? Motiviert sie, den weiteren Predigtweg mitzugehen?
- Hat die Predigt einen oder mehrere Schlüsse? Ist der Schluß organischer Teil des Ganzen? Welche Funktion hat er?
- Sind die in der Predigt gegebenen Handlungsanweisungen erfüllbar?

- Passen das angegebene Problem und die vorgeschlagene Lösung, die gestellte Frage und die versuchte Antwort zusammen?
- Wieviele »Begriffs-Dinos(auriere)« – »steile« dogmatische Begriffe – finde ich in meiner Predigt? Wie sind sie eingebettet, erklärt und übersetzt in die Wirklichkeit?
- Hat die Predigt die richtige Länge (oft ist weniger mehr)?

2. Dialogische Predigt

Dialog-Predigten sind lebendiger als Monologe, vor allem wenn vorher noch nicht alles festgelegt ist und es zu einem wirklichen Gespräch kommt. Dialog-Predigten können gut auch Menschen aus der Gemeinde einbeziehen, wie folgendes Beispiel (ein Ausschnitt aus einer Predigt zu Johannes 5,1–9 – die Heilung des Gelähmten am Teich Bethesda – und Römer 15,7 – Nehmt einander an, wie Christus euch angenommen hat) zeigt:[30]

Peter: Also, weißt Du – was der Pfarrer erzählt hat über die Heilung an diesem Teich, das war doch gut gesagt, das paßte: Ich habe keinen Menschen, der mir hilft. Das paßt doch auch gut auf Dich. Du brauchst ja schließlich einen Menschen, der Dir hilft. Und ich – ich will Dir ja auch gern helfen. Gestern z.B. beim Mittagessen, da konntest Du den Teller nicht so gut festhalten – und ich habe ihn Dir abgenommen. ...
Stefan (spastisch gelähmt): Ja, das war auch nett von Dir gemeint; aber was glaubst Du, wie schön es ist, auch einmal selbst etwas zu können. Irgendwann hast du die Nase voll, daß dir immer einer helfen muß oder auch nur helfen will. Weißt Du, manchmal macht uns Eure Hilfe noch hilf-loser.
Ich glaube, bei Jesus war das anders, der hat dem Lahmen etwas zugetraut – und ihn dem Wunder überlassen, dem Wunder der Selbständigkeit, und da wurde das Wunder alltäglich, All-tag.
Peter: Ja, das stimmt, Jesus hatte so seine eigene Art, mit den Menschen umzugehen. So sehe ich das auch – gerade mit solchen wie Behinderten (so im weiten Sinne), Aussätzigen, Blinden, Lahmen – so wie Du im Grunde bist.
Jesus ist auf sie zugegangen, hat sie angesprochen, er hat auf sie gehört, und das war in seiner Zeit oft schon wunderbar genug.

30. Aus: G. Ruddat, Nehmt einander an, in: R. Zerfaß (Hg.), Mit der Gemeinde predigen, Gütersloh 1982, S. 97–103.

Stefan: Ja, da hast Du sicher recht, der Jesus hatte so seine eigene Art. Aber, weißt Du, mir ist die Frage, ob wir sein Spezialauftrag waren … Da sagen Leute, ja, für die Behinderten, für diese armen Geschöpfe, ist Gott ganz gut. Die Behinderten brauchen Jesus. Die brauchen einen Halt, was haben die denn sonst schon? – Aber wir, so sagen die Leute, wir kommen schon selber klar. Das halte ich eben für ganz schön arrogant, so richtig typisch. ›Wir haben das nicht nötig – Jesus und so‹.
Peter: Wir sind also eingebildet. So eine Art Menschen erster Klasse.
Stefan: Oft tut Ihr so.
Ich meine, Jesus will sagen: Jeder Mensch ist auf Hilfe angewiesen – vom ersten bis zum letzten Tag seines Lebens …

Zur Dialogpredigt kann Mut gemacht werden, wie das Beispiel zeigt:
- Im Dialog kommen unterschiedliche Lebenssituationen authentisch zur Sprache.
- Um das Miteinander, das Einander-Annehmen und den Weg dorthin wird ernsthaft gerungen.
- Es entsteht eine lebendige Auseinandersetzung um die Interpretation biblischer Zusammenhänge.

3. Predigt – und die Gemeinde macht mit

Gerade auch an der Predigtarbeit beteiligt zu werden, das wünschen sich zunehmend mündige bzw. mündig werdende Gemeinden. So kann ich im Gottesdienst z.B. einmal eine Bibelarbeit in Kleingruppen unter folgenden Fragestellungen versuchen:

Was schenkt uns der Bibeltext?
Was ist seine frohe Botschaft?
Was möchte der Bibeltext von uns?
Was sollen wir tun?

Der Pastor bzw. die Pastorin (oder eine andere verantwortliche Person) hätte dann die Aufgabe, sich in den verschiedenen Gruppen über die Gespräche zu informieren, auf entstehende Fragen zum Text zu antworten und ein Resümee zu versuchen (→ Gemeinde gestaltet Gottesdienst, S. 247).

Auch so etwas will eingeübt sein. Ausgangspunkt für eine solche Gruppenarbeit im Sonntagsgottesdienst kann (wieder) eine Erfahrung während einer Freizeit sein. Deshalb soll hier ein Strukturvorschlag für einen »Spontan«gottesdienst (für einen solchen Gottesdienst wird kaum Vorbereitungszeit gebraucht) während einer Freizeit als Impuls dienen, der das Predigtgeschehen zum Zentrum hat:

- Vorbereitung des Ortes (→ S. 78)
- Lieder
- Ruhe finden
  und sich vergegenwärtigen, in wessen Namen wir zusammen sind (Eingangs-Meditation)
- Lied
- Unsere Situation vor Gott bringen – klagen, danken
  Das kann spontan geschehen oder von einer Kleingruppe vorbereitet sein – natürlich ist hier auch das Einbringen der Zeitungs- bzw. der Lobliturgie möglich (→ S. 78 bzw. S. 91).
- Lied
- Bibeltext – auf die Situation hin ausgesucht
  Er deutet die Situation und bietet den Beteiligten eine Perspektive für ihre Situation an.
- Gruppenarbeit zum Text
  Fragestellung s.o. – oder: Was sehen wir (im Text)? Wie urteilen wir? Wie sollen wir handeln?
- Formulierung einer Fürbitte in der Gruppe
- Lied
- Einander mitteilen: Was hat der Text uns zu sagen ...
- Resümee
- Die in den Gruppen überlegten Fürbitten vor Gott bringen, zwischen den Bitten einen Kehrvers singen und mit einem kurzen zusammenfassenden Gebet schließen
- Abendmahl feiern (Gebet zur Vorbereitung – Einsetzungsworte – Vater unser als Tischgebet – miteinander Brot und Wein/Saft teilen – Dank)
- Friedenszeichen
- Segen

- Eine weitere Möglichkeit, den massiven Predigtblock aufzubrechen, bieten
  – das persönliche Eintragen von Voten aus dem Vorbereitungskreis zu einzelnen Schwerpunkten des Predigttextes,

- spontane Anfragen an die Predigt am Ort der Abkündigungen (kurze Voten – auch das braucht Einübung),
- geeignete Medien (Musik, Bild ...), die dem Predigtgeschehen noch andere Dimensionen geben (z.B. Vertiefung, Verfremdung ...).

Die Rahmenstücke der Predigt

Das Predigtgeschehen des Evangelischen Gottesdienstes wird bis heute durch eine eigenständige Liturgie gestaltet, die in den »Predigt-(Prädikanten[31]«)-Gottesdiensten des 15. Jahrhunderts wurzelt und die zu einem beachtlichen Teil in die Agende 1 bzw. in die Erneuerte Agende eingegangen ist:

Lied vor der Predigt

Das *Lied vor der Predigt* bereitet die Predigt vor – es fordert zum »rechten Hören« auf.[32]

- Mit Recht wird allerdings gefragt, ob so eine Aufforderung zum »rechten Hören« vor der Predigt nicht viel zu spät kommt, ob sie nicht bereits vor der (ersten) Lesung hätte gesungen werden müssen.[33]
- Welche Funktion soll für mich dieses Lied haben?

Kanzelgruß

Der *Kanzelgruß* setzt (geschichtlich gesehen) voraus, daß der Prediger bzw. die Predigerin erst zur Predigt im Gottesdienst auftritt[34] bzw. daß es sich um einen Predigt-Gottesdienst handelt, in dem außer der Predigt nicht viel geschieht.

Der bisher nicht aufgetretene Prediger begrüßte einmal an dieser Stelle die Gemeinde: *»Gnade sei mit euch und Friede von Gott, unserm Vater, und dem Herrn Jesus Christus.«* (Röm 1,7b)

31. Das sind Gottesdienste, die in der Hauptsache aus der Predigt bestanden und in denen für die qualifizierte Predigt eigens angestellte »Prädikanten« (= Prediger) Dienst taten (→ S. 118).
32. Wenn nur *eine* Lesung im Gottesdienst vorkommt, wird an dieser Stelle oft das Wochenlied gesungen. (→ S. 114f.).
33. J. Stalmann, TOP Gottesdienst, a.a.O., S. 123.
34. In der Alten Kirche knüpft die Predigt – wie es auch heute in der röm.kath. Kirche normal ist – direkt an das Evangelium an, ohne Kanzelgruß oder ähnliches ...

»Die Gnade unseres Herrn Jesus Christus und die Liebe Gottes und die Gemeinschaft des Heiligen Geistes sei mit euch allen.« (2 Kor 13,13)
»Gnade sei mit euch und Friede von dem, der da ist und der da war und der da kommt.« (Offb 1,4b)

Folgerichtig heißt es in der Erneuerten Agende: »Ist der Liturg/die Liturgin zugleich Prediger/Predigerin, so entfällt der Kanzelgruß.«[35]

• Welche Bedeutung hat der Kanzelgruß für mich?[36]
– Er setzt die von dem »neuen« (?) liturgischen Ort, der Kanzel, gesagte Predigt von der bisherigen Liturgie ab, sorgt für eine Zäsur und signalisiert: Jetzt geht es los.[37]
– Oft wird der Gruß zum Gebetswunsch verändert (Der Gnade Jesu Christ ... sei mit *uns* ...). Damit wird die »Richtung« des Grußes »verkehrt« – aber die *konzentrierende* Wirkung dieses Gebetswunsches spricht für sich – und ich beziehe mich in die Gemeinde ein als Mensch, der wie alle zum Priestertum aller Gläubigen gehört, nun aber eine besondere Aufgabe übernommen hat: der Gemeinde das Gotteswort auszulegen.
– Was bedeutet der Kanzelgruß für die Gemeinde? Sie wird spüren, ob ich ihn »nur so dahinsage« oder ob ich bewußt »dahinterstehe«.

Votum

Wenn der Predigttext nach dem Kanzelgruß gelesen wird[38], kann noch einmal ein *Votum*, ein »liturgischer Übergang«, ein »Trenner« zur freien Rede folgen in dem Sinn *»Gott, segne an uns dieses Wort«* oder *»Daß Dein Wort in meinem Herzen starke Wurzeln schlägt und Dein Geist in meinem Leben gute Früchte trägt, Deine Kraft durch mich die Welt zu Deinem Ziel bewegt – Gott, Du kannst dieses Wunder tun.«*

35. Erneuerte Agende, S. 35.
36. Auch ein (stilles?) Gebet in dem Sinne »Laßt uns miteinander um den Segen des Wortes bitten« oder »Herr, tue meine Lippen auf, daß mein Mund deinen Ruhm verkündige« (Ps 51,17) ist mancherorts üblich. Ist das für mich eine Alternative?
37. Chr. Mahrenholz sagt: Die liturgischen Rahmenstücke der Predigt unterstreichen ihren besonderen Charakter, sie veranschaulichen, »daß die Predigt grundsätzlich und theologisch in der evangelischen Kirche eine besondere Wertung besitzt und daß sie hier eine Funktion erfüllt, die vielleicht erst von der Reformation in ihrer vollen biblischen Bedeutung erkannt worden ist.« – Kompendium der Liturgik, a.a.O., S. 72.
38. Wo ich den Predigttext einführe – ob ich ihn sozusagen vor die Predigt setze oder »induktiv« darauf zugehe und ihn nach einer Vorbereitung bzw. einer vorberei-

Die inhaltliche Zielrichtung der Worte spricht für sich. Aber:
- Wieviel Gewicht darf ein solches Wort haben? – Lenkt es nicht zu sehr ab vom Duktus Predigttext/Predigt?
- Ist ein solches Gebetswort nicht vielmehr nach der Predigt sinnvoll?

Kanzelgebet

Ein *Kanzelgebet* – besonders in reformierten »Gegenden« praktiziert – kann am Schluß der Predigt wesentliche Inhalte der Predigt als Bitte oder Dank aufnehmen und damit das Allgemeine Kirchengebet/Fürbittengebet entlasten.
- Es soll nicht in Konkurrenz zum Fürbittengebet stehen, muß also kurz sein; aber auch inhaltlich soll es deutlich vom Fürbittengebet unterschieden sein. Es kann den Dank für das gehörte Gotteswort enthalten und die Bitte um den Segen des Wortes.[39]

Kanzelsegen

Der *Kanzelsegen* beschließt die Predigt: *»Der Friede Gottes, der höher ist als alle Vernunft, bewahre eure Herzen und Sinne in Christus Jesus.«* (Phil 4,7)
Für ihn gilt dasselbe wie für den Kanzelgruß: Er war einmal die »letzte Aktion«, das Abschiedswort des Predigers, der danach im Gottesdienst keine »leitende« Funktion mehr hatte oder auch schon zum nächsten Gottesdienst aufbrach.
- Welche Funktion hat der Kanzelsegen heute? Verstärkt er den Schluß der Predigt – oder relativiert er ihn? Bringt er die Predigt ins »rechte Lot«? Ist es für den Prediger bzw. die Predigerin vielleicht sogar entlastend, dieses Schlußvotum zu sagen (Gottes Zusage geht weit über meine Worte hinaus)?
- Auch ein einfaches »Amen« (→ S. 213) kann etwas für sich haben, weil es den Schluß der Predigt unterstreicht.

tenden, den Kontext deutlich machenden Geschichte bringe – ist eine homiletische Entscheidung. Im zweiten Fall wird ein Votum (»so mitten in der Predigt«) kaum angebracht sein ... Abgesehen davon gibt es Texte, bei denen mir »Gott segne an uns dieses Wort« nur schwer über die Lippen kommen würde – z.B. wenn es vorher heißt »Bindet ihm die Hände und die Füße und werft ihn hinaus! Da wird Heulen und Zähneklappern sein.« (Mt 22,13)

39. Vgl. Chr. Mahrenholz, Kompendium der Liturgik, a.a.O., S. 75.

Lied nach der Predigt

Im *Lied nach der Predigt* antwortet die Gemeinde auf das Gehörte. In dem Lied wird die Predigt zusammengefaßt oder weitergeführt. Eine die Predigt meditierende Instrumentalmusik bietet Raum zum Nachklingen und Nachdenken. Das hat gerade dann etwas für sich, wenn nach der Predigt das *Glaubensbekenntnis* die Antwort der Gemeinde auf die gesamte Botschaft (Lesung/en und Predigt) darstellt:

Predigt
|
Musik
|
Bekenntnis
|
Lied

Spiel im Gottesdienst

»Der Mensch merkt sich 20 % dessen, was er hört; 30 % dessen, was er sieht; 60 % dessen, was er sieht und hört; 70 % dessen, was er selbst sagt und 90 % dessen, was er tut.« *(Magda Kelber)*

- Kinder aus dem Kindergottesdienst gestalten mit einfachen biblischen Spielstücken den (Familien-)Gottesdienst: Da werden Geschichten nachgespielt und die »Zuschauer« einbezogen, da werden Geschichten mit kleinen Veränderungen in die Gegenwart überspielt, angespielt oder mögliche Fortsetzungen ausprobiert und schließlich Geschichten mit offenem Ende weitergespielt ... Und das von der Fingerpuppe bis zur riesigen Stabpuppe mit unterschiedlichsten Mitteln.
- Auf *Freizeiten mit Konfirmandinnen und Konfirmanden* bleiben Spielversuche nicht Beschäftigungstherapie, sondern gewinnen überraschende Bedeutung auch für die Gottesdienstgestaltung, wenn sich z.B. im Weiterspielen der Geschichte vom barmherzigen Samariter eine Reihe von »Denk-Mälern« entwickelt, bei denen sich einer in die Rolle des Priesters versetzt, der gerade zu Hause in Jericho angekommen ist und von seinem Erlebnis unterwegs erzählt hat – und dies in einer Gebärde ausdrückt ... und die anderen entsprechend ihre »Ein-Stellung« dazu pantomimisch ausdrücken, bis die Szene für einen Moment »erstarrt«.
- *Jugendliche bringen im Religionsunterricht, im Schul- und Jugendgottesdienst* provozierende Zugänge ein, die mit Texten aus der Werbung, mit Comics oder aktuellen Hits spielen, verfremden, persiflieren – und damit ihre Weltsicht im »Streit um die Wirklichkeit« ins Spiel bringen.
- In *bibliodramatischen Erfahrungen* haben inzwischen auch viele Erwachsene neue Möglichkeiten kennengelernt, biblische Botschaft hautnah zu erleben, sich mit biblischen Personen zu identifizieren und sich in scheinbar alte Geschichten neu verwickeln zu lassen.

Solche oder andere Zugänge zum Spiel im Gottesdienst erinnern nachdrücklich daran, daß das Spiel Menschen auch generationsübergreifend anzusprechen vermag, sich mit immer mehr Sinnen einzubeziehen und sich so ganz persönlich der Botschaft anzunehmen: Durch die Identifikation bekommen sie einen existentiellen Zugang zu einer biblischen Geschichte und ihren Personen und begreifen gleichzeitig ihre Aktualität. Spiele brauchen die Vorbereitung der Verantwortlichen für eine Regie, die Freiräume

Denk-
zettel

schafft, und für einen Prozeß, der Betroffenheit auslöst und zum »Eigentlichen« kommt.

• Einer nicht so bekannten Möglichkeit elementaren Spiels im Gottesdienst widmen wir einen *exemplarischen Baustein: einer Erzählung mit Chor.* »Das große Fest«, ein Spiel zum Gleichnis vom großen Abendmahl (Lk 14,16–23) ist auf einer Freizeit mit behinderten Jugendlichen und Erwachsenen für einen Gemeindefest-Gottesdienst im Freien entwickelt worden, bei dem Stabpuppen die Rollen der verschiedenen »Typen« (Aktualisierungen biblischer Personen) übernehmen und die Gemeinde sich mit Hilfe eines (vorsprechenden) Chorführers die verschiedenen Rollen »anzieht«. Dieser Prozeß der Rollen-Übernahme bietet zusätzlich zu dem ergänzenden Spiel-Lied (→ S. 194f.) viele Möglichkeiten, im Verlauf des Gottesdienstes an das Spiel anzuknüpfen.

Literatur/Materialien

R. Hübner/E. Kubitza/ F. Rohrer, Spielräume für Gruppen, Eine Praxis der Spiel- und Theaterpädagogik, Bd. 1, München/Gütersloh 1985.
W. Hoffsümmer, Religiöse Spiele für Gottesdienst und Gruppen, Mainz 1980/1981 (2 Bde).
ku-praxis, Heft 29, Spielen hat seine Zeit, Gütersloh 1991.
Biblische Botschaft erleben, Materialheft Nr. 55, Beratungsstelle für Gestaltung, Frankfurt/Main 1990.
R. Schinzer, Spielräume in der Bibel, Göttingen 1989; ders., Im Spiel die Bibel verstehen, 2. Aufl. 1991; ders., Die Bibel ins Spiel bringen, 2. Aufl. 1984.
R. Elser, Laienspiel-Katalog, Bad Krozingen 1981 (Ringbuch – Bezug durch Buchhandlung R. Heesen, Freudenstadt).

Spiel im Gottesdienst – ein exemplarischer Baustein

DAS GROSSE FEST

Eine Erzählung mit Chor
für Stabpuppen und Gemeinde
nach Lukas 14,16–23

Sprechrollen:
E = ErzählerIn
C = ChorführerIn
A = Alle (Gemeinde)

E (tritt vor)
Freunde, hört mal her!
Mein Herr veranstaltet
ein großes Fest.
Alles ist vorbereitet.
Das Haus ist geschmückt.
Die Tische sind gedeckt,
die Musik ist bestellt –
ein großes Fest,
sage ich euch!
C Wer ist eingeladen?
A Wer ist eingeladen?
E Alle sollen zum Fest
kommen.
C Alle?
A Alle?
E Alle sind zum großen
Fest meines Herrn
eingeladen.
(bleibt stehen)
C (beginnt V. 1 zu singen)
A »Freunde, kommt mal
her! …« (V. 1)
E Kommt!
Es ist alles bereit!
(Schüler kommt rechnend/schreibend von
der Seite;
E tritt ihm entgegen)
Bist du bereit?
*C Keine Zeit – kann nicht
kommen.*
A Keine Zeit – kann nicht
kommen.
(beide ab)
(Discogirl kommt mit
Cassettenrecorder-
Musik von der Seite;
E tritt ihr entgegen –
dann Musik aus, sie
geht ab wieder mit
Musik)
E Bist du bereit?
*C Keine Lust – kann nicht
kommen.*
A Keine Lust – kann nicht
kommen.
(beide ab)
(Putzfrau kommt
schrubbend o. a. von der
Seite; E tritt ihr
entgegen)
E Bist du bereit?
*C Viel zu tun – kann nicht
kommen.*
A Viel zu tun – kann nicht
kommen.
(beide ab)
(Geschäftsmann kommt
mit Zeitung und Akten-

tasche von der Seite;
E tritt ihm entgegen)

E Bist du bereit?

C Geschäfte, Geschäfte – kann nicht kommen.

A Geschäfte, Geschäfte – kann nicht kommen.
(beide ab)
(Schlafmütze kommt gähnend von der Seite;
E tritt ihm entgegen)

E Bist du bereit?

C Heute nicht – kann nicht kommen.

A Heute nicht – kann nicht kommen.
(beide ab)

E Könnt ihr euch nicht einmal Zeit nehmen? Meint ihr nicht, ihr könntet was Wichtiges verpassen? Das Wichtigste vielleicht?

C (beginnt V. 2 zu singen)

A »Freunde, hört mal her! …« (V. 2)

E Mein Herr ist traurig, mein Herr ist enttäuscht. Bis jetzt haben alle abgesagt. Keiner will kommen. Wir wollen doch ein großes Fest feiern. Vielleicht kommen die andern?

C Sind wir die andern?

A Sind wir die andern?

E Das Fest ist für alle, die kommen.

C Für uns?

A Für uns?

E Alle sollen zum großen Fest meines Herrn kommen.

C (beginnt V. 1 zu singen)

A »Freunde, kommt mal her! …« (V. 1)

E Kommt, es ist alles bereit! (Kranker kommt stöhnend von der Seite;
E tritt ihm entgegen)
Bist du bereit?

C Ich bin krank – soll ich kommen?

A Ich bin krank – soll ich kommen?
(beide ab)
(Alte kommt mit Stock von der Seite; E tritt ihr entgegen)

E Bist du bereit?

C Ich bin alt – soll ich kommen?

A Ich bin alt – soll ich kommen?
(beide ab)
(Kind kommt mit Luftballon im Rollstuhl von der Seite;
E tritt ihm entgegen)

E Bist du bereit?

C Ich bin doch ein Kind – soll ich kommen?

A Ich bin doch ein Kind – soll ich kommen?
(beide ab)
(Trauernde kommt mit Bild und Trauerflor von der Seite;
E tritt ihr entgegen)

E Bist du bereit?

C Ich bin traurig – soll ich kommen?

A Ich bin traurig – soll ich kommen?
(Trauernde ab)

E Kommt zum großen Fest. Mein Herr lädt euch alle ein: Kommt – es ist alles bereit.

C (beginnt V. 3 zu singen)

A »Freunde, seht mal her! …« (V. 3)
Während dieser Strophe geht E einmal um den Altar und tritt dann wieder in der Mitte vor.)

E Mein Herr hat gesagt: »Wir wollen ein großes Fest feiern.
Hast du auch alle eingeladen? Du weißt doch, es ist genug Platz für alle da.« Darum sage ich auch: Kommt!

C Er meint doch nicht uns?

A Er meint doch nicht uns?

E Alle sollen zum großen Fest meines Herrn kommen.

C (beginnt V. 1 zu singen)

A »Freunde, kommt mal her! …« (V. 1)

E Kommt, es ist alles bereit! (Punker oder Skinhead kommt von der Seite;
E tritt ihm entgegen)

E Bist du bereit?

C Ich soll kommen – was geht mich dein Herr an!?

A Ich soll kommen – Was geht mich dein Herr an!?
(beide ab)
(Ausländer kommt von der Seite;
E tritt ihm entgegen)

E Bist du bereit?

C Ich soll kommen – ich verstehe ja doch nichts.

A Ich soll kommen – ich verstehe ja doch nichts.
(beide ab)
(»Penner« [= Nichtseßhafter] kommt von der Seite;
E tritt ihm entgegen)

E Bist du bereit?

C Kann ich denn kommen?

A Kann ich denn kommen?

E Kommt zum großen Fest – mein Herr lädt euch alle in sein Haus ein.
Er meint es ernst.
Kommt – es ist alles bereit.

C (beginnt V. 4 zu singen)

A »Freunde, sprecht es aus! …« (V. 4)

Text: Günter Ruddat in Anlehnung an eine Vorlage von Jürgen Koerver, Die verlorene Drachme und andere biblische Erzählungen mit Chor, Stuttgart 1982

Glaubensbekenntnis

Im Kontext des Gottesdienstes

Die ganze Verkündigung in Bibel-/Gottes-Wort und Auslegung wird »beschlossen« durch das *Glaubenbekenntnis* (Credo = Ich glaube).
Das Bekenntnis ist so etwas wie ein »Kompendium des christlichen Glaubens«, das weit über die persönlich aktuelle Lebens- und Glaubenssituation hinausgeht und uns in der Ökumene miteinander verbindet. Im Sprechen reihen wir uns »in die Gemeinschaft derer ein, die seit zweitausend Jahren durch das Hören der Heilsgeschichte zum Leben gefunden haben.«[40] Insofern kann und muß das Bekenntnis nicht in allen Punkten und von allen durch die persönliche Situation und den persönlichen Glauben »abgedeckt« sein – und das sollte einer Gemeinde vielleicht auch einmal zu ihrer Entlastung gesagt werden. Es kommt hier auf das *Ganze* an, in das wir eingebettet sind und das weit über uns hinausgreift.

Zur Erinnerung

Das Bekenntnis, das ursprünglich und auch in nachreformatorischer Zeit nicht zu jedem Gottesdienst gehörte, sondern vor allem an Festtagen gesprochen wurde, ist nicht erst in der Erneuerten Agende Antwort auf die Lesungen *und* die Predigt: Es gelangte einst dadurch vor die Predigt, daß im Mittelalter die Predigt in der Messe (im Gegensatz zu den mit »Star«-Predigern besetzten Predigt-Versammlungen mit einer sich bildenden »Kurz-Liturgie« »*vor* der Kirche« → S. 118 bzw. S. 125) häufig ausfiel – bzw. das Bekenntnis trat an die Stelle der Predigt. In der Erneuerten Agende wird ihm der ursprüngliche liturgische Ort zurückgegeben – und somit haben wir im Gottesdienst wieder ein Moment mehr, das uns mit der Ökumene verbindet.

40. M. Josuttis, Der Weg in das Leben, a.a.O., S. 240.

Die drei ökumenischen Bekenntnisse der Alten Kirche

Das *Apostolicum*, das *Nicänum* (Ökumenisches Glaubensbekenntnis von 381) – beide sind im Gesangbuch abgedruckt – und das *Athanasianum* werden »Ökumenische Symbole« genannt.
Das *Nicänum* »ist so einer der wenigen Fäden, mit denen die zerrissenen Fetzen des geteilten Rocks der Christenheit noch zusammengehalten werden.«[41] In ihm wird besonders der christologische Teil als Bekenntnis gegen die arianische Irrlehre entfaltet, die Jesus als von Gott adoptiertes Geschöpf ansah und die Gottheit Jesu zu stark vernachlässigte. Das auf das Zweite Ökumenische Konzil von 381 in Konstantinopel zurückgehende Glaubenszeugnis ist seit dem Vierten Ökumenischen Konzil in Chalcedon (451) offizielles Bekenntnis der ungeteilten Alten Kirche und ging als solches in die Messe ein.[42]
Das *Apostolische Glaubensbekenntnis* faßt »den wesentlichen Inhalt des apostolischen Glaubens« zusammen.[43] Es geht auf ein schon im zweiten Jahrhundert in Rom beheimatetes Bekenntnis zurück und erhielt seine ausführliche Gestalt in der Auseinandersetzung mit der Gnosis, die in ihrer Erlösungslehre die Menschlichkeit Jesu nicht ernstnahm. Das in der Taufe und im Wortgottesdienst angesiedelte Bekenntnis wird hauptsächlich im Protestantismus und in der römisch-katholischen Kirche verwendet, hat aber keinen offiziellen Status in der orthodoxen Kirche.[44]
Eine Legende erzählt von der Entstehung des Bekenntnisses: Jeder der Apostel hat einen ihm wichtigen Glaubenssatz beigesteuert – und alle zusammen ergaben dann das *apostolische* Glaubensbekenntnis. Weil sogar die Apostel ihren Glauben nur an *einem* Satz des Bekenntnisses »festgemacht« haben, kann auch diese Legende entlastend für mein Verhältnis zum Glaubensbekenntnis sein (→ Im Kontext des Gottesdienstes).
Das sogenannte *Athanasianische Glaubensbekenntnis*, das dem Kirchenvater Athanasius († 373) zugeschrieben wird, aber nicht auf ihn zurückgeht, ist als »westkirchliches lateinisches Lehrgedicht« wahrscheinlich um 500 n. Chr. in Südfrankreich oder Spanien entstanden.[45] Obwohl es in die lutherischen Bekenntnisschriften einging, erlangte es im Gottesdienst keine große Bedeutung. Es ähnelt im »Strickmuster« der Barmer Theologischen Erklärung.

41. J.N.D. Kelly, Altchristliche Glaubensbekenntnisse, Geschichte und Theologie, Göttingen 1972, S. 294.
42. Siehe H.-G. Link (Hg.), Gemeinsam glauben und bekennen. Handbuch zum Apostolischen Glauben. Paderborn/Neukirchen-Vluyn 1987, S. 37.
43. Ebd., S. 40.
44. Ebd., S. 40.
45. Ebd., S. 42.

Bekenntnisse sind eigentlich immer in Auseinandersetzungen entstanden, in Lehrkämpfen, die die Kirche in ihrer Existenz bedrohten. Gemeinden, die den Kirchenkampf nach 1933 miterlebt haben, ist das »in ganz neuem Sinne wieder bedeutsam geworden«.[46] Die *Theologische Erklärung der Barmer Bekenntnissynode von 1934* ist *das* Bekenntnis dieser Zeit und erlangte – wie seine »alten Vorgänger« – auch in Gottesdiensten Bedeutung.

Das Glaubensbekenntnis gestalten

Die Hauptbedeutung des Bekenntnisses im Gottesdienst liegt im gemeinsamen Sprechen eines Textes, der uns mit Menschen unterschiedlicher Konfessionen und Generationen verbindet – schon dieses gemeinsame Sprechen ist ein *Zeugnis* gegenüber Gott und den Menschen.
Darüber hinaus ist unser persönliches Bekenntnis in der aktuellen Situation – wie auch das der Gemeinde – immer wieder gefragt.

Ein Blick in die Erneuerte Agende

In der Erneuerten Agende wird deshalb vorgeschlagen:

> Das Credo kann auch in der Weise ausgeführt werden, daß Aktualisierungen und Entfaltungen zwischen die überlieferten Glaubenssätze gestellt werden oder daß ein aktuelles Glaubenszeugnis vorausgeht oder folgt. Wichtig ist dabei, daß die Gemeinde durch Laiensprecher/Laiensprecherinnen und mitsprechend beteiligt ist.[47]

46. Chr. Mahrenholz, Kompendium der Liturgik, a.a.O., S. 69.
47. Erneuerte Agende, S. 109.

Exemplarische Bausteine

Alle: *Ich glaube an Gott, den Vater … und der Erde.*
Eine(r): Gott ist unser Vater.
Er sorgt sich um uns.
Er liebt uns.
Er hat Angst um uns
und Freude für uns.
Er ist unser Vater.
Mit allen Sorgen können wir zu ihm kommen.
Er hilft uns
und zeigt uns den richtigen Weg.
Ein himmlischer Vater – alles geht von ihm aus.
Keine Blume wächst,
die er nicht geschaffen hat.
All die Bäume und das Gras hat er gewollt.
Und da er so lieb zu uns ist,
laßt uns nicht kaputtmachen,
was er uns geschenkt hat.
Alle: *Und an Jesus Christus … und die Toten.*
Eine(r): So sehr hat uns Gott geliebt,
daß er uns Jesus Christus auf die Erde schickte.
Jesus, der Mensch,
dessen ganzes Leben der Menschheit gehört.
Jetzt wissen wir, wie wir leben sollen:
Wir sollen Jesus nachfolgen, der sein ganzes Leben opferte.
Er hat uns erlöst.
Wir sind frei – und leben.
Jesus, irgendwann einmal möchte ich begreifen können,
wie wertvoll dieses Geschenk ist.
Alle: *Ich glaube an den Heiligen Geist … und das ewige Leben.*
Eine(r): Gemeinschaft.
Ja, das ist es, was mich hält.
Das ist es, was mich stärkt und immer wieder neu ermutigt.
Gott schickt seinen Heiligen Geist zu uns,
so daß wir fest zusammenstehen können.
Wenn wir den Heiligen Geist annehmen,
ihn aufnehmen,

> dann schaffen wir es auch,
> jeden Menschen in die Gemeinschaft aufzunehmen.
> Dann spüren wir Gottes Gegenwart.
>
> *Ulrike Pape*

Das Bekenntnis einer 15jährigen Jugendlichen, das die drei Glaubensartikel entfaltet, zeigt: Diese dialogische Form des Zusprechens und des Gemeinsam-Sprechens kann so manchen »sperrigen« Satz des Bekenntnisses aufbrechen.

Der Umgang mit dem Glaubensbekenntnis im Gottesdienst muß grundsätzlich neu überdacht werden. Viele können das Apostolische Bekenntnis nicht mehr auswendig sprechen.
Wenn Menschen im Gottesdienst erwartet werden, die zur Kerngemeinde »dazustoßen«, muß es abgedruckt werden. Aber auch im Falle des Abdruckens müssen wir uns fragen, ob wir z.B. Eltern und Paten ernsthaft auffordern können, ihren christlichen Glauben in der traditionellen Form zu bekennen, die für sie ohne Erklärung kaum nachvollziehbar ist. Denn es ist ein Unterschied, ob eine Frau aus dem Bibelkreis mit einer Formulierung des Bekenntnisses nicht klarkommt oder ob jemand mit dem ganzen Sprachgebilde nichts mehr anfangen kann.

In einer Gemeinde wurde beim Taufgottesdienst deshalb folgendes Bekenntnis gesprochen:

> Unser Gott
> ist uns Vater und Mutter.
> Er ist bei uns Tag und Nacht.
> Aus seiner Liebe ist die Welt entstanden
> – und auch wir.
> Er hat uns so gemacht wie wir sind.
> Er behütet uns ein Leben lang.
>
> Er hat uns Menschen lieb:
> Kranke und Gesunde,
> Schwache und Starke,
> Junge und Alte,
> Einheimische und Ausländer,
> Mädchen und Jungen,
> Frauen und Männer.

Darum sollen auch wir einander liebhaben
und in Frieden miteinander leben.
Wir haben zu essen und zu trinken,
manchmal schon zuviel –
Hilf, daß wir teilen lernen.

Jesus Christus ist unser Bruder.
Vor fast zweitausend Jahren hat er auf dieser Erde gelebt.
Er hat die Menschen geliebt,
weil Gottes Liebe in ihm war.
Er hat gelitten unter den Menschen,
die nichts von der Liebe wissen wollten.
Er ist für uns gestorben.
Gott hat ihm aber an Ostern neues Leben geschenkt.

Er ist auch heute bei uns.
Wir nennen ihn den Geist Gottes unter uns.
Er hilft uns zu einem Leben,
in dem wir friedlich miteinander umgehen können.
Er hilft uns,
daß wir uns mit offenen Augen ansehen,
daß wir uns umsehen und erkennen,
wo Menschen unsere Hilfe brauchen.

Er schenkt uns Leben –
und er will immer bei uns sein.
Er ist unser Freund,
und er macht auch uns
zu Freundinnen und Freunden. Amen.

Quelle unbekannt

In diesem Bekenntnis wird der Versuch gemacht, unsere Situation ernstzunehmen und Formulierungen zu finden, die auch für Menschen wenigstens zum großen Teil nachvollziehbar sind, die zwar selten zum Gottesdienst kommen, sich aber dennoch (in ihrer Mitgliedschaft) zur Kirche halten.
Es nimmt auch ernst, daß wir unseren Glauben immer wieder neu und aktuell zu bekennen haben – in unserer Sprache, unserer Zeit und unserer Situation. Aktuelle Bekenntnisse können zur Schärfung des christlichen Bewußtseins beitragen:

> Ich kann es lernen, empfindsam zu sein,
> am Unrecht der anderen zu leiden, an den Schmerzen der anderen,
> an ihrem Hunger und an ihren Ängsten.
> Es ist möglich, sich in andere einzufühlen:
> zu verstehen, wie ein Türke empfindet, wie ein Hindu denkt
> oder wie ein Russe fühlt.[48]

Wenn das Apostolische Bekenntnis durch ein aktuelles Bekenntnis ersetzt werden soll, *muß* es abgedruckt werden, damit es für alle nachvollziehbar und eine Auseinandersetzung mit ihm möglich wird. Wenn es von allen (oder möglichst vielen) mitgesprochen werden soll, könnte eine kurze »Lesepause« hilfreich sein, damit sich die am Gottesdienst Teilnehmenden klar darüber werden können, was sie gleich miteinander sprechen. Eine Einladung zum Mitsprechen, die die Möglichkeit zu schweigen ausdrücklich einschließt, leitet dann das gemeinsam gesprochene »moderne« Bekenntnis ein, ohne zu vereinnahmen und auszugrenzen:

Ansage
|
meditative Musik oder Stille
(Zeit zum Lesen des Bekenntnisses)
|
Einleitung
|
Gemeinsames Sprechen

Die Frage, ob ein traditionelles oder ein aktuelles Bekenntnis im Gottesdienst vorkommen soll, kann nur ambivalent beantwortet werden. Zum einen müssen Menschen auch zu dem stehen können, was sie bekennen – und das spricht oft für ein »neues« Bekenntnis, zum anderen wird ein neues Bekenntnis kaum das »alte« ersetzen und völlig ablösen können. Das Glaubensbekenntnis bleibt eben auch ein Zeugnis für die Geschichte unseres Glaubens, das wir mit *unserem* Glauben nie ganz einholen werden, das uns aber verbindet mit Christen vieler Traditionen und Generationen.[49]

48. Aus: P. Klever, H. Behrends, F. Baltruweit, Zu(m)-Frieden sein, in: E. Domay (Hg.), Friedensgottesdienste, Gütersloh 1992, S. 74.
49. Vgl. dazu H. Schröer, Unser Glaubensbekenntnis heute, Versuch einer theologischen Bilanz, Hamburg 1971 (leider vergriffen).

Davon abgesehen wollen wir aber Mut machen, den eigenen Glauben zu formulieren. Es lohnt sich, in der Gottesdienstvorbereitungsgruppe darüber zu sprechen. Und so etwas sollte dann auch in einen Gottesdienst eingehen.[50]

Ein kleiner Baustein liturgischer Werkstatt: Die *Einleitung* des Glaubensbekenntnisses

Wie sollte das gemeinsame Sprechen eines Bekenntnisses eingeleitet werden?
- Ein Bekenntnis ist ein Zeugnis und kein Gebet. »Laßt uns nun das Glaubensbekenntnis *beten* …« ist eine nicht adäquate Einleitung.
- Es soll niemand das Gefühl haben, vereinnahmt zu werden. »*Wir wollen* nun unseren christlichen Glauben bekennen …« ist also auch keine adäquate Einleitung.
- Die imperativische Einleitung »*Wir sprechen …*« hört sich an wie ein Befehl und ist darum ebenfalls kaum adäquat.
- Was bleibt: Eine einladende Formulierung wie »Laßt uns nun miteinander das Glaubensbekenntnis sprechen bzw. unseren christlichen Glauben bekennen in der Verbundenheit mit allen Christen dieser Erde«.

Entsprechendes gilt auch für die Einleitung von Gebeten.

Bekenntnislieder

In der Erneuerten Agende wird ausdrücklich darauf hingewiesen, daß das Bekenntnis auch gesungen werden kann.[51] Martin Luther schlägt »Wir glauben all an einen Gott«[52] (EKG 132/EG 183) für die »Deutsche Messe« vor, Rudolf Alexander Schröders Lied »Wir glauben Gott im höchsten Thron« (EKG 133/EG 184) wird dazugesetzt.
Neuere Lieder sind möglich wie das von Gerhard Schöne neu übertragene »Jesu, meine Freude« (→ S. 109) oder »Vertrauen wagen«:

50. Anregungen finden sich z.B. in der Sammlung von G. Ruhbach, Glaubensbekenntnisse für unsere Zeit, GTB 1287, Gütersloh 1985.
51. Erneuerte Agende, S. 36.
52. Vgl. W. Herbst, Evangelischer Gottesdienst, a.a.O., S. 82.

2. Unrecht erkennen sollen wir getrost,
denn du, Gott, weist uns den Weg einer Umkehr.

3. Schritte erwägen können wir getrost,
denn du, Gott, weist uns den Weg deines Friedens.

4. Glauben bekennen wollen wir getrost,
denn du, Gott, weist uns den Weg deiner Hoffnung.

5. Vertrauen wagen dürfen wir getrost,
denn du, Gott, bist mit uns, daß wir lieben.

Text, Melodie und Satz: Fritz Baltruweit
Aus: Fritz Baltruweit – Meine Lieder

Nicht nur Bekenntnistexte, auch Bekenntnislieder können in einem gemeinsamen Prozeß neu geschrieben werden. Mit Konfirmandinnen und Konfirmanden ist während einer Freizeit das Bekenntnis(lied) »Du bist mein Gott« entwickelt worden, das nach der Halleluja-Melodie (aus England – Mein Liederbuch für heute und morgen, B 20 = EG 182) gesungen werden kann:

Du bist mein GOTT, der mich für das Leben schafft –
Dein sind das All und die Erde.
Ich bin Dein Mensch, der von Dir erhält die Kraft,
daß Deine Welt EDEN werde.

Du wirst ein MENSCH, der das Leben teilt mit mir –
Dein sind das Kreuz und das Sterben.
Ich bin Dein Freund, der das Leben lernt von Dir,
daß Menschen LIEBE ererben.

Du bleibst ein GEIST, der mich heute auferweckt –
Dein sind Mut, Wahrheit und Weite.
Ich bin Dein Kind, das von Dir wird angesteckt,
daß FRIEDEN jetzt sich verbreite.

Günter Ruddat

Denk-
zettel

Taufe im Gottesdienst

Menschen, die im Rahmen einer Taufe den Sonntagsgottesdienst besuchen, gehören in der Regel zu den Christen, die sich an ›lebenszyklischen‹ Gottesdiensten orientieren, »vermutlich insbesondere deshalb, weil sie mit ihren eigenen Lebensvollzügen unmittelbar in diesem Gottesdienst vorkommen« (K.F. Daiber → S. 227). Weil sie vermutlich sonntags selten kommen, müssen wir behutsam und liebevoll mit ihnen umgehen, damit sie etwas von der einladenden und frohmachenden Botschaft Gottes erfahren. Im Wie meines Auftretens erfahren sie das Was der Botschaft.
Die Kinder der Tauffamilien können zur Chance für die Gestaltung der Tauffeier im Sonntagsgottesdienst werden.

- In der *Begrüßung* können wir die Tauffamilien erwähnen, die heute zum Gottesdienst gekommen sind.
- Zu Beginn der Taufhandlung (in der Regel nach der Bibellesung und einem einleitenden Lied) können die Kinder, die getauft werden sollen, noch einmal ausführlicher vorgestellt werden. Zu den Namen der Kinder kann z.B. »in Auseinandersetzung« mit dem Taufspruch eine Geschichte erzählt werden.
- Dann wird das *Taufevangelium* gelesen – oder besser (auswendig) paraphrasiert.
- Es kann sich eine *kurze Auslegung* anschließen. Am besten geschieht das zusammen mit den anwesenden Kindern. Zu verschiedenen großen Bildern, z.B. dem von der Kindersegnung (Markus 10,13–16), erzählen die Kinder das, was sie auf dem Bild sehen (→ Technik S. 112f.) – das kann ergänzt werden.
- Es schließt sich die Tauffrage an die Eltern und Paten an, z.B.: »Wollt Ihr, daß das Euch anvertraute Kind Teil unserer Gemeinde und unserer Kirche wird? Wollt Ihr versuchen, Eurem Kind die Menschenfreundlichkeit Gottes nahezubringen, so antwortet: Ja, mit Gottes Hilfe.«
- Alle sprechen das Glaubensbekenntnis (zu bedenkende Fragen → S. 138ff.)
- Die Familien kommen zum Taufstein – auch alle Kinder, die in der Kirche sind ... Die Kinder schöpfen das Wasser in den Taufstein.
- Das Kind/die Kinder werden (ordentlich mit Wasser) getauft (*Taufformel*) und erhalten das *Zeichen des Kreuzes*: »Du gehörst jetzt zu Jesus Christus«.

- Der *Taufspruch* kann dem Kind von einem Paten/einer Patin oder einem Gemeindeglied zugesprochen werden – vielleicht zusammen mit einem Wunsch für das Kind.
- Der *Segen* wird (mit Handauflegung → S. 211) dem Kind und gesondert auch der Familie und den Paten zugesprochen.
- Dem Kind wird eine *Taufkerze* mit auf den Weg gegeben.
- Es folgt ein *Schlußgebet* (falls das nicht in den Fürbitten geschieht) für das getaufte Kind/die getauften Kinder und ein *Schlußlied*, z.B. »Kind, du bist uns anvertraut«. Wir drucken den Text ab, weil er unverständlicherweise nicht in das neue Gesangbuch aufgenommen worden ist:

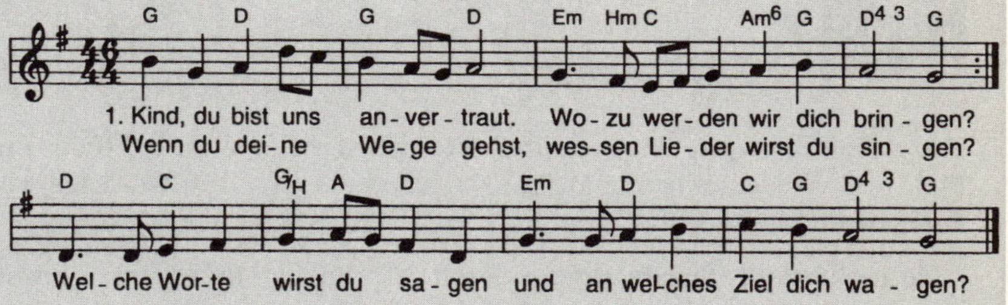

Kampf und Krieg zerreißt die Welt, einer drückt den andern nieder.
Dabei zählen Macht und Geld, Klugheit und gesunde Glieder.
Mut und Freiheit, das sind Gaben, die wir bitter nötig haben.

Freunde wollen wir dir sein, sollst des Friedens Brücken bauen.
Denke nicht, du stehst allein, kannst der Macht der Liebe trauen.
Taufen dich (Bist getauft) in Jesu Namen. Er ist unsre Hoffnung. Amen.

Text: F.K. Barth/P. Horst; Melodie: EKG 151 = EG 206
Rechte bei den Autoren

- Der Gottesdienst »geht weiter« mit der Predigt.

Fotos können im oder/und nach dem Gottesdienst gemacht werden, wenn alle anderen »draußen« sind und sich die Beteiligten noch einmal in Ruhe »postieren« können. Fotos sind wichtig (auch Video), weil sie für die Tauferinnerung ein wesentliches »Zeugnis« sind.

Abkündigungen

Im Kontext des Gottesdienstes

Die *Abkündigungen* schließen an das Lied nach der Predigt an und können die Predigt konkretisieren: Hier hat das seinen liturgischen Ort, was wir aufgrund des verkündigten Wortes zu tun haben. In diesem Sinn kommt die Gemeinde mit ihren Menschen, die Kirche und ihre (ökumenische) Diakonie in den Blick.[53]

Zur Erinnerung

Die Abkündigungen erhielten im Gottesdienst die Position nach der Predigt, weil vor dem Abendmahl die Katechumenen (= Taufanwärter) entlassen wurden.

»Die neutestamentlichen Briefe, deren ursprünglich liturgische Verwendung heute allgemein anerkannt wird, bringen viele praktische Hinweise für eine bestimmte, nur für die Empfänger geltende Situation, Grüße an namentlich genannte Gemeindeglieder, Fürbitten, Bitten um Opfergaben usw.«.[54] *»Was aber die Sammlung (für die Jerusalemer Gemeinde) … angeht: wie ich in den Gemeinden in Galizien angeordnet habe, so sollt auch ihr tun …«* (1 Kor 16,1)
»Ich will zu Euch kommen, sobald ich durch Mazedonien gezogen bin …« (1 Kor 16,5)
»Ich befehle euch unsere Schwester Phoebe an …, daß ihr sie aufnehmt …« (Röm 16,1)
»Grüßt euch untereinander mit dem heiligen Kuß …« (1 Kor 16,20)
Die Textstellen aus den Paulusbriefen zeigen: Das Gotteswort hat etwas mit ganz »normaler« Gemeinde zu tun, mit uns.

[53] Siehe J. Stalmann, TOP Gottesdienst, a.a.O., S. 100.
[54] F. Kalb, Grundriß der Liturgik, a.a.O., S. 144.

Die Abkündigungen gestalten

Normalerweise sind die Abkündigungen unserer Gottesdienste durch folgende Bestandteile geprägt:

- Taufen, Trauungen und Beerdigungen (*Kasualien*, von lat. casus = Fall, Bezeichnung für die sog. »kirchlichen Amtshandlungen«) werden abgekündigt.
- Für die *Kollekte* (= Geld-Sammlung) des vergangenen Gottesdienstes wird gedankt und der Zweck der Kollekte im aktuellen Gottesdienst angekündigt.
- Es werden *Einladungen zu Gemeindeveranstaltungen* ausgesprochen.
- Manchmal werden *kirchenamtliche Bekanntmachungen* verlesen.

Anregungen

Abkündigungen, die »langweilig heruntergelesen« werden, sind für einen lebendigen Gottesdienst tödlich. Abkündigungen bieten aber die Möglichkeit, dem Gottesdienst durch die ihr eigene Form Farbe zu geben und sich als höchst aktueller Teil zu »entpuppen«:

- Das »Geheimnis« für das Gelingen vieler Dinge im Gottesdienst liegt in der Gestaltung der Überleitungen. Wie beginne ich die Abkündigungen? Gibt es Elemente oder Aussagen im Gottesdienst, die ich wieder aufnehmen kann, um einen organischen Einstieg zu schaffen?
- Habe ich mich auf die Kasualabkündigungen gut vorbereitet? Oft ist es seit langem der erste Besuch einer betroffenen Familie im Gottesdienst. Wie geschieht die seelsorgerliche Zuwendung, wie persönlich ist die Fürbitte? Wenn diese Abkündigungen am Schluß direkt vor den Fürbitten geschehen, werden die Fürbitten ganz konkret und gemeindebezogen beginnen.[55]
- Bei den Einladungen zu Gemeindeveranstaltungen sollte nicht der gesamte Veranstaltungskalender verlesen und damit Langeweile erzeugt

55. Neben vorformulierten Gebetstexten in der Erneuerten Agende (S. 502f.) weisen wir hin auf J. Buchna, Kasualgebete, Gütersloh 1984 bzw. Chr. Zippert/J. Frank, Neue Kasualgebete, Gütersloh 1985. Bei der Auswahl und Verwendung solcher Gebetstexte ist aber immer die konkrete Situation zu beachten und die persönliche Zuwendung zu den Menschen, die gekommen sind.

(sinnvoller ist, für die, die neu im Gottesdienst sind, Gemeindebriefe am Ausgang bereitzulegen), sondern einzelne besondere Vorhaben können genauer vorgestellt werden.
Gebe ich als Hauptamtliche bzw. Hauptamtlicher an diesem Ort auch Ehrenamtlichen eine Chance? Beteiligte an bestimmten Gemeindeveranstaltungen können ihre Einladung persönlich vortragen und das vielleicht viel lebendiger als der Pastor bzw. die Pastorin. Mitarbeiter und Mitarbeiterinnen können an dieser Stelle vorgestellt oder verabschiedet werden, Menschen aus der Partnergemeinde können hier berichten und vieles mehr …

- Wenn Ehrenamtliche die Abkündigungen formulieren und vortragen, haben Hauptamtliche die Pflicht, in Gesprächen immer wieder durch eine gemeinsame Reflexion der Praxis für eine gute Vorbereitung und ein ehrliches Feedback zu sorgen. Das tut (im umgekehrten Fall: wenn sie selbst die Abkündigungen vortragen) Hauptamtlichen auch gut!
- Kollektenansagen bieten manchmal die Möglichkeit, von dem Projekt, für das gesammelt wird, ein Bild zu zeigen. Und wenn vorgegebene Texte der landeskirchlichen Kollektenempfehlungen von der abkündigenden Person hin überarbeitet, gekürzt und zugespitzt werden und nicht einfach nur abgelesen werden, kann auch dieser Teil lebendig werden. Ein Beispiel (mit Ein- und Überleitung):

»Wer sich rühmen will, der rühme sich des Herrn«, haben wir vorhin von Paulus gehört. Besonders gut gelingt uns das ja immer dann, wenn wir miteinander singen können.
Deshalb möchte ich Ihnen die heutige Kollekte ganz besonders ans Herz legen. Sie ist für die Anschaffung der neuen Gesangbücher bestimmt, die Ende dieses Jahres herauskommen werden. Das werden ziemlich dicke Bücher sein mit einer großen Sammlung von alten, bekannten und auch vielen neuen Liedern. Und da der Gottesdienstbesuch bei uns ja meistens ganz gut ist, brauchen wir natürlich auch entsprechend viele Bücher. Dafür bitten wir Sie heute um Ihre finanzielle Unterstützung. – Jetzt singen wir aus den alten Gesangbüchern, während die Kollekte eingesammelt wird, das Lied Nr. …

Kollektenansagen sind wichtig, weil alle ein Recht haben zu wissen, wofür sie ihr Geld spenden.
Die Gemeinde hat ein Mitbestimmungsrecht bei der Auswahl der Projekte, für die gesammelt wird: Im Kirchenvorstand wird ein nicht uner-

heblicher Teil der Kollekten beschlossen. Ursprünglich stellten sie die Finanzierung der gesamten Gemeindearbeit (Personalkosten, Bauunterhaltung, Gemeindediakonie) und auch der gemeindeübergreifenden Diakonie sicher.
Nach dem Einsammeln sollte das Geld nicht unvermittelt in der Sakristei verschwinden, sondern als Dankopfer zum Altar gebracht werden.[56]

- Ein Brief aus der Partnergemeinde kann wenigstens in Auszügen vorgelesen werden.
- Sogar kirchenamtliche Bekanntmachungen können interessant werden, wenn sie kommentiert werden. Auf jeden Fall sind sie auf die eigene Gemeinde zu beziehen.
- Vielen fällt es bei den Abkündigungen leichter als bei anderen Teilen des Gottesdienstes, auch einmal zu lachen, wenn sie persönlich farbig gestaltet werden.
- Auch fällt es an diesem liturgischen Ort vielleicht leichter als auf der Kanzel, profiliert zu bestimmten Ereignissen in der Gemeinde, im Ort oder in der Welt Stellung zu nehmen.
- Es können Voten von einzelnen zu den Aussagen der Predigt zusammengetragen (→ S. 125) und die Konsequenzen der Verkündigung für die konkrete (Gemeinde-)arbeit bedacht werden.
- »Are there other announcements?« – Die in die Gemeinde gerichtete Frage »Gibt es noch andere Dinge mitzuteilen?« kennen wir besonders von Kirchen aus der Ökumene. Und dann steht jemand auf und sagt: »Wir wollen in der Fürbitte an … denken, weil …« – Ist so eine Praxis erst einmal eingeübt, brauchen wir uns um die Lebendigkeit der Abkündigungen keine Sorgen mehr zu machen …
- Schließlich kann die »Zusammenschau« unterschiedlicher Anliegen der Gemeinde noch einmal mit Gottes Wort beschlossen werden: der Spruch der kommenden Woche (oder der Kanzelsegen) richtet den Blick nach vorn.

- Wir wollen auch auf die *Möglichkeit* hinweisen, *die Abkündigungen »auseinanderzuziehen«*, d.h. die einzelnen Teile dort zu sagen, wo sie »liturgisch angebracht« bzw. als Handlungsanweisung notwendig sind. Für die drei immer wiederkehrenden Punkte der Abkündigungen kann das so aussehen:
  - Die Kollektenansage geschieht vor dem Lied, bei dem die Gaben eingesammelt werden.
  - Die Kasualabkündigungen bilden den Auftakt des Fürbittengebetes.
  - Die Einladung zu bestimmten Veranstaltungen geschieht im Sendungsteil.

56. Siehe zum biblischen Hintergrund D. George, Der Armen zu gedenken. Die Geschichte der Kollekte des Paulus für Jerusalem, Neukirchen-Vluyn 1993.

Fürbittengebet

Im Kontext des Gottesdienstes

Die *Fürbitten* schließen oft direkt an die Abkündigungen an – und sollten genauso aktuell sein, wie es auch den Abkündigungen möglich ist. Als Abschluß des Verkündigungsteils und Nahtstelle zur Abendmahlsliturgie ist das Fürbittengebet ein »irdisches« Gebet für die Menschen. Der Lobpreis Gottes und der »Aufschwung der Herzen in die himmlischen Gefilde« sind der Abendmahlsliturgie vorbehalten.
Die Fürbitten bringen wir in der Gewißheit vor Gott, daß wir mit allen Wünschen, Bitten und Fürbitten zum Tisch Jesu Christi kommen dürfen. Oder sie sind schon vom Wohin der Sendung geprägt, wenn kein Abendmahl gefeiert wird; dann führen sie uns weiter zur Sendung in den Alltag.

Zur Erinnerung

Ursprünglich war dieses *Allgemeine Kirchengebet*, das nicht nur für mich, sondern *allgemein* für alle bittet, durch beide eben genannten Dimensionen geprägt: diejenigen (die Katechumenen), die nicht am Abendmahl teilnahmen, wurden an dieser Stelle entlassen, die »Eingeweihten« bereiteten sich auf die Abendmahlsfeier vor. Drei Schwerpunkte kennzeichneten jahrhundertelang das Gebet: Fürbitte für die Kirche, für die Reiche dieser Erde und für die Notstände und Notleidenden in der Welt.[57]

Unterschiedliche Formen »stabilisierten« sich:

- Die *Prosphonese* (= Anrede), bei der der Liturg bzw. die Liturgin ein Fürbittengebet allein spricht,
- die *Ektenie* (= »ausgebreitet« – ob damit die stärker entfaltete Form gemeint ist oder die Hände, die sich ausgebreitet zum Himmel emporheben, ist nicht klar), bei der die Gemeinde auf die Bitten des Liturgen bzw. der Liturgin (ursprüngl.: des Diakons!) mit »Herr, erbarme dich« o.ä. antwortet,
- das *Diakonische Gebet*, »d.h. der Liturg und der Diakon (bzw. Lektor) teilen sich das Gebet so, daß der am Lesepult stehende Diakon die (Gebets-)Anliegen vorbringt und der Liturg am Altar (meist kollektenartige) Gebete dazu spricht (statt des »Herr, erbarme dich« der Gemeinde, die aber jeden Gebetsteil mit »Amen«

57. Siehe Chr. Grethlein, Abriß der Liturgik, a.a.O., S. 131ff.

abschließt), oder umgekehrt der Liturg am Altar die Anliegen nennt, die vom Diakon am Lesepult mit Gebeten aufgenommen werden.«[58] Den Schluß des Diakonischen Gebets bildet ein »kollektenartiger Lobpreis des Liturgen am Altar.«[59]

Das Fürbittengebet ist eigentlich ein Gebet der Gemeinde – und es war schon immer ein Herzstück des Gottesdienstes: *»Alle stehen auf und beten für ›unsere Mitglieder‹«*, heißt es bei Justin (→ S. 100).

Die Fürbitten gestalten

Wenn das Fürbittengebet ein Gebet der Gemeinde ist, sollten verschiedene Personen aus der Gemeinde stellvertretend für alle dieses Gebet sprechen, während die Gemeinde mit einem Wort oder Kehrvers auf die einzelnen Bitten antwortet. Wenn die Fürbitten etwa von einem alten Menschen, einem Kind, einer Jugendlichen, einem Mitglied des Kirchenvorstands und vom Pastor bzw. der Pastorin nach Verständigung über die Schwerpunkte möglichst eigenständig formuliert gesprochen werden, dann werden sie wirklich zum Gebet der Gemeinde. Daß dabei nicht immer nur eine theologische Ausrichtung zur Geltung kommt, tut dem Ganzen nur gut.

Fürbitten aus der Gemeinde sind eine in kurzer Zeit realisierbare Möglichkeit – sogar spontan und frei (»Ich zünde eine Kerze an für ...«), die – erstmal erreicht – bei »pfarrerzentrierten« Gottesdiensten sehr vermißt werden wird. Dabei ist ein gemeinsam oder durch den Pastor bzw. die Pastorin gesprochener Abschluß sinnvoll. Bei den Abkündigungen kann z.B. gefragt werden, wer am nächsten Sonntag bei den Fürbitten mitmachen möchte. In einem Treffen (eine Viertelstunde vor dem Gottesdienst) werden dann die Fürbitten untereinander abgestimmt. Damit so etwas erst einmal in Gang kommt, können am Anfang einige gezielt angesprochen werden.

Für das Fürbittengebet in »traditioneller Form« (Pastor bzw. Pastorin bereitet es vor) gibt es viele Gestaltungshilfen – u.a. im Textteil der Erneuerten Agende und in den bei den Gestaltungsvorschlägen zum Kollektengebet angeführten Büchern *und* in dem »Ökumenischen Fürbittkalender«, der die »Allgemeinheit« des Kirchengebets unterstreicht und über das Jahr hin die Länder unserer Erde und ihre Menschen in den Blick nimmt. Ein

58. Ebd., S. 132.
59. Chr. Mahrenholz, Kompendium der Liturgik, a.a.O., S. 78.

Abschnitt daraus an jedem Sonntag wäre für ein Jahr einmal zu überlegen.[60]
Wichtig ist, sich auch bei den Fürbitten klarzumachen, daß es sich bei den Hilfen um *Vorlagen* handelt, die das eigene Beten nicht abnehmen. Ein freies Gebet mit ein oder zwei Versprechern ist viel glaubwürdiger als ein lieblos abgelesener Text nach dem Motto: »Gut, daß ich die Predigt hinter mir habe – den Rest kriege ich jetzt auch noch hin …«.
Der folgende exemplarische Baustein ist ein Beispiel dafür, wie aus einer Vorlage[61] ein eigenständiges persönliches Gebet formuliert werden kann:

Ein exemplarischer Baustein

Gott,
Du bist in unsere Welt gekommen in einem Menschen wie wir.
So kommen wir, Gott, zu Dir,
wie Kinder zu Vater und Mutter kommen.
Wir kommen mit unserer Freude und allem, was uns bedrückt.
Wir kommen zu Dir mit den Menschen,
mit denen Du uns verbunden hast.
Wir denken an sie – und bitten Dich:

Sei bei allen Vätern und Müttern,
die Mühe mit ihren Kindern haben
und denen die Arbeit über den Kopf wächst.

Sei bei den Kindern und Jugendlichen,
die mit ihrer Welt nicht zurechtkommen.
Gib ihnen Menschen an die Seite,
die sie verstehen und sie liebevoll begleiten.

Sei bei den Erwachsenen,
die traurig sind über eine Enttäuschung,
über einen Abschied, über ein Versagen.
Gib ihnen Geduld
und laß ihnen die Hoffnung nicht ausgehen.

60. H.G. Link (Hg.), Mit Gottes Volk auf Erden, Ökumenischer Fürbittkalender, Neue, vollst. überarb. Fassung, Frankfurt 1989 (Engl. Originalausgabe: Ökumenischer Rat der Kirchen, With all God's people, The New Ecumenical Prayer Cycle, Genf 1989).
61. Chr. Zippert, Gottesdienstbuch, a.a.O., S. 33 (Erster Sonntag nach Epiphanias).

Sei bei denen, die keinen Lebensmut mehr haben
und die sich einsam und unverstanden fühlen.
Gib Du ihnen Wärme und Geborgenheit,
wenn wir es nicht können.

Gott,
in der Stille sagen wir Dir,
was uns auf der Seele liegt,
was uns beschäftigt:

Stille

Gott,
Du willst uns trösten wie eine Mutter,
für uns sorgen wie ein Vater.
Dir vertrauen wir uns an
durch Jesus, unseren Bruder.

Und wie er beten wir nun auch zu Dir:
Vater unser im Himmel …

Silvia Mustert

Die *stille Zeit* ist eine wichtige Form, allen das Mitbeten zu ermöglichen. Deshalb kann der Schlußteil des Fürbittengebets regelmäßig in der Stille miteinander verbracht werden, ehe mit dem *Vater unser* das Gebet gemeinsam abgeschlossen wird (falls kein Abendmahl gefeiert wird).
Die Stille sollte nicht zu kurz, vielleicht eine Minute lang sein. Im Falle einer folgenden Abendmahlsfeier bietet sich nach der stillen Zeit ein von allen gesprochener »sammelnder« Abschluß an (→ Ökumenische Liturgie).

Aus der Ökumenischen Liturgie

Fortsetzung von S. 109

Apostolisches Glaubensbekenntnis – von allen gesprochen:

Ich glaube an Gott, den Vater,
den Allmächtigen, den Schöpfer des Himmels und der Erde,

und an Jesus Christus, seinen eingeborenen Sohn, unsern Herrn,
empfangen durch den Heiligen Geist,
geboren von der Jungfrau Maria,
gelitten unter Pontius Pilatus, gekreuzigt, gestorben und begraben,
hinabgestiegen in das Reich des Todes,
am dritten Tage auferstanden von den Toten,
aufgefahren in den Himmel;
er sitzt zur Rechten Gottes, des allmächtigen Vaters;
von dort wird er kommen, zu richten die Lebenden und die Toten.

Ich glaube an den Heiligen Geist,
die heilige christliche Kirche, Gemeinschaft der Heiligen,
Vergebung der Sünden,
Auferstehung der Toten und das ewige Leben.

Foto: Baltruweit

Ich zahle für sie,
die andere halbtot geschlagen haben.
... und zieht zwei Silbergrochen heraus
und sagt:
»Wenn Du mehr brauchst, dann sag es mir.«

Kollektenankündigung und -sammlung
(Lieder)

Fürbitten einzelner Mitwirkender in verschiedenen Sprachen (*spontan*)
Kehrvers:

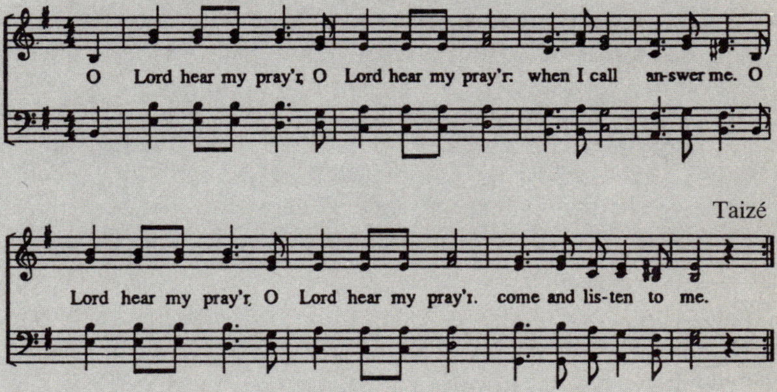

Taizé

Liturg/in: Laßt uns gemeinsam sprechen:
Alle: *Geist Gottes, wandle uns –*
gib uns die Gaben, die wir brauchen,
um im Geist und in der Wahrheit
Deine Kirche zu sein. Amen.

Mit der in der *Ökumenischen Liturgie* gemeinsam gesprochenen »Schlußkollekte« (Sammlung, Konzentration der einzelnen ganz unterschiedlichen Bitten) wird durch die Bitte »Wandle uns« der Übergang zur Feier des Abendmahls vorbereitet.

Falls kein Abendmahl gefeiert wird und das Fürbittengebet die »Schaltstelle« zum Sendungsteil ist, wird das *Vaterunser* am besten ohne Überleitung angeschlossen.

Ein Blick in die Erneuerte Agende

In der Erneuerten Agende gibt es Gestaltungsvorschläge für das Fürbittengebet *nach* der Abendmahlsfeier:

> Das in den Sendungsteil gestellte Fürbittengebet kann Gebetsanliegen aus der Gemeinde aufnehmen, wenn es der Gemeinde ermöglicht wurde, während der Kommunion auf bereitgestellte Zettel Fürbittwünsche aufzuschreiben. Die in einem Korb eingelegten Zettel werden gesammelt und während eines Abendmahlsliedes geordnet, damit sie im Fürbittgebet zur Sprache kommen. Die Gabensammlung kann mit dieser »Fürbittsammlung« verbunden werden.[62]

Aus der liturgischen Werkstatt

1. Inklusiv formulieren

Wir müssen auch bei »dichten Sprachformen« wie den Gebetsteilen auf inklusive Formulierungen achten (→ S. 37f.). Katharina Knohl-Hoberg und Gisela Richter-Junghölter[63] machen darauf aufmerksam (und wählen dazu das Beispiel des Fürbittengebets), wie sich Sprache verändern sollte:

• Herr, unser Gott …	→ Gott, du Quelle des Lebens …
• Laßt uns zu Brüdern werden, die einander dienen.	→ Laßt uns zu Menschen werden, die füreinander da sind.

62. Erneuerte Agende, S. 122.
63. K. Knohl-Hoberg u. G. Richter-Junghölter, Sprache als Spiegel kirchlicher Strukturen, in: Aufhören und Anfangen, hg. von E.R. Schmidt und H.G. Berg, Gelnhausen 1983, S. 133ff. – hier: S. 148 (fast alle Beispiele stammen aus diesem Beitrag).

• Laßt uns beten … für die führenden Männer aller Kirchen und Religionen.	→ Laßt uns beten zu Gott für alle Frauen und Männer, die in Kirche und Religion leitend tätig sind.
• im Geist brüderlicher Liebe.	→ im Geist geschwisterlicher Liebe.
• Gib, daß wir wieder lernen, wie wir zu deinen Nachfolgern werden.	→ Gib, daß wir wieder lernen, wie wir Dir nachfolgen können.

2. Sorgfältig formulieren

Peter Bukowski macht in »Predigt wahrnehmen« auf das Phänomen des Scheiterns am »Tertium comparationis« aufmerksam.[64] Er führt das Beispiel ein: *Wir bitten »für Alleinerziehende, Behinderte, Drogenabhängige und Gastarbeiter«.* Er schreibt: »Die hier genannten Personengruppen sind jede in ihrer Weise von der Gesellschaft benachteiligt und/oder leiden an ihr. Aber so wird die Reihe nicht gehört. Was gehört wird, sind Nachbarschaften (ich ergänze: die nicht zusammen»passen«), – und da mag sich mancher der Genannten beleidigt fühlen … Man sollte sich hüten, durch unachtsame Zusammenstellungen Menschen zu verärgern.«[65]

- Wie formuliere ich »sach- und personengerecht«?
- Wie formuliere ich die Fürbitten möglichst konkret (bestimmte Menschen stehen mir vor Augen, für die ich bete) – und decke damit gleichzeitig die »Breite« ab, die ein »Allgemeines« Kirchengebet intendiert?

3. Ein mögliches Fürbittenmodell

- Anrede
- konkrete Fürbitte 1
- konkrete Fürbitte 2
- konkrete Fürbitte 3
- …

64. P. Bukowski, Predigt wahrnehmen, a.a.O., S. 80.
65. Ebd.

- Zusammenfassung von verschiedenen Bitten,
  die in einem »Allgemeinen Kirchengebet« nicht vergessen werden
  dürfen: *»Wir denken an die Traurigen,*
  die Kranken,
  die, die sterben …«
- Stille (eingeführt)
- Schlußkollekte
  (vom Liturgen bzw. der Liturgin oder allen gesprochen)
  oder: Vater unser

4. Fürbitten in besonderen Gottesdiensten

Anstelle der Weite des *Allgemeinen Kirchengebet* kann es gerade in Gottesdiensten zu einem Thema mit aktuellen Zuspitzungen sinnvoll sein, auch das Fürbittengebet entsprechend zugespitzt zu formulieren.
Das folgende Gebet haben eine sog. behinderte Jugendliche (A), eine sog. nicht-behinderte Jugendliche (B), eine Kirchenvorsteherin/Presbyterin (C) zusammen mit Günter Ruddat (Ein- und Ausleitung) formuliert:

Vater, zeige uns jeden Tag neu,
was es heißt, einander in Deinem Namen anzunehmen:

A: Ich bitte Dich für uns, die sie »behindert« nennen,
laß uns unsere sogenannte Behinderung
als Teil von uns selbst annehmen –
ohne Bitterkeit,
laß uns vielmehr entdecken, was alles in uns steckt.
Ich bitte Dich für alle,
die sich als »nicht-behindert« erleben,
laß nicht zu,
daß sie mich danach beurteilen, was in ihren Augen zählt,
sondern nach dem, was ich bin – ein Mensch wie sie.
Ich bitte Dich für die Gemeinschaft der Christen
auf der ganzen Welt,
laß sie ein uneingeschränktes Zuhause sein für alle Menschen,
wo jeder selbstverständlich und ganz natürlich dazugehört,
wo mir Mut gemacht wird zur Selbständigkeit
und zum Selbstbewußtsein,
wo ich lachen und weinen kann.

B: Ich bitte Dich für uns,
für die, die sich als »nicht-behindert« erleben,
laß uns unsere eigene »Behinderung« entdecken –
ohne Vorbehalte,
laß uns Ja sagen zu allem, was zu uns gehört.
Ich bitte Dich für alle, die wir »behindern«,
laß uns ihnen nicht begegnen
in der Haltung einer verdrehten Dankbarkeit,
daß wir nicht so sind wie sie.
Ich bitte Dich für die Gemeinschaft der Christen
auf der ganzen Welt,
laß sie für »Behinderte« und »Nicht-Behinderte« ein Raum sein,
wo wir ehrlich mit-leiden und einander begleiten können
und nicht mitleidig zu betreuen brauchen,
wo wir offen miteinander leben können
und nicht aneinander vorbei,
wo unsere Worte Wirklichkeit werden.

C: Wir bitten Dich gemeinsam für die Welt, in der wir leben:
Laß uns Schulen erfinden,
wo wir alle voneinander lernen können,
laß uns Arbeitsplätze gestalten,
wo wir nach unseren Möglichkeiten arbeiten können,
laß uns Häuser und Städte bauen,
wo wir miteinander wohnen und leben können.
Alles, was uns das Herz schwer macht
und was uns freut,
schließen wir ein in das Gebet,
das Jesus Christus allen Menschen geschenkt hat:
Vater unser im Himmel …

C. Miteinander *ein* Leib werden (Abendmahl)

Im Kontext des Gottesdienstes

Die Abendmahlsfeier ist *das* Symbol des Gottesdienstes. Sie gehört eigentlich zu jeder Gottesdienstfeier. In ihr kommt all das zusammen und geschieht, wovon bisher geredet bzw. was im Laufe des Gottesdienstes bis jetzt erfahren wurde: Gemeinschaft, Vergebung, Gegenwart Gottes, Erinnerung, Verheißung, Wegzehrung. So ist die Feier des Abendmahls (auch *Eucharistie* = Mahl der Danksagung) die Konzentration und Verdichtung dessen, was im Gottesdienst geschieht. Besonders die römisch-katholische Kirche betont, daß durch die Abendmahlsfeier Gemeindebildung geschieht: In der Feier werden wir miteinander verbunden, zusammengeschlossen und erfahren uns als Leib Christi.

Zur Erinnerung

Ein paar Schlaglichter aus der Geschichte erinnern daran, daß ein für das Verhältnis zwischen Mensch und Gott, Gott und Mensch grundlegender »Urtypus« von Geschichte auf- und mitlebt, wenn wir Abendmahl feiern:

- Das, was auf und um den Altar einer christlichen Kirche geschieht, trägt archaische, also »uralte« und »urmenschliche« Züge.
  Die Abendmahlsfeier hat eine *heilige Dimension*: In der ausgegrabenen Stadt Megiddo am Rande der Jezreel-Ebene in Israel ist ein großer Rundaltar zu sehen. Er ist ca. 4700 Jahre alt. Er war Zentrum einer kanaanäischen Gottesdienststätte. Auf ihm wurden Opfergaben vor Gott gebracht, um ihn herum wurden sie miteinander verzehrt. Wir müssen uns klarmachen und auch kritisch damit umgehen: Unsere Abendmahlsfeier hat jahrtausendealte Vorläufer.
- In der Abendmahlsfeier geschieht *Vergebung*, die *Befreiung* in eine neue Lebenswirklichkeit: Das Passahmahl wurzelt in der *Befreiungsgeschichte* aus der Sklaverei in Ägypten (2 Mose 12). Ob Jesu letztes Mahl mit den Jüngern ein Passahmahl war, ist umstritten, aber gut vorstellbar – die Worte *»Das ist mein Leib (...)«* sind als integraler Bestand-

teil, als Interpretation einzelner »Elemente« des Passahmahles verstehbar und »wachsen« quasi aus ihm heraus. Die ersten christlichen Gemeinden sehen mit ziemlicher Sicherheit ihre Abendmahlsfeiern in dieser Tradition. Jesu *»Ich gebe mich für Euch«*, diese kaum begreifbare Stellvertretung, dieses »Geheimnis« ist in der *Feier* des Abendmahls wahrscheinlich adäquater zu begreifen als in der Predigt.

- Die Abendmahlsfeier ist ein *Fest*, in dem wir etwas von der *Welt Gottes schmecken* und etwas von seiner Wirklichkeit erleben. Zu diesem Fest sind *alle eingeladen*. Alle werden *satt*. Alle bilden eine *Gemeinschaft*: *Zusammen essen* war zur Zeit Jesu (so wie heute) ein bedeutendes Symbol für eine »nahe« Gemeinschaft. Wenn er mit »Zöllnern und Sündern« zusammen aß und feierte, zeigte er, wie Gott sich das Zusammensein, die Gemeinschaft ohne Grenzen vorstellt (Mk 2,16). Wenn Jesus mit Menschen zusammen aß, wurden alle satt (Mk 6,30ff.) und erlebten ein Wunder. Wer mit Jesus zusammen aß, schmeckte etwas von der Welt Gottes. Und etwas davon erfahren wir auch in der Abendmahlsfeier.
- Abendmahl feiern bedeutet nicht nur Teilhabe am *Tod* Christi, sondern auch an seiner *Auferstehung*: Die Jünger erkennen in der Emmausgeschichte den Auferstandenen daran, wie er das Brot bricht (Lk 24,30f.).
- Der christliche Gemeindegottesdienst hat seinen Ursprung in der Abendmahlsfeier (Apg 2,42). So ist von Anfang an eine der Abendmahls-Bedeutung angemessene *Liturgie* wichtig gewesen. Der knapp fünf Jahre nach Jesu Tod bekehrte Paulus kennt bereits »Ansätze einer festen liturgischen Ordnung« des Abendmahls (vgl. 1 Kor 16,20–24):
  - »Mit dem Heiligen Kuß bestätigen die Gemeindeglieder ihren Willen zur Gemeinschaft und zur Versöhnung (vgl. Didache 14,2; Mt 5,23f.).
  - Die Ausschlußformel: ›Wenn einer den Herrn nicht lieb hat, der sei ἀνάθεμα!‹ (lies: anathema = unwürdig), hält Ungetaufte und Unbußfertige fern.
  - Der Gebetsruf μαραναθά (lies: maranatha = Komm! – vgl. Offb 22,20) bittet um das endzeitliche Kommen Jesu.
  - Der Gnadenwunsch ›Die Gnade des Herrn Jesus sei mit Euch‹ unterstellt ihm als dem Kommenden das Mahl.«[1]
- Abendmahlsfeier und *»Agape«*-Feier (= Liebe[smahl]) gehören ursprünglich zusammen: Paulus kennt die Abendmahlsfeier im Zusammenhang mit dem gemeinsamen Abendessen (1 Kor 11). Wenn Jesus den Kelch »nach dem Abendmahl« nimmt, zeigt das, daß in der Urchristenheit die Abendmahlsfeier das Abendessen umrahmte (vgl. auch Apg 2,42).

1. J. Roloff, Neues Testament, Neukirchen-Vluyn 1977, S. 220.

- In der Kirchengeschichte wird bis in die Gegenwart immer wieder versucht, dem »Geheimnis« des Abendmahlsgeschehens auf die Spur zu kommen. Hauptsächlich geht es um die Fragen »Was ist das?« und »Wer darf das?«:
  - Martin Luther sieht im »Sakrament des Altars« den »wahre(n) Leib und (und das wahre) Blut unsers Herrn Jesu Christi, unter dem Brot und Wein uns Christen zu essen und zu trinken von Christus selbst eingesetzt«[2]. Die *Einsetzungsworte* sind deshalb neben den *Elementen* (Brot und Kelch) unverzichtbarer Bestandteil des Abendmahls.
  - In der Arnoldshainer Abendmahlserklärung von 1957, die die theologische Grundlage für die Abendmahlsgemeinschaft zwischen Reformierten und Lutheranern bildet, heißt es: »Er, der gekreuzigte und auferstandene Herr, läßt sich in seinem … Leib und seinem … Blut durch sein verheißenes Wort mit Brot und Wein von uns nehmen …«[3] Diese Formulierung führte nach mehr als vierhundert Jahren zusammen, was 1529 im Marburger Religionsgespräch zwischen Luther und Zwingli den Zusammenschluß aller Evangelischen verhindert hatte.
  - Die in Lima 1982 beschlossene Konvergenzerklärung des Ökumenischen Rates der Kirchen, das sogenannte »Lima-Papier«, spricht davon, daß die Eucharistie »als Gabe von Christus empfangen (wird), der in seiner Kirche lebt. Der Heilige Geist macht im eucharistischen Mahl den gekreuzigten und auferstandenen Christus für uns wahrhaftig gegenwärtig, indem er die Verheißung der Einsetzungsworte erfüllt.«[4]
  - Der Theologe Ernst Käsemann betont, daß am Tisch Jesu immer Leute sitzen, die es nicht verdienen – und daß es »unbestreitbar jene Theologen und Kirchenleitungen (gibt), welchen noch in einer zerrissenen Welt die konfessionelle Scheidung wichtiger ist als die Bruderschaft des Gekreuzigten.«[5] Die Abendmahlsfeier aber ist »ökumenisch oder nicht mehr Herrenmahl, sondern Sektenfeier, weil der Gekreuzigte alle an seinen Tisch ruft, für die er starb.«[6]

2. M. Luther, Kleiner Katechismus, Das Fünfte Hauptstück, Zum Ersten.
3. In: V. Vajta, Kirche und Abendmahl, Hamburg 1963, S. 66.
4. Taufe, Eucharistie und Amt, Konvergenzerklärungen der Kommission für Glauben und Kirchenverfassung des Ökumenischen Rates der Kirchen, Frankfurt 1982 (Deutsche Übersetzung), S. 27,22.
5. E. Käsemann, Gäste des Gekreuzigten, in: G. Kugler (Hg.), Forum Abendmahl, Gütersloh 1979, S. 49 bzw. 54.
6. Ebd., S. 57.

- Welche Konsequenzen haben diese Gesichtspunkte für unsere Abendmahlspraxis?
- Welche »Ausrichtung« soll die Abendmahlsfeier in unserer Gemeinde haben?[7]
- Wie gehen wir mit Kindern beim Abendmahl um? (→ Denkzettel »Abendmahl mit Kindern«, S. 164f.)
- Wie kann ich den »einladenden« Charakter des Abendmahls (also das *Was* im *Wie*) vermitteln?

7. Siehe dazu auch: G. Kugler, Feierabendmahl, Zwischenbilanz, Gestaltungsvorschläge, Modelle, Gütersloh 1981.

Denk-
zettel

Abendmahl mit Kindern

Zu Besuch in einem Abendmahlsgottesdienst einer anderen Landeskirche reihen sich unsere vier Kinder selbstverständlich in die Runde um den Altar ein. Der Pfarrer stutzt, hält bei der Austeilung inne und schaut sich hilfesuchend um. Er ist sichtbar erleichtert, als ich in seine Verunsicherung hinein sage: »Wir kommen aus dem Rheinland, dort sind es die Kinder gewohnt, am Abendmahl teilzunehmen.« Er murmelt etwas wie »Bei uns ist das aber nicht so!« und setzt die Austeilung fort. Er ist schon längst an uns vorbei, als die Kinder ihr Gesicht verziehen, weil sie wie gewohnt mit Traubensaft gerechnet, aber Wein bekommen hatten ...

Das Erlebnis liegt schon ein paar Jahre zurück. Inzwischen hat sich in vielen Landeskirchen und Gemeinden die Praxis durchgesetzt, daß Kinder selbstverständlich an der Abendmahlsfeier teilnehmen und nicht mehr abgewiesen oder schlicht übergangen werden.
In der Hannoverschen Landeskirche heißt es z.B. »offiziell«, daß Kinder am Abendmahl teilnehmen dürfen, »die das Abendmahl von einem normalen Essen (Sättigungsmahl) unterscheiden können und denen die Zeichen des Sakraments, Brot und Wein, als Geschenk der Gegenwart Christi verstehbar werden« (Kirchl. Amtsblatt 1/1980). Nach diesen und ähnlichen Beschlüssen ist es ruhiger geworden um die Diskussion, die mit den Familiengottesdiensten seit 1970 und dem Feierabendmahl auf dem Kirchentag 1979 in Bewegung geraten ist.

Das Abendmahl mit Kindern zu feiern, ist eine bereichernde elementare Erfahrung, nicht nur weil Kinder den Erwachsenen vor-machen und zeigen, wie gut das gerade geteilte türkische Fladenbrot schmeckt und wie lekker der Traubensaft ist, so daß die Zunge gar nicht anders kann, als noch einmal über die Lippen zu gehen, sondern auch, weil Kinder den Erwachsenen vor-machen und helfen, wie Berührungsängste etwa beim Friedensgruß zu überwinden sind, daß es einfach schön ist, einander die Hände zu reichen, einander anzusehen und anzulächeln ... Mit Kindern verändert sich die Atmosphäre des Abendmahls, gerade weil Kinder nicht geistesabwesend, sondern mit großen Augen geistes-gegenwärtig alles aufnehmen, was da geschieht, wenn so unterschiedliche Menschen miteinander »*ein* Leib« werden.
So ist es nur logisch, wenn Kinder an möglichst vielen Stellen einbezogen werden: vom Tischdecken für das Abendmahl (Hereinbringen von Brot

und Wein) bis hin zum Friedenszeichen, das auch einmal als »wandernder Segen« von einem Kind ausgehen kann (→ S. 210).

Nicht nur für Gemeinden, für die solche Praxis noch unbekannt oder noch neu ist, sondern auch für alle anderen ist als regelmäßige »Überprüfung« der eigenen Praxis folgender Lernprozeß zu empfehlen:

- Bei einem Kindergarten-, Kindergottesdienst- oder Kindergruppen-Elternabend wird mit den Mitarbeiterinnen und Mitarbeitern, vielleicht auch unter Beteiligung der Grundschule, das Thema »Abendmahl mit Kindern« erörtert.
- Auf einer Familienfreizeit wird elementar über Brot und Wein nachgedacht und miteinander eine auch Kindern zugängliche Abendmahlsfeier erlebt.
- Im Kindergottesdienst wird eine entsprechende Reihe vorbereitet, die in einem Familiengottesdienst endet, bei dem zum ersten Mal (oder wieder einmal) für die ganze Gemeinde »sichtbar und deutlich« Kinder in der Mitte der Gemeinde das Abendmahl feiern.
- Eine anschließende Gemeindeversammlung berät das Presbyterium/den Kirchenvorstand bei seiner Fortführung des Prozesses.

Abendmahl mit Kindern ist ein Baustein auf dem Weg zu einer kinderfreundlichen Gemeinde.

Literatur

U. Becker, Kinder – Partner der christlichen Gemeinde, in: E. Dieterich/K. Stolzmann (Hg.), Wachsen wie ein Baum, Neues vom Arbeitsfeld Kinderkirche, Stuttgart 1982, S. 116–125.

Abendmahl mit Kindern, in: J. Koerver / R. Köster / G. Ruddat / H.J. Schneider (Hg.), Kindergottesdienst-Helferhandbuch, Stuttgart, 4. überarb. Aufl. 1989, S. 458–466.

Mit Kindern und Erwachsenen Gottesdienst feiern. Materialheft 69, Beratungsstelle für Gestaltung, Frankfurt/Main 1993.

Ev. Kirche im Rheinland, Landeskirchenamt (Hg.): Gemeinde ... Oase für Kinder, Von den Chancen der Arbeit mit Kindern in der Gemeinde, Eine Arbeitshilfe, Düsseldorf 1993.

Die einzelnen Elemente der Abendmahlsliturgie

Vorbereitung

Wie die Blumen auf dem Altar, die Kerzen, die Prozessionen und den Segen brachten die franko-germanischen Stämme auch das *Offertorium* (= Darbringung), die Vorbereitung des Abendmahls, das »Tischdecken« in die römische Messe ein.
Bei uns wird der Abendmahlstisch meist nebenbei (beim Lied vor dem Abendmahl) vorbereitet. Dabei kann das »Tischdecken« als etwas im Gottesdienst zu Sehendes (und nicht Langweiliges!) die Gemeinde auf das kommende Geschehen einstimmen und konzentrieren. Das Tischdecken kann z.B. auch Aufgabe von Kindern sein.

Ein Blick in die Erneuerte Agende

Einige der Vorschläge, die in der Erneuerten Agende gemacht werden, bieten sich besonders an Festtagen wie Erntedank, Ostern … an:

> Anstelle des Gabenopfers in Form einer Geldsammlung kann der Dank für Gottes Schöpfungsgaben, zu denen Brot und Wein gehören, in sichtbarer Weise zum Ausdruck kommen, indem Naturalgaben aus den Gärten und Feldern, aber auch Liebesgabenpäckchen für Bedürftige nach vorn gebracht und auf Tischen niedergelegt werden. Aus den herbeigebrachten Lebensmitteln werden Brot in Schalen und Wein in Krügen oder Kannen für das Abendmahl auf den Altar gestellt. Während der Darbringung singt die Gemeinde Tisch- und Danklieder.[8]

Das *Gabengebet* macht uns die Herkunft der »Elemente« (Brot und Wein/Saft) als Schöpfungsgaben und ihre »verwandelte« Bedeutung für die Feier bewußt, auch ihre Bedeutung für uns als Gemeinde. Das Gabengebet kann Auftakt zu einer »alternativen« Abendmahlsliturgie sein – mit den Schritten:

8. Erneuerte Agende, S. 120.

Gabenengebet
|
Einsetzungsworte
|
Vaterunser
|
Austeilung
|
Dank

Aus der Ökumenischen Liturgie

Weil Brot und Wein bereits am Anfang des Wortteils zum Altar gebracht wurden (→ S. 95 bzw. S. 104), wird nach dem Fürbittengebet ein Lied gesungen, das die Verbindung zur Abendmahlsliturgie inhaltlich herstellt:

Lied:

2. Nehmet einander an. Seid das Salz und seid das Licht.
   Gebt und nehmt. Fremde sind wir nicht.
   Fremde sind wir nicht in Gottes Stadt.

3. Nehmet einander an. Teilt das Hab und teilt das Gut.
   Gebt und nehmt. Fremde sind wir nicht.
   Fremde sind wir nicht in Gottes Land.

4. Nehmet einander an. Lebt den Traum, gebt euch die Hand.
   Gebt und nehmt. Fremde sind wir nicht.
   Fremde sind wir nicht in Gottes Welt.

Text: Hans-Jürgen Netz; Musik: Fritz Baltruweit
Aus: Fritz Baltruweit – Meine Lieder
Rechte im tvd-Verlag, Düsseldorf

Foto: epd-Bild/Langrock *Foto: Baltruweit*

Sie kehren ein
in ein Gasthaus.

Gabengebet

Liturg/in: Gott,
wir sind Dir dankbar.
Du schenkst uns Brot.
Es kommt aus Deinem Grund.
Du läßt es zum Brot des Lebens werden.

Alle: *Gott, wir danken Dir.*

Liturg/in: Gott,
Du schenkst uns Wein.
Die Trauben sind Gaben Deiner Schöpfung.
Du läßt uns im Wein
Deine neue Welt schmecken.
Alle: Gott, wir danken Dir.

Liturg/in: Wie Brot und Wein Zeichen Deiner Liebe sind,
so laß auch uns Zeichen Deiner Liebe sein,
Menschen sehen und an ihnen nicht vorbeigehen,
ihre Wunden verbinden und heilen
und einladen in das Gasthaus des Lebens.
Alle: Amen.

Präfationsgebet/Sanctus

Das *Präfationsgebet*[9] (= Vorspruch → Dankgebet) bringt das konkrete Anliegen des Gottesdienstes in die Abendmahlsliturgie ein[10] und erinnert an die Heilstaten Gottes.

Es wird eingeleitet durch die *Salutatio* (= Gruß: Der Herr sei mit euch …). – »Hinter diesem schon bei Cyprian begegnenden Responsorium (= Wechselgesang) dürfte wohl Klgl 3,41 ›Laßt uns unser Herz samt den Händen aufheben zu Gott im Himmel‹ stehen. Bedenkt man, daß der Priester bei dem ἄνω (lies: ano = oben – *»Erhebt eure Herzen«*) die Hände ausgebreitet nach oben erhob, wird die eigentliche religiöse Bedeutung ersichtlich: in symbolischer Kommunikation werden die Versammelten – Herz bedeutet biblisch die ganze Person – aufgefordert, sich selbst vor Gott zu bringen.«[11]

Im Präfationsgebet und spätestens im *Sanctus* (= heilig) machen sich die Glaubenden auf den Weg der »Himmelreise«. Ich-Grenzen werden aufgesprengt. In zeitlicher und räumlicher Entgrenzung vereinen sich Gottheit und Menschheit, die irdische Gemeinde und der himmlische Hofstaat.[12]
Im Sanctus wird das von Jesaja im Tempel geschaute »Heilig, heilig, heilig« (Jes 6,3) mit Jesus Christus verbunden (Mt 21,9) »Gelobt sei, der da kommt im Namen des Herrn«.

9. Siehe Erneuerte Agende, S. 38f. Auch für das Präfationsgebet gibt es Gestaltungshilfen (→ S. 95, Anm. 56), siehe z.B. das Heft »Abendmahl und Beichte« in der Reihe »Neue Texte für den Gottesdienst Nr. 7«, Hannover 1980/neu 1993.
10. Vgl. Chr. Mahrenholz, Kompendium der Liturgik, a.a.O., S. 111.
11. Chr. Grethlein, Abriß der Liturgik, a.a.O., S. 134.
12. Vgl. M. Josuttis, Der Weg in das Leben, a.a.O., S. 273f.

Offene Fragen

- Was mit der Präfation und dem Sanctus zur Sprache kommt, klingt ziemlich abgehoben und weit weg. So faszinierend die ursprüngliche Intention und die aus ihr heraus sprechenden Erfahrungen dieser Schritte der Abendmahlsliturgie auch sind – es besteht die Gefahr, »daß die Mahlfeier als etwas eo ipso (= in sich) Unverständliches hingenommen wird und das von Luther so vehement betonte Verkündigungsanliegen auch und gerade hier zurücktritt«.[13]
- Ist das Verständnis eines solchen »Abhebens« im Sinne einer »Himmelreise« (d.h. in eine andere Welt bzw. nicht mehr von dieser Welt) nicht auch problematisch? Die politische Dimension dieses liturgischen Schrittes geht in einer solchen Deutung verloren, die das »Abheben« ja auch braucht, aber im Sinne von »einen Überblick bzw. eine neue Sicht gewinnen für das, was in der Welt geschieht – und dadurch dann (nach dem Abendmahl) erneuert und gestärkt auf das zugehen und verändern, was in der Welt geschieht.
  Walter Hollenweger betont gerade diese (politische) Dimension, die auch Konsequenzen für die Abendmahlsfeier selbst hat: »Ich versuche, den Konflikt in die Wirklichkeit des Festes hineinzubringen. Der Streit wird am Tisch des Herrn und im Angesicht des Herrn organisiert.«[14] Als biblisches Vorbild für diese Art, Abendmahl zu feiern, führt er die Gemeinde von Korinth an: »Diese Gemeinschaft in Konflikten beschreibt Paulus im theologischen Mythos des Leibes Christi ... Ich erwarte, daß in der Feier des Mahles Anhänger von TZI und Evangelikale, Männer und Frauen, Katholiken und Protestanten, Denkmenschen und Fühlmenschen, Weiße und Schwarze einander zugestehen: Unser Wissen, Fühlen und Handeln ist Stückwerk.«[15]
- Wie ist eine liturgisch *angemessene* (= den Sinn erfassende) und verständliche Form des *Vorspruch-Dialoges* zu Beginn der Präfation zu erreichen? Die Worte gehen auf die Formulierungen in der obengenannten von Paulus vorgefundenen liturgischen Form zurück (→ S. 161).

Anregung

Bei der *Präfation/Sanctus* und dann immer wieder in der Abendmahlsliturgie – stellt sich die Frage: Wie setze ich die einzelnen liturgischen Texte voneinander ab? Was ist Gebet, was Zusage? Wie setze ich das so um, daß die Gemeinde den Weg mitgehen kann? – Dabei gilt für die Abendmahlsliturgie (incl. Austeilung!) wie für alle anderen liturgischen Schritte: Ich habe Zeit – alles hat seine Zeit. Erst das eine fertigmachen, dann zur Gemeinde umdrehen, dann das nächste beginnen ...! Die einzelnen Teile

13. Chr. Grethlein, Abriß der Liturgik, a.a.O., S. 146.
14. W. Hollenweger, Not ist gegenwärtig, in: G. Kugler (Hg.), Forum Abendmahl, a.a.O., S. 62.
15. Ebd., S. 63/64.

(incl. Übergänge) werden in der Liturgie nicht kommentiert, sondern kreiert – und dieses bewußt zu tun, ist für das »Gelingen« der Feier der Abendmahlsliturgie in ihrer dichten Form besonders wichtig.[16]

Aus der Ökumenischen Liturgie

Präfation:

Liturg/in:	Der Herr sei mit Euch
Alle:	*und mit Deinem Geist.*
Liturg/in:	Erhebt Eure Herzen.
Alle:	*Wir erheben sie zum Herrn.*
Liturg/in:	Laßt uns danksagen dem Herrn, unserm Gott.
Alle:	*Das ist würdig und recht.*
Liturg/in:	Gott, wir danken Dir, daß wir Deine Kinder sein dürfen, ob abhängig oder frei, ob Mann oder Frau – alle sind wir eins in Christus. In Brot und Wein verbinden sich Erinnerung und Hoffnung zu einem Netzwerk des Lebens, das seinen Grund in Deiner Vergebung hat und seine Zukunft in Deiner Liebe. Wir danken Dir dafür. Amen.

16. Einige dieser Anregungen (vgl. auch S. 50) stammen aus einem Seminar von Thomas Kabel, Hamburg, der den Begriff *Liturgische Präsenz* prägte. Als Schauspieler leitet er Theologinnen und Theologen dazu an, die liturgischen Schritte bewußt zu »inszenieren« und damit archetypische Bilder, die es in der Liturgie gibt, im »Kunstwerk« Gottesdienst wieder zu erwecken. Ein Handbuch »Liturgische Präsenz« von Kabel wird voraussichtlich 1996 erscheinen.

Sanctus:

Teil 1 und Teil 2 können gleichzeitig gesungen werden.

Text und Musik: Per Harling (Schweden); Textübertragung: Fritz Baltruweit
Aus: Fritz Baltruweit – Meine Lieder / CD, MC Freiräume

Einsetzungsworte

Die *Einsetzungsworte* gehörten von Anfang an konstitutiv zur Feier des Abendmahls. Sie wurden von Luther als Wortverkündigung verstanden und stammen weitgehend aus 1. Kor 11,23–25.[17]
Das Kreuzeszeichen, das bei den Worten »Das ist mein Leib« bzw. »… in meinem Blut« geschlagen wird, gibt es in der katholischen Kirche an dieser Stelle nicht (und auch nicht in allen protestantischen Kirchen!). Diese Geste ist das Zeichen dafür, daß wir nicht allein Brot und Wein bzw. Saft zu uns nehmen, sondern *mit* Brot und Wein Jesus Christus empfangen, daß er sich uns schenkt (→ Arnoldshainer Thesen, S. 162).
In der Erneuerten Agende ist vorgesehen, daß als Schluß der Einsetzungsworte der in der römisch-katholischen Liturgie als »Geheimnis des Glaubens« bekannte und schon in der alten Kirche übliche Lobpreis der Gemeinde »Deinen Tod, o Herr, verkünden wir, und deine Auferstehung preisen wir, bis du kommst in Herrlichkeit« gemeinsam gesprochen oder gesungen wird. Es nimmt den alten Ruf »*μαραναθά*« (= lies: maranatha = komm!) inhaltlich auf (→ S. 161).

Anregungen

- Während der Einsetzungsworte kann das Brot gebrochen werden (… nahm er das Brot, dankte *und brachs*). Am Brotbrechen erkennen die Jünger in der Emmausgeschichte ihren Herrn – es unterstreicht das »Gebrochensein für andere«. Diese Geste ist im Blick auf die Ökumene eine symbolische Darstellung des aufeinander angewiesenen Leibes Christi: »You break to share – and when you share, you are one again.« – ›Ihr brecht (das Brot), um zu teilen. Und wenn Ihr teilt, seid Ihr wieder eins‹.

17. Die parallelen Textstellen in Mt 26,26–28, Mk 17,22–24 und Lk 22,19–20 haben jeweils einen unterschiedlichen Wortlaut. – Mit dem Sprechen der Einsetzungsworte wird die *Konsekration* verbunden, die »›Segnung‹ von Brot und Wein (lateinisch: consecrare; deutsch: Mit-Hineinnehmen in Gottes Geheimnis). Das Mahl des Herrn soll ja *nicht* als ›eine gewöhnliche Mahlzeit mit Brot und Wein gehalten werden. Brot und Wein sollen aus der Bestimmung, der sie sonst bei gewöhnlichen Mahlzeiten dienen, herausgenommen und für diesen *besonderen* Dienst der Vergegenwärtigung von Leib und Blut Christi bestimmt werden.‹« O. Dietz, Unser Gottesdienst, München, 3. Aufl. 1989, S. 156, der seinerseits P. Brunner, Grundlegung des Abendmahlsgesprächs, Kassel 1954, S. 65, zitiert.

- Manchmal sagen symbolische Gesten mehr als Worte. Aber auch der Hinweis, daß das *eine* Brot unter allen geteilt wird und alle durch das Essen der Brot-Stücke zusammen eins werden, kann dazu beitragen, daß dieses Geschehen bewußt wird.
- Eine weitere Möglichkeit: das Brot und den Kelch durch »Hochhalten« während der Einsetzungsworte (... nahm er das Brot bzw. den Kelch ...) sichtbar vor Augen zu stellen (Elevation = Emporheben).
- Die Einsetzungsworte sollten auswendig gelernt und »by heart« gesprochen werden!
- Wie wende ich mich den »Elementen« zu? In welcher »Ordnung« stehen Brot, Wein ... auf dem Altar? Das muß gestaltet und nicht nur »irgendwie erledigt« werden.

Aus der Ökumenischen Liturgie

Liturg/in:	Unser Herr Jesus Christus ...
Alle:	*Deinen Tod, o Herr, verkünden wir,* *und Deine Auferstehung preisen wir –* *bis Du zu uns kommst in Herrlichkeit. Amen.*
Liturg/in:	Du Gott des Lebens, sende auf diese Eucharistie Deinen Leben spendenden Geist, daß Brot und Wein für uns Leib und Blut Christi werden. Komm, Heiliger Geist.

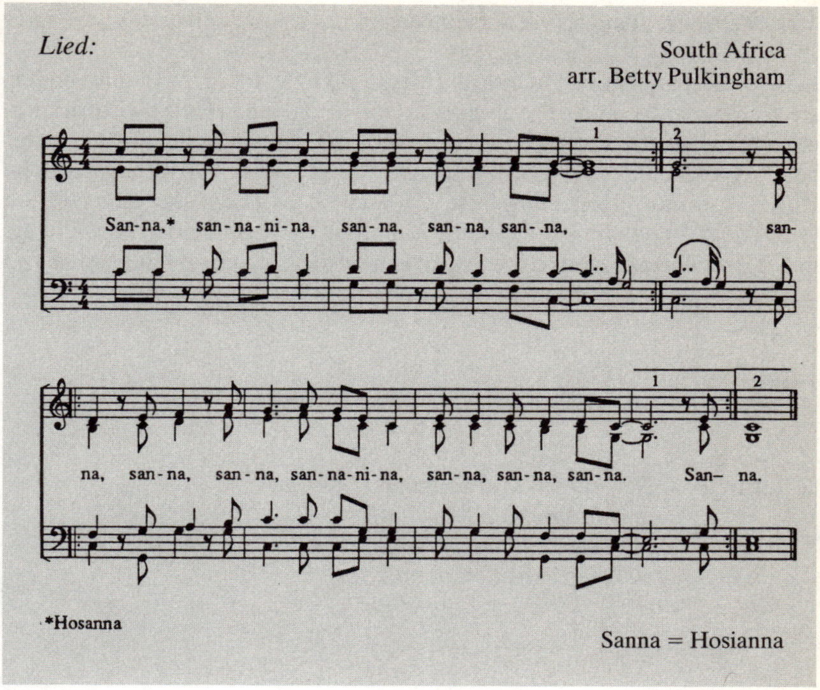

Die Ökumenische Liturgie nimmt nach den Einsetzungsworten und dem Lobpreis zwei Schritte auf, die als eigenständige Teile in unserer Liturgie nicht selbstverständlich sind: Die *Epiklese* (= »Herabrufung« des Geistes), die in der Erneuerten Agende »in Klammern« vorgesehen ist[18], nimmt den aus der ostkirchlichen (orthodoxen) Liturgie kommenden und in die Lima-Liturgie hineingekommenen Gedanken auf, daß der Heilige Geist Christus für uns wirklich gegenwärtig macht.
Das *Hosianna* (»Hilf doch« → S. 71), der »Huldigungsruf des Volkes Israel (Ps 118,25f.) zur Begrüßung des messianischen Königs«[19] bildet zusammen mit dem *Benedictus* (»Gelobt sei, der da kommt im Namen des Herrn. Hosianna in der Höhe!« Mt 21,9) in der Agende 1 (= Erneuerte Agende) den zweiten Teil des Sanctus.

18. Erneuerte Agende, S. 40 bzw. 72.
19. F. Kalb, Grundriß der Liturgik, a.a.O., S. 340.

Vaterunser (Gebet des Herrn)

Das von Jesus gelehrte *Vaterunser* (Mt 6,9–13 bzw. Lk 11,2–4), einst das erste Gebet, das Neugetaufte zusammen mit ihren neuen Geschwistern sprachen[20], bringt die innere Vorbereitung der Gemeinde auf das bevorstehende Geschehen zu ihrem Abschluß.[21] Das Gebet trägt eucharistische Züge (Brotbitte, Vergebungsbitte ...), und hat als *Tischgebet* seinen festen Ort in der Abendmahlsliturgie. Das Vaterunser *folgt* in beiden Formen, die in der Erneuerten Agende vorgeschlagen werden, den Einsetzungsworten.

Aus der Ökumenischen Liturgie

Liturg/in: Wir sprechen miteinander das Gebet,
das Jesus uns gelehrt hat.
Wir sprechen es als Tischgebet –
und reichen einander die Hand.

Alle: *Vaterunser im Himmel ...*

Friedenszeichen – Friedensgruß

Der *Friedensgruß* (Wir geben einander ein Zeichen des Friedens) hat es schwer in der Liturgie. Das hier notwendige Aufeinander-Zugehen macht nicht nur in unserer Zeit Mühe. Das gilt für alle Aktionen, die »nahe«-gehen, anrühren oder berühren.

Aus dem Kuß, den der Bischof einst den Konfirmanden bei der Konfirmation gab, wurde ein Wangenstreicheln und schließlich der Schlag zum Ritter Christi. Der Bruderkuß (Röm 16,16; 1. Kor 16,20; 2. Kor 13,12; 1. Thess 5,26; 1. Petr 5,14) verschwand – und das Friedenszeichen meist auch. Dabei ist der Friedensgruß ein starkes persönliches Zeichen der Verbundenheit miteinander im Namen Jesu.

20. Chr. Grethlein, Abriß der Liturgik, a.a.O., S. 136.
21. M. Josuttis, Der Weg in das Leben, a.a.O., S. 285.

- Die Position des Friedensgrußes in der Liturgie ergibt sich auf Grund unterschiedlicher theologischer Akzentsetzungen: Vor der Abendmahlsfeier kann er als Vorbereitung verstanden werden (»Bevor du zum Tisch des Herrn gehst, versöhne dich mit …« – vgl. Mt 5,24), *nach* der Feier als Konsequenz des »geschmeckten Friedens«, der uns miteinander versöhnt; und da wird etwas von der Befreiung spürbar, die die Feier des Abendmahls bewirken kann. Wieder »zusammengebunden« werden kann der Friedensgruß durch Lieder wie »Gib mir deine Hand« und dann durch den Segen.

Ein Blick in die Erneuerte Agende

In der Erneuerten Agende wird vorgeschlagen:

> Die Friedensbezeugung kann besonders ausgestaltet werden, indem der vom Liturgen/der Liturgin zugerufene Friede an die Helfer/Helferinnen durch sie an die Abendmahlsgäste mit einer leiblichen Geste (Handreichung, liturgische Umarmung) weitergeben wird. Diese Friedensbezeugung kann auch als Zuwendung zum/zur jeweiligen Sitznachbarn/Sitznachbarin in der Gemeinde gleichzeitig geschehen.[22]

Die Erneuerte Agende liefert in der »Art« ihrer Anweisungen ein Beispiel dafür, daß beim Friedensgruß noch viele Erfahrungen zu sammeln sind, um befriedigendere Vorschläge machen zu können:

- Wir müssen für den Friedensgruß »sprachfähig« werden. Was sagen wir? Was würden wir im Alltag sagen? »Friede sei mit Dir«? Oder: »Alles Gute«? »Schalom?« Welcher Zuspruch legt sich nahe?
- Welche Geste legt sich nahe? Unterscheiden wir nach Personen, die wir weniger und die wir mehr kennen oder mögen, wenn wir den Frieden (Christi) miteinander teilen?
- Wie schaffen wir es, daß nicht nur die »Eingeweihten« miteinander kommunizieren und andere »draußen« bleiben? Wie kann gelingen, daß sich niemand ausgeschlossen fühlt?

22. Erneuerte Agende, S. 120.

Zwei exemplarische Bausteine

Geht denen entgegen, die Ihr lieb habt.
Geht denen entgegen, die Euch fremd sind.
Geht denen entgegen, die Ihr lieber überseht.
Und gebt Euch ein Zeichen des Friedens:
Ein Lächeln,
ein gutes Wort,
eine Gebärde,
eine Umarmung,
einen Kuß.
Tut es von Herzen und freiwillig,
so daß man die Güte spürt
und achtet die Scheu!

Oder: Der Friede Gottes,
der all unser Denken übersteigt,
der wird unser Leben bewahren
in der Liebe Christi.
Wir wollen uns untereinander
den Friedensgruß zusprechen:
Gebt Euch die Hand,
nehmt Euch in den Arm – wie Ihr mögt –
und sagt zueinander
»Friede sei mit Dir!« oder
»Schalom für Dich!« oder
einen anderen Wunsch.
Nehmt wahr, die Ihr nicht kennt,
die Euch fremd sind.
Geht ihnen freundlich entgegen;
achtet auch die Scheu![23]

23. Beratungsstelle für Gestaltung, Feiert Abendmahl, Materialheft 49/50, Frankfurt/M. 1987, S. 155 und 186.

Aus der Ökumenischen Liturgie

(nach der Austeilung)

Liturg/in: Wir haben den Frieden Gottes geschmeckt,
haben erfahren,
wie Jesus uns verbindet.
So gebt auch Euch untereinander
ein Zeichen des Friedens.

Lied:

Text: Uwe Seidel; Melodie: Fritz Baltruweit
Aus: Fritz Baltruweit – Meine Lieder / LP, MC Gib mir deine Hand
Rechte im tvd-Verlag, Düsseldorf

Als Alternative zum Friedensgruß oder als dessen »Mini- und Mindestform« empfehlen wir, nach der Austeilung im Kreis vor dem Altar (oder um den Tisch oder in den Reihen) einander die Hand zu reichen. Diese Handlung kann mit den Worten eingeleitet werden: »Als Gäste am Tisch Gottes reicht/reichen wir einander die Hand.« – Dann spricht der Liturg bzw. die Liturgin das Schlußwort für die Runde (»Das stärke und bewahre Euch im Glauben zum Leben in Gottes Welt / zum ewigen Leben.« – → auch S. 192).

Agnus Dei

Das Agnus Dei (= Lamm Gottes) – ein ganz altes Stück der Liturgie – wird seit dem 7. Jahrhundert zu Beginn der Austeilung gesungen. »Der Teil des Brotes, das hier gebrochen wurde, hatte bei den Griechen den Namen ›Lamm‹«.[24] Das in Joh 1,29 aufgenommene und auf Jesus bezogene Bild aus Jes 53,7 gehört zu den für viele sehr fremden Stücken des Gottesdienstes. Sicher verband man zur Zeit Jesu und auch noch kurz danach das Bild vom unschuldigen Lamm, das dem Schutz eines Mutterschafes und Hirten zugewiesen ist, mit den Opferlämmern des Passahfestes (→ S. 160f.). Und in jedem Jahr am Versöhnungstag (3 Mose 16) wurde ein Sündenbock in die Wüste geschickt, der alle Sünden des Volkes auf sich nahm. Auf diesem Hintergrund wird die frühe christliche Vorstellung verständlich, die von

24. Chr. Grethlein, Abriß der Liturgik, a.a.O., S. 138.

dem *einen* Sühneopfer für *alle* Zeiten spricht. Wie ein Lamm trägt der unschuldige Jesus die Schuld und nimmt für alle den Weg auf sich. Danach soll kein Mensch mehr Opfer werden – und auch kein Tier.[25]

Offene Frage

Wir haben uns klarzumachen, was wir mit dem Gesang des Agnus Dei beabsichtigen bzw. bewirken. Die Verwendung des Opferbegriffs ist problematisch.
Das Agnus Dei kann z.B. – so sagen Frauen – auf verhängnisvolle Weise mit ihrer eigenen Lebensgeschichte in Verbindung gebracht werden, wenn sie in der Geschichte des Lammes ihre eigene Geschichte sehen: ›Wir müssen Lamm sein, um von den Männern und Gott geliebt zu werden.‹ Diese Vorstellung ist für viele gegenwärtiger, als wir uns eingestehen – und hat Geschichte: »Billiger als zum Preis des Leidens und des Kreuzes ist Liebe und letztes Glück nicht zu haben ... Ich zitiere aus einem Büchlein, das Frauen für die Ehe vorbereiten und formen soll, herausgekommen Anfang dieses Jahrhunderts mit dem Titel ›Die Hausfrau nach Gottes Herzen‹: ›Vielleicht ist gerade die Leistung des hier besprochenen Gehorsams (bezieht sich auf den sexuellen ›Gebrauch der Ehe‹) auch für dich, christliche Gattin, wie für viele deinesgleichen ein Opfer und ein Kreuz, am End' das schwerste im ganzen Eheleben. Wohlan! Harre treu und mutig aus in diesem Opferleben, und wahrlich, dein Ehestand wird zum Wandel verklärt, der Gott zur Ehre und deiner Seele zur Läuterung und zum Heile gereicht. Und sollte, nach Gottes Ratschluß, deiner treuen Gattenliebe und der willigen Leistung des gegenseitigen Gehorsams sogar dein lieblich Leben zum Opfer fallen, o dann stirbst du ja, wie die Martyrin, in Erfüllung deiner Pflicht ...‹.«[26]
Das klingt heute überzogen; aber es klingt etwas davon nach, wenn in jeder dritten Ehe Gewalttätigkeiten vorkommen bzw. fast jede dritte Frau von ihrem Ehemann mißhandelt wird[27] – all das mehr oder weniger gesellschaftlich geduldet.
Auch ohne solche lebensgeschichtliche Hintergründe löst das Singen des Agnus Dei eine demütige Haltung aus. Was auch bei anderen Teilen der Liturgie eine Rolle spielen kann, kommt im Gesang des Agnus Dei wie in einem Brennglas konzentriert zum Ausdruck; gerade da können verhängnisvoll erlebte Beziehungen im Gottesbild ihre Entsprechung finden – und so vermitteln diese historischen und theologischen Wurzeln, die bis heute wirksam sind und immer noch so erfahren werden, genau das Gegenteil von der ursprünglichen Botschaft (*Mit dem Opfer Jesu wird das Ende der Opfer verkündet – und: Jemand trägt unser Leid mit*). Lebensgeschichten von miß-

25. Vgl. dazu J. Zink, Kostbare Erde, Stuttgart 1981, S. 103ff.
26. Vgl. R. Strobel, Dahingegeben für unsere Schuld, Feministisch-theologische Bemerkungen zum Kreuz-Schuld-Sühne-Modell in der christlichen Tradition, in: E. Valtink (Hg.), Das Kreuz mit dem Kreuz, Hofgeismarer Protokolle 273, Hofgeismar 1990, S. 29–51, hier S. 48.
27. Bundesministerium für Jugend, Familie, Frauen und Gesundheit, 1987 – nach: U. Hofmann, Gewalt gegen Frauen als ein Thema bei Trauerfeiern, in: Beratungsstelle für Gestaltung, Materialheft 67, Trauerfeier – Beerdigung, Frankfurt/M. 1993, S. 295.

brauchten Mädchen »veranschaulichen« besonders, wie das Opfer Jesu mit dem eigenen Opfer-Sein identifiziert werden kann.
Wenn wir wahrnehmen, was ein so »tiefer« liturgischer Gesang für eine Bedeutung gewinnen kann, müssen wir die theologische Bedeutung des liturgischen Stückes neu ausdrücken. Dafür bietet die »inklusive Sprache« eine große Hilfe.
In der Erneuerten Agende heißt es übrigens: »Das Agnus kann durch andere Musik … ersetzt werden.!«[28] – Also: Zwischenzeitlicher Wegfall darf auch im Sinne der Erneuerten Agende überlegt werden.

Ein Text zum Weiter-Denken

Christe, Du Lamm Gottes,
der Du trägst die Sünd der Welt,
erbarm Dich unser.

Gott,
Du liebst die Gerechtigkeit –
wir kommen zu Dir mit unseren Fragen:
Wer leidet unter dem, was wir tun und lassen?
Wer trägt unsere Schuld?

(Stille)

Unschuldige stehen für uns ein,
doch Opfer sollen nicht mehr sein
nach Golgatha.

Wir bitten Dich:
Christe, Du Lamm Gottes,
der Du trägst die Sünd der Welt,
erbarm Dich unser.

Gott,
Du leidest mit uns –
wir kommen zu Dir mit unseren Fragen:
Warum müssen wir leiden,
uns quälen lassen von Brüdern und Schwestern?
Wo hilfst Du uns in der Tiefe der Verlassenheit?

(Stille)

28. Erneuerte Agende, S. 40.

Gott, Du bist den Opfern nah.
Deine Sympathie (= Mit-Leiden)
gibt ihnen Würde und Rückgrat.

Wir bitten Dich:
Christe, Du Lamm Gottes,
der Du trägst die Sünd der Welt,
gib uns Deinen Frieden.

Gott,
Du stiftest Frieden –
Du gibst uns Deine Antwort:
Liebe
sieht jedes Kind,
jede Frau,
jeden Mann.
Liebe macht verletzlich und stark.
Liebe bricht Teufelskreise auf:
Opfer *und* Täter sollen nicht mehr sein
nach Golgatha.

Wir bitten Dich, Gott:
Komm zu uns
mit Brot und Wein
und schenk uns Deinen Frieden,
daß Liebe in uns und unter uns einen Leib bekommt.
Amen.

Cornelia Dassler / Fritz Baltruweit

Einladung

Die *Austeilung* wird eröffnet durch ein einladendes Wort, das uns geläufig ist:
»*Kommt, denn es ist alles bereit.* (vgl. Mt 22,4)
Schmeckt und seht, wie freundlich der Herr ist.« (Ps 34,9)
Das »Kommt« weist auf die *Form* der Austeilung hin, auf das Nach-Vorn-Kommen zum Altar. Dieses Zum-Altar-*Kommen* betont den Bekenntnischarakter der Abendmahlsfeier. Der Betonung, den Leib Christi am Altar zu empfangen, entspricht die freundliche Zugewandtheit (Blickkontakt) des Liturgen bzw. der Liturgin gegenüber jedem und jeder Einzelnen – die Austeilung an jede und jeden ist *einmaliges Geschehen*!

Eine den Gemeinschaftscharakter betonende Form der Abendmahlsfeier enthält auch »Regieanweisungen«.
Wenn Brot und Wein bzw. Saft durch die Reihen gegeben werden, legt sich z.B. der Hinweis nahe: Niemand soll sich »genötigt« fühlen, das Abendmahl zu empfangen. Als Teil der Abendmahlsgemeinschaft sind aber alle eingeladen, Brot und Wein bzw. Saft mit einem guten Wort weiterzureichen.

Aus der Ökumenischen Liturgie

Liturg/in: Wir teilen miteinander Brot und Wein
und sprechen uns die Worte zu:
»Christi Leib für Dich gegeben –
Christi Blut für Dich vergossen«,
»Nimm und iß vom Brot des Lebens –
Nimm und trink vom Kelch des Heils«,
»Für Dich«
oder ein anderes gutes Wort.
Wir teilen Brot und Wein miteinander
als Gäste im Gasthaus Gottes.

Austeilung

Ein Blick in die Erneuerte Agende

In der Erneuerten Agende wird deutlich, daß durch die *Form* der Austeilung verschiedene Aspekte und theologische Einstellungen des Abendmahls zur Geltung gebracht werden und Gestalt gewinnen:

Zur Kommunion am Altar (Abendmahlstisch) verlassen die Kommunikanten und Kommunikantinnen ihren Platz und begeben sich nach vorn. Durch den Gang zum Altar bekennen sie sich öffentlich zu dem im Abendmahl gegenwärtigen Herrn.

Der Abendmahlsempfang im Knien sowie die Gesten der Ehrerbietung beim Empfang von Brot und Wein sind Zeichen der Demut und Ehrfurcht angesichts des im Sakrament gegenwärtigen Herrn (Vergebungs»dimension«!).
Die im Abendmahl gestiftete und immer wieder neu bestärkte Gemeinschaft unter den Abendmahlsgästen wird dadurch betont, daß der Empfang in Gruppen erfolgt, die vor dem Altar einen Halbkreis bilden. Dabei können Brot und Wein in der Gruppe weitergereicht werden.
Treten die Gruppen so (nahe) an den Altar, daß sie ihn wie eine Tischrunde umgeben, so kommt die Tischgemeinschaft besonders zum Ausdruck, zu der Christus als der Gastgeber seine Tischgäste untereinander verbindet. Bei dieser Form der Austeilung steht der/die Austeilende hinter dem Altar, der entsprechend gestaltet und hergerichtet sein muß. Brot und Wein werden durch die Tischrunde weitergereicht.
Wenn es die räumlichen Verhältnisse gestatten, kann die Gemeinde zum Abendmahl aus den Bänken aufstehen und sich in einem geordneten Zug in einen besonderen Raum (Chorraum, Seitenbau der Kirche) begeben, wo sie an den zur Abendmahlsfeier vorbereiteten Tischen Platz nimmt. Der Mahlcharakter kommt beim Tisch-Abendmahl besonders zur Geltung. Der Schlußteil des Gottesdienstes kann dann wieder als Auszug (mit Station zum Schlußsegen vor dem Altar) gestaltet werden.
Die Erinnerung an die messianischen Speisungsgeschichten des Neuen Testaments (→ S. 161) wird wachgerufen, wenn Brot und Wein vom Altar her durch eine größere Zahl von Helfern/Helferinnen zu der auf den Plätzen verbleibenden Gemeinde herzugebracht werden. Auch zu behinderten und gebrechlichen Abendmahlsgästen werden Brot und Wein zum Empfang gebracht.[29]

Besonders bei der Entscheidung für den letzten Vorschlag müssen Helferinnen und Helfer vorbereitet werden. Die beste Vorbereitung (neben konkreten liturgischen Anweisungen auch im Blick auf die Aufteilung im Gottesdienstraum) ist wohl ein Gespräch über die Bedeutungsdimensionen des Abendmahls. Dazu kann auch eine im Rahmen des Vorbereitungskreises von allen gemeinsam vorbereitete Feier sehr hilfreich sein (→ S. 192f.).

29. Erneuerte Agende, S. 115.

Aus der Ökumenischen Liturgie

Foto: epd-Bild/Niemz

Die Jugendlichen und Erwachsenen des *Ökumenisch-Liturgischen Arbeitskreises* (→ S. 45) empfangen um den Altar herum zuerst das Abendmahl, ehe sie Brot und Saft in die Reihen austeilen.

Anregungen

- Wenn der Altarbereich genug Platz bietet, kann ein ganz großer Kreis mit allen gebildet werden, der bei einer verkürzten Abendmahlsliturgie (Gebet – Einsetzungsworte – Vater unser – Austeilung – Dank) zusammensteht und bis zum Schluß (Sendung – Friedensgruß – Segen) zusammenbleibt. Dabei ist darauf zu achten, daß alle die Möglichkeit haben, im Kreis einen Platz zu finden. Die erste (Bank-)Reihe kann z.B. einbezogen werden, damit auch die am Abendmahl teilnehmen können, die Schwierigkeiten haben zu stehen (Menschen im Rollstuhl, alte Menschen ...).

- Im Rahmen einer besonderen Abendmahlsfeier kann – wie im 1 Kor 11 vorausgesetzt – ein richtiges Abendessen stattfinden, das von der Austeilung von Brot und Wein eingerahmt wird. Die beiden Teile der Einsetzungsworte werden dann vor bzw. nach dem Essen gesprochen (jeweils von dem entsprechenden Teil des Gabengebetes eingeleitet).

  Möglicher Ablauf einer solchen Liturgie:
  - Einleitung
  - Gabengebet, Teil 1 (→ S. 168f.)
  - Einsetzungsworte, Teil 1 (Brotwort)
  - Vater unser als Tischgebet
  - Austeilungswort und Austeilung
  - »Danket, danket dem Herrn« oder ähnlicher Kanon
  - gemeinsames Essen
  - Lied
  - Gabengebet, Teil 2 (entsprechend eingeleitet)
  - Einsetzungsworte, Teil 2 (Kelchwort)
  - Liturgischer Gesang (z.B. »Sanna« → S. 175)
  - Austeilungswort und Austeilung
  - Dankgebet

- Die Frage ist zu klären, ob Oblaten (= das Dargebrachte) oder Brot (→ S. 191), Rotwein oder Traubensaft verwendet werden sollen. Besonders das Anliegen z.B. von Alkoholkranken ist bei entsprechenden Entscheidungen zu berücksichtigen.
- Die Frage der Hygiene, die Menschen davon abhalten kann, am Abendmahl teilzunehmen, muß mindestens bedacht werden. Der Symbolik des *einen* Kelches ist kaum etwas Gleichwertiges entgegenzusetzen. Am einfachsten erscheint das Angebot, alternativ zum »Trinken aus dem Kelch« die Oblate bzw. das Brot in den Kelch einzutauchen (*Intinctio* = Eintauchung – das ist eine alte Möglichkeit der Abendmahlspraxis). Diese Möglichkeit ist auch leicht umsetzbar: Die Austeilenden sehen, wer die Oblate bzw. das Brot bei der Kelchrunde noch in der Hand hat. Damit erübrigt sich das Verwenden von Einzelkelchen.
- Die Frage des Umgangs mit Brot und Wein bzw. Saft »danach« ist auch mit Rücksichtnahme auf die katholischen Geschwister (die ja oft auch zu unseren Gottesdiensten kommen) zu überlegen. In oder nach Sondergottesdiensten ist es möglich, Brot und Wein bzw. Saft miteinander zu verzehren. Auch im Rahmen der Sonntagsgottesdienste sollten wir gewissenhaft mit den »Elementen« umgehen – und gewinnen vielleicht dadurch auch eine neue Einstellung zu ihnen.
- Wird bei der Austeilung Musik gemacht oder herrscht Stille? Singt die Gemeinde oder erklingt Chormusik? Wichtig ist, eine Sensibilität für eine Praxis zu entwickeln, in der die Musik dem Geschehen der Austeilung zugeordnet ist und dienende Funktion hat.

- Wenn beim Abendmahl das Brot und die Kelche durch die Reihen gegeben werden, stellt sich die Frage der »Portionierung«. Für ca. 100 Abendmahlsgäste sind zwei geviertelte Fladenbrote und acht Kelche auf jeden Fall ausreichend. Tonkelche und -kannen können beim Deutschen Ev. Kirchentag in Fulda und bei der Frankfurter Beratungsstelle für Gestaltung von Gottesdiensten bestellt werden (→ S. 267).

Dank

Ein *Dankgebet* beschließt die Feier des Abendmahls. In ihm steht der Dank für das Geschehene im Mittelpunkt, und es wird um die »(Aus)Wirkung der Stärkung« gebeten – oft in der Form eines »Kollektengebets«. Es kann auch ein Dankpsalm gesungen werden, z.B. »Danket, danket dem Herrn ...« (Ps 107,1).

Aus der Ökumenischen Liturgie

Liturg/in: Gott,
wir danken Dir für Brot und Wein,
für die Gemeinschaft an Deinem Tisch
im Gedenken an Jesus,
den wir brauchen wie das tägliche Brot.
Wir danken Dir für Deine Gastfreundschaft.
Und da wir Gäste sein durften
in Deinem Gasthaus
und etwas von Deiner Welt geschmeckt haben,
laß uns gestärkt leben
als lebendige Zeichen Deiner Liebe,
die Geschwisterlichkeit stiftet
unter uns
und allem, was lebt. Amen.

Die Abendmahlsfeier gestalten

Im Wissen um die Bedeutung der einzelnen liturgischen Teile ist nun in einem Gottesdienstvorbereitungskreis zu überlegen:

- Was ist uns wichtig? Was ist in unserer Gemeinde wichtig?
- Wollen wir zusammen eine Abendmahlsliturgie entwickeln, vielleicht zunächst für Sondergottesdienste?

Die in der Liturgischen Werkstatt vorgeschlagene Form kann ein Auslöser dafür sein, mit der Gemeinde zusammen einen Weg zu suchen und zu finden (→ S. 192ff.).

Ein exemplarisches Modell

Die Matthäus-Gemeinde in Leverkusen hat in einem vierjährigen Prozeß zusammen mit Günter Ruddat ein – immer wieder überarbeitetes – Formular für die sonntägliche Abendmahlsfeier entwickelt:

Lied zum Abendmahl (z.B. das »Lied vom großen Fest« → S. 194f.)

Einladung an alle (Mt 11,28)

Liturg/in: Jesus Christus lädt alle Menschen ein:
Kommt her zu mir alle,
die ihr mühselig und beladen seid.
Ich will Euch erquicken.

- Lied »Du hast uns, Herr, gerufen« (Mein Liederbuch B 16 bzw. EG 168) auch im Wechsel (Liturg/in/Gemeinde)
- *Einladung zur Stille:*
- Liturg/in: Laßt uns jetzt vor Gott
und in dieser Gemeinde ganz still werden ...
(Einleitung zum jeweils in die Situation hineinformulierten *Sündenbekenntnis* mit *Stille* und anschließendem *Zuspruch*) (→ S. 83)
- Gloria-Lied (dazu Aufdecken von Brot und Wein)

Vergewisserung

Liturg/in: Jesus Christus lädt uns ein.
Niemand ist ausgeschlossen.
Jesus Christus zeigt uns mit seinem Leben:
Er schaut nicht auf unsere Schuld;
er vergibt uns unsere Schuld.
Jesus Christus geht gerade zu den Menschen,
die verloren, verachtet, verlassen sind.
Er tritt an ihre Seite,
er hilft ihnen auf,
er setzt sich mit ihnen an einen Tisch.
So wollen auch wir jetzt den Weg Jesu gehen,
in seinem Namen miteinander essen und trinken,
in seinem Namen miteinander
einen neuen Anfang machen.
So laßt uns auch die einbeziehen,
die jetzt nicht hier sind,
für die aber Vergebung und Versöhnung
ebenso lebens-notwendig sind
wie für uns.

Darum laßt uns jetzt beten:
Jesus Christus,
laß uns Deine Nähe spüren,
wenn wir in Deinem Namen
Brot und Wein miteinander teilen.
Sende uns Deinen Heiligen Geist,
daß er uns hilft,
einander so anzunehmen,
wie Du uns angenommen hast,
zum Lobe Gottes.
Das Brot verbinde uns untereinander
mit Deiner Liebe und Deinem Leben,
der Wein stärke uns untereinander
mit Deinem Leiden und Deinem Sterben.
Komm, Herr Jesus, in Brot und Wein
und mache uns zu neuen Menschen. Amen.

Einsetzungsworte
- Beim Brotwort wird Fladenbrot sichtbar gebrochen,
- beim Kelchwort der Kelch sichtbar hochgehoben
  (und jeweils in Richtung Gemeinde gesprochen).

Vaterunser

Einladung zum Tisch des Herrn
Liturg/in: Kommt, denn es ist alles bereit.
Schmeckt und seht, wie freundlich der Herr ist.

Die Gemeinde tritt in Gruppen zum Tisch des Herrn;
wenn der Kreis um den Altar geschlossen ist:

Brotwort am Altar
Liturg/in: Jesus Christus spricht:
Ich bin das Brot des Lebens.
Wer von diesem Brot ißt, der wird leben.
(vgl. Joh 6,48ff.)

Austeilung des Brotes mit Zuspruch an jede/n Einzelne/n:
Das Brot des Lebens für Dich.
(oder ein anderes Spendewort → S. 184)

Weinwort am Altar
Liturg/in: Jesus Christus spricht:
Ich bin der Weinstock,
Ihr seid die Reben.
Wer in mir bleibt
und ich in ihm,
der bringt viel Frucht –
denn ohne mich könnt Ihr nichts tun. (Joh 15,5)

Weiterreichen des Kelches in der Runde (zwei Kelche von beiden Seiten) mit (fakultativem) Zuspruch an den Nachbarn/die Nachbarin: (→ eventuell mit der Einleitung: »Wenn wir den Kelch weiterreichen, können wir einander zusprechen: …«)
Der Kelch des Friedens für Dich.

Friedenszeichen
Liturg/in: Reicht einander die Hände
zum Zeichen des Friedens unter uns.
(Kurze Stille)

Sendung
Liturg/in: Geht in die Welt,
geht zurück in Euern Alltag
und erinnert Euch:
(Biblische Ermutigungen
in Anlehnung an den Predigttext)
Geht im Frieden des Herrn!

Lied: Das sollt ihr, Jesu Jünger, nie vergessen
(EKG 159 → EG 221 in inklusiver Sprache!)

Aus der liturgischen Werkstatt

Das hier vorgestellte *Modell der Gottesdienstvorbereitung* will für die einzelnen liturgischen Schritte sensibilisieren und dazu herausfordern, in der Gruppe Entscheidungen zu treffen:

- Wie soll der entsprechende liturgische Schritt aussehen?
- In welcher Form erreichen wir das, was wir wollen?
- Was müssen wir für die Umsetzung bedenken?

Das Modell braucht ca. 3 Stunden Vorbereitungszeit in vier Gruppen und eine anleitende Person. Es beginnt mit der Aufgaben-Beschreibung und der Aufteilung in die Gruppen:

Gruppe 1
wählt den *Raum* aus, in dem der Gottesdienst gefeiert werden soll und gestaltet ihn.

- Feiern wir, wo wir gearbeitet haben oder an einem anderen Ort?
- Gestalten wir einen Kreis um ein Kreuz oder um ein anderes Symbol herum?

Die Raumgruppe ist verantwortlich für den Aufbau bzw. für die Ausgestaltung des Raumes. Sie muß die Bedürfnisse der anderen Gruppen in ihre Planung einbeziehen. Sie überlegt auch, wie es nach dem Gottesdienst weitergeht.

Gruppe 2
überlegt den »liturgischen *Rahmen*«, den Anfang und den Schluß.

- Wie wird aus der »offenen« eine »gestaltete« Kommunikation?
  - Soll mit dem Einsingen von Liedern begonnen werden?
  - Wie wird die »Situation« bedacht (in wessen Namen feiern wir)?
  - Wie soll die gemeinsame Zeit in Dank, Lob und Klage vor Gott gebracht werden?
- Der Bogen wird geschlagen zum Schluß des Gottesdienstes, zur Sendung in die Zeit, die vor uns liegt, zum Segen – und schließlich wird aus der gestalteten Kommunikation wieder eine offene ... (diese Nahtstelle ist mit Gruppe 1 abzusprechen).

Gruppe 3
überlegt den *Verkündigung*steil.

- Welche Bedeutung hat der Teil der Verkündigung für uns? (Der Teil ist nicht unbedingt »das Eigentliche« einer solchen Liturgie, weil wir sehen, wie die verschiedenen Einzelelemente sich zu einem in sich geschlossenen (Gottesdienst)-Ganzen verbinden.)
  - Welches Gotteswort soll in dieser Stunde gehört werden? Wie soll es in die Situation sprechen, sie deuten, den Weg weisen?
  - Wie bringen wir das zur Darstellung?
- Der Teil kann mit einem Fürbittengebet schließen.
  - Welche Form wählen wir? Wie »spontan« soll das geschehen?

Gruppe 4
überlegt den *Abendmahl*steil, der den »Grund« der Verbundenheit miteinander deutlich macht und zur Stärkung wird.

- Wie soll das Gestalt gewinnen?
- Welche liturgischen Elemente sollen die Feier bestimmen?
- Wie geschieht die Austeilung?
- Soll evtl. ein gemeinsames Essen mit der Abendmahlsfeier verbunden werden? Wann soll das geschehen, im Rahmen der Feier oder nach dem Gottesdienst?

Ein Lied zum Abendmahl:

Das Lied ist auf einer Freizeit von behinderten und nicht-behinderten Jugendlichen entstanden, die einen Gemeindefest-Gottesdienst zum Gleichnis vom großen Abendmahl (Lk 14,15–24) vorbereiteten. Im Rahmen einer *Erzählung mit Chor* inszenierten überlebensgroße Stabpuppen die biblische Geschichte (→ S. 131ff.).
Da in der Gruppe auch eine Reihe von sprachbehinderten Menschen mitsingen wollten, sind mit den Worten des Liedes gleichzeitig auch non-verbale Gebärden erfunden worden.[30]

30. Die Entstehung ist zusammen mit anderen Beispielen dokumentiert in G. Ruddat, Fest und Gottesdienst, in: Der Ev. Erzieher 35/1983, S. 109–134.

① Freunde, kommt mal her! — Herbeiwinken
Kommen – fällt manchmal schwer. — Abwinken

Jesus lädt alle ein –
wir sollen alle Freunde sein! — Einander einhaken

REFRAIN:
Alle reichen sich die Hand – — Sich an die Hände fassen
keiner ist mehr unbekannt.
Alle klatschen in die Hände – — Klatschen
Gottes Liebe hat kein Ende!

② Freunde, hört mal her!
Hören – fällt manchmal schwer.
Macht eure Ohren auf!
Bleibt nicht sitzen, kommt, steht auf! — Aufstehen

REFRAIN:
Alle reichen sich die Hand …

③ Freunde, seht mal her!
Sehen – fällt manchmal schwer.

Ein Tisch steht für uns bereit –
das große Fest ist nicht mehr weit! — Über dem Kopf klatschen

REFRAIN:
Alle reichen sich die Hand …

④ Freunde, sprecht es aus!
Liebe füllt dieses Haus. — Einander einhaken

Platz ist für alle da –
und jeder sagt zum andern: »JA!« — Seinen Nachbarn auf die Schultern klopfen

REFRAIN:
Alle reichen sich die Hand …

Text und Melodie: Günter Ruddat, Bierenbachtal 1982

Denkzettel

Bewegung im Gottesdienst

Weg kommt von bewegen – und da steckt das »Wiegen« des ganzen Körpers ebenso drin wie das »Wägen« mit den Händen oder das »im Herzen bewegen«. Der ganze Mensch ist unterwegs unentwegt angesprochen. »Der Weg in das Leben« (wie M. Josuttis seine »Einführung in den Gottesdienst auf verhaltenswissenschaftlicher Grundlage« überschrieben hat – München 1991), der in jedem Gottesdienst gegangen wird, braucht *Beweglichkeit in einem umfassenden Sinn:* Gehen – Sitzen (Stehen) – Sehen – Hören – Essen – Gehen.

Diesen Weg des Gottesdienstes verstärken einzelne Gebärden wie Hände falten oder reichen, wie Kelch oder Kollektenkorb weitergeben ... – Beginnt der Gottesdienst so zunehmend »in Bewegung« zu geraten, so öffnen sich auch neue Horizonte, die an alte Traditionen anknüpfen können – bis hin zum Tanz im Gottesdienst: »In den ersten Jahren tanzten die Christen häufig. Sie tanzten in den gottesdienstlichen Stätten und auf Kirchhöfen. Sie tanzten an den heiligen Tagen und auf den Friedhöfen um die Gräber der Märtyrer. Männer, Frauen und Kinder tanzten vor dem Herrn und miteinander.« (H. Cox, Das Fest der Narren, Stuttgart 1970, S. 70)
In den letzten beiden Jahrzehnten haben verschiedene Anstöße immer wieder neue Lernprozesse ermöglicht:

- Der *Bewegungsdrang von Kindern* hat über traditionelles Verhalten im Gottesdienst hinaus zuerst in Kinder- und Familiengottesdiensten dazu geführt, »Liturgie mit Lied, Spiel, Tanz und Trommel« (Münster 1975) zu gestalten und zu feiern. Über die etwa aus der Gospel-Tradition und aus neueren (geistlichen) Kinderliedern bekannten Klanggesten (wie Schnipsen, Klatschen, Klopfen, Stampfen) hinaus wurden Einzugs- und Auszugsliturgien »rund um den Altar« gestaltet, deren Lieder nicht nur zu singen, sondern auch »zu bewegen« (→ Lied zum Abendmahl, S. 194f.), zu spielen und zu tanzen sind.
- Die *Liturgischen Nächte der Kirchentage* (seit 1973) haben – anfangs angeregt von ökumenischer Spiritualität (H. Haas, R. Sequeira) – versucht, Bewegung neben Wort und Ton liturgisch umzusetzen (von einfachen Gebärden zu Liedern wie »Der Himmel geht über allen auf« oder »Alles muß klein beginnen« bis hin zu Vater-Unser-Prozessionen). Solche Bewegungsabläufe strahlten aus auf liturgische Osternächte in Gemeinden, die etwa den Pilgerweg »vom Tod zum Leben« als eine Raum-Reise durch Kirche/Gemeindezentrum und Umgebung gestalteten und die dabei – je nach

Denk-
zettel

Gegebenheit – Parkplatz und Hochchor, Straße und Kreuzgang, Friedhof und Krypta einbezogen.

• Die *Entwicklung von Frauenliturgien* hat die liturgische Wiedergewinnung von Bewegung und Tanz nachdrücklich gefördert, wenn – angefangen von den Vorschlägen zur Gestaltung des Weltgebetstages – »liturgische Tänze« vor Augen geführt und zum Mitmachen ausgeweitet wurden. Aus den Anfängen der Gestaltung zur Begrüßung, zum Gebet und zum Segen entwickelten sich bewegende Formen meditativer Vergewisserung der wahrgenommenen Botschaft – von gebundenen Formen des Reigens, der klassischen Musik oder der tänzerischen Gestaltung von Taize-Gesängen bis hin zu freiem Tanz. Die Übergänge zu spielerischen Inszenierungen (bis hin zu Pantomime und Bibliodrama) sind fließend.

Wer bewegen will, muß seine *Bewegung so verlangsamen*, daß andere sie nachvollziehen können (→ Verlangsamung des Sehens, S. 101), daß sie sich einschwingen können, gerade wenn sie sich schwer tun: Es braucht Zeit und Freiheit zur Entscheidung, ob ich mich hineinnehmen lassen will ... Gut, wenn ich immer wieder behutsam angesprochen und einfühlsam einbezogen werde.

Literatur

S. Macht, Kinder tanzen ihre Lieder, Religiöse Sing- und Tanzspiele, Paderborn 1991 (dazu MC)

G. Ruddat, Hand-greiflich den Glauben bewegen, in: S. Fritsch-Oppermann/H. Schröer (Hg.), Lebendige Liturgie 2, Gütersloh 1992, S. 39–57

H.M. Lander/M.-R. Zohner, Meditatives Tanzen, Stuttgart 1987

M.G. Wosien, Sakraler Tanz, München 1988 (Tanzbeispiele mit Tonkassette)

D. Mit dem Segen weiter-gehen (Sendung)

Sendung

Im Kontext des Gottesdienstes

Nach der Feier des Abendmahls, in der wir Gottes Wort nicht nur hören, sondern etwas von ihm schmecken und in uns aufnehmen – miteinander verbunden in der Gemeinschaft mit allen Abendmahls-Feiernden zu allen Zeiten an allen Orten –, geht der Gottesdienst schnell zu Ende. Wir müssen uns von der Atmosphäre des Gottesdienstes wieder trennen. Aber Gottes Segen wird uns begleiten und Garant dafür sein, daß wir nicht nur im Gottesdienst, sondern auch im Alltag etwas von Gottes Welt schmecken können und von ihr getragen werden.

Zur Erinnerung

»Hier ist gut sein – hier laß uns bleiben«, sprach Petrus zu Jesus auf dem Berg, als *»sein Angesicht leuchtete wie die Sonne, und seine Kleider weiß wurden wie das Licht«.* (Mt 17,1–9) Aber das Bergfest hat ein Ende. Sie müssen wieder »hinunter« in den Alltag.
Der Schluß des Gottesdienstes ist in der Regel nüchtern und kurz. *»Ite, missa est«*, hieß es in der römischen Gemeinde: Geht, der Schluß (des Gottesdienstes) ist da.
Immerhin dürfen wir den Frieden Gottes in unseren Alltag mitnehmen: *»Geht hin im Frieden des Herrn«* – so heißt es im *Sendungsteil* der Erneuerten Agende (in der Agende 1 heißt dieser Teil Entlassung). Und wir gehen dankbar nach Hause: *»Gott sei Lob und Dank«*. – So verstanden ist die Sendung ein reiner Zuspruch: »Geht, Ihr werdet mit Gottes Hilfe mit dem Alltag fertig werden.«
Die »Sendung« (lat. Missio[n]) zielt aber schon durch das verwendete Wort auf das »Wohin«: *»Geht und macht zu Jüngern alle Völker: Tauft sie … und lehrt sie halten alles, was ich Euch befohlen habe.«* Die von Jesus ausgesprochene Sendung (Mt 28,19f.) verpflichtet auch, etwas von seiner Botschaft

in unserem Leben »umzusetzen« – dabei sind wir nicht alleingelassen, sondern Christus ist bei uns (Mt 28,20) und uns auch immer schon vorausgegangen dorthin, wo wir sein werden (Mk 16,7).

Die Sendung gestalten

Die *Sendung* zielt auf die Weitergabe der guten Nachricht, die im konkreten Miteinander der Menschen, im Leben und Handeln Gestalt gewinnen und »einen Leib bekommen« will. Wie kann das im Gottesdienst erfahren werden?

Ein Blick in die Erneuerte Agende

In der Erneuerten Agende werden Vorschläge gemacht, den Sendungsteil als Beginn des »Gottesdienstes im Alltag« zu begreifen:

> Das Sendungswort kann in der Weise ausgestaltet werden, daß Gruppen gebildet werden, die Kranke besuchen (ggf. Hauskommunion), die die Botschaft des Evangeliums in die Öffentlichkeit tragen oder die auf geeigneten Plätzen das Gotteslob erschallen lassen (Posaunen-, Kirchenchor).[1]

... Manchmal können auch »Mitnehmsel«, die als Erinnerung mit nach Hause genommen werden dürfen, bedeutungsvoll sein: eine Kerze, eine Karte mit einem Wort oder ein anderes Symbol ...

So schön einzelne Aktionen im Anschluß an den Gottesdienst auch sind – und Aktion im Sinne von »Mission«, von Sendung heißt z.B. auch: Die Eine-Welt-Gruppe macht den Verkaufsstand etc.!! –, hat der Sendungsteil als Vorbereitung des Aufbruchs in den Alltag, in dem wir jeden Tag zu Hause sind, noch eine andere Dimension bzw. Qualität. Was heißt *da* Sendung?

1. Erneuerte Agende, S. 122.

Ein exemplarischer Baustein

Im Kloster Loccum leben die Vikarinnen und Vikare im Predigerseminar ein Jahr lang mehr oder weniger zusammen. Immer wieder werden Zensuren gegeben, von denen die Einstellung als Pastor bzw. Pastorin (in absehbarer Zeit) abhängt, das Examen muß unter Leistungs- und Konkurrenzdruck angegangen werden.
Für ein Feierabendmahl in der Gruppe wurde dieses Sendungswort formuliert:

Geht in der Kraft, die Euch gegeben ist ...

Kraft wünsche ich uns allen in der kommenden Zeit.
Die Vikariatszeit neigt sich dem Ende zu.
Vieles kommt da auf uns zu in der nächsten Zeit:
Prüfungen, die wir hinter uns bringen müssen
und auch viel Ungewisses –
Wo werden wir wohl landen im November?

Geht in der Kraft, die Euch gegeben ist.
Geht behutsam, bescheiden, einfach ...

Ich wünsche uns allen,
daß wir behutsam miteinander umgehen in der Zeit,
die vor uns liegt,
bescheiden und einfach –
nicht zu Einzelkämpferinnen und Einzelkämpfern verkommen.

Und haltet Ausschau nach der Liebe ...

Ich wünsche uns,
daß wir – verschieden wie wir sind – verbunden bleiben.
Ich wünsche uns, daß wir geschwisterlich zusammenhalten
auf den Wegen, die uns in die Zukunft bringen.

Gottes Geist geleite Euch.

Gott sei vor uns
ein Licht auf unserem Weg.
Gott sei hinter uns,
um uns den Rücken zu stärken für den aufrechten Gang.

Gott sei neben uns
eine gute Freundin an unserer Seite.
Gott sei um uns
wie ein schönes Kleid und eine wärmende Decke.
Gott sei in uns
und weite unsere Herzen. Amen.

Bettina Praßler-Kröncke

Hier wird ein altes irisches Segenswort[2] (besonders der letzte Abschnitt ist als Segenswort konzipiert, in das das Sendungswort mündet) deutlich auf eine aktuelle Situation hin ausgelegt. Besonders bei Gruppen, die ein ähnliches Lebensumfeld miteinander teilen, kann Sendung sehr konkret werden. Wie der Friede Gottes mitgehen möchte, wird so ausgesprochen, daß es alle verstehen.
Schön wäre es, wenn wir im normalen Sonntagsgottesdienst von solchen Konkretionen profitieren könnten ...

2. Mein Liederbuch 2 – Ökumene heute, a.a.O., enthält auf den Seiten 54ff. eine Zusammenstellung Irischer Segenssprüche. Siehe auch: M. Wester, Einübung ins Glück – in Irland entdeckt, Anstiftung zum einfachen Leben, Offenbach/M. 1986.

Aus der Ökumenischen Liturgie

Foto: Baltruweit

Jesus spricht:
Geh – und tu desgleichen.

Alle: *Laßt uns gehn in der Kraft,*
die uns gegeben worden ist.
Wir wollen behutsam gehn.
Wir wollen einfach leben.
Wir wollen einander annehmen
und Ausschau halten nach der Liebe.
Christus ist uns vorausgegangen.
Er erwartet uns dort,
wo wir sind. Amen.

Sendungs-/Segenlied (kann auch nach dem Segen gesungen werden):

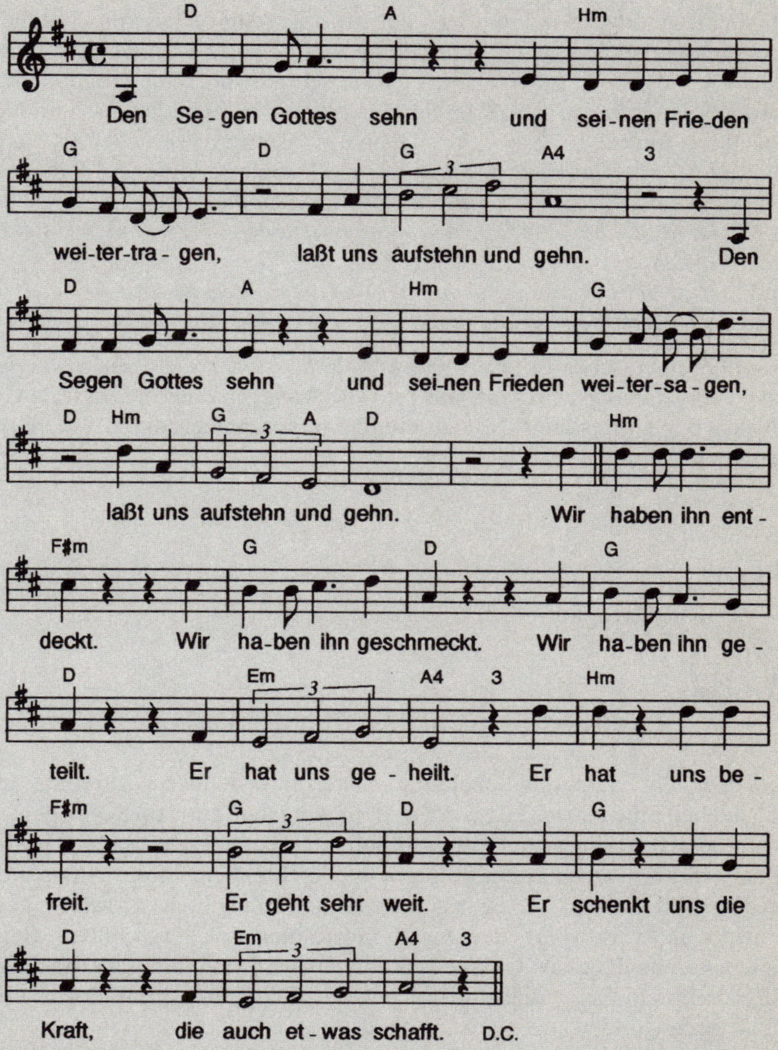

Text und Musik: Fritz Baltruweit
Aus: Fritz Baltruweit – Meine Lieder

Ein gemeinsam gesprochenes Sendungswort wie in der Ökumenischen Liturgie beinhaltet Verbindlichkeit: Es ist nicht egal, wie es weitergeht – vor allem nicht, wenn Gott mitgeht. Etwas von dem, was wir »entdeckt, geschmeckt, geteilt« (Sendungslied) haben, soll weitergehen und »hinüberwachsen« in den Tag ... – Offensichtlich sind wir dem erst seit kurzer Zeit wieder auf die Spur gekommen. F. Kalb schreibt noch im Jahr 1982: Es werden »neuerdings zusätzliche Sendungsworte vorgeschlagen«[3] – und er schlägt frei formulierte Sätze vor, die an das Proprium (→ S. 44) des Tages anknüpfen, oder Formeln wie Epheser 5,8f. oder Kolosser 3,17 verwenden: *»Denn Ihr wart in Finsternis; nun aber seid Ihr im Licht des Herrn. Lebt als Kinder des Lichts. Die Frucht des Lichts ist lauter Güte und Gerechtigkeit und Wahrheit.«*
Und: *»Und alles, was Ihr tut mit Worten oder Werken, das tut alles im Namen des Herrn Jesus – und dankt Gott, dem Vater, durch ihn.«*

In der Ökumenischen Liturgie heißt es: *»Jesus spricht: Geh' und tu desgleichen«.* Im Sendungswort kann das zentrale Anliegen oder die zentrale Geschichte des Gottesdienstes noch einmal aufgenommen und als Sendung formuliert werden.

Segen

Im Kontext des Gottesdienstes

Im *Segen* geht es um den Schalom in seiner umfassenden Bedeutung, um die ganzheitliche Zueignung von Frieden, von Heil(ung). Im Segen geht es darum, daß das Angesicht Gottes mit seinem Licht mitgeht, das im Gottesdienst erfahren wurde, damit eine heilvolle Rückkehr in die Alltagswelt möglich wird. So wird im Segen ganzheitlich der Zuspruch verdichtet, konzentriert und verkörpert, den wir im Gottesdienst erfahren haben. Beim Segnen geschieht etwas: Unsere Zukunft wird eröffnet in der Verheißung, daß sie schon im Segen selbst wirklich werde. Die Lebenskraft Gottes wird dem Empfangenden zugeeignet.[4]
Der Segen beschließt den Gottesdienst – er ist und hat das letzte Wort. Beim Hinausgehen kann eine zum Loslassen und Gehen ermutigende Ausgangsmusik hilfreich sein.

3. F. Kalb, Grundriß der Liturgik, a.a.O., S. 173.
4. Vgl. M. Josuttis, Der Weg in das Leben, a.a.O., S. 309–314, bes. 314.

Zur Erinnerung

»Wenn Segen über einem Leben waltet, hat es Sinn. Es gedeiht. Es wächst. Es wirkt lösend, fördernd, befreiend auf andere. Versuche glücken, Werke gelingen. Die Mühe zehrt das Leben nicht aus, sie ist sinnvoll und bringt ihre Frucht. Am Ende steht nicht die Resignation, sondern die Ernte … Segen ist ein Geschehen nahe verwandt dem, was wir ›Gnade‹ nennen. Denn man kann Segen nicht machen, man kann ihn nur empfangen und vielleicht auch weitergeben. … Ob ein Mensch dem begegnet, den er lieben kann, das kann er nicht machen. Es ist Gnade. Und sein Leben wird gesegnet. Alles Begegnen ist Gnade, alles Finden und Zusammenbleiben, alle Bewahrung vor Gefahr und Unheil, aller Friede ist Gnade … und Gnade ist es, wenn Menschen einander einen solchen Segen weiterreichen dürfen, etwa wenn der eine zum anderen sagt: Es segne und behüte Dich Gott der Allmächtige und Barmherzige …«[5]
Weil diese Worte so treffend *Segen* – und was er für uns bedeutet – beschreiben, haben wir sie dem Absatz vorangestellt, auch wenn uns der Segen Gottes nicht nur in dem begleitet, was gelingt, sondern auch im Scheitern.

Oft ist uns gar nicht so klar, was Segen eigentlich ist – und was er bewirkt. »Wenn uns … das Verständnis für Segen fehlt, wird auch der Segen selbst kraftlos.«[6] – Mit der Klarheit unseres (Selbst-)Verständnisses hängt die Klarheit der zusprechenden Kraft des Segens selbst zusammen, obwohl – und gerade weil – er unserem Wirken entzogen und ganz Gottes Sache ist. Aber wir sind sein Werkzeug! Und ein Werkzeug nützt nur, wenn es richtig »greift«.

»Und Gott sprach zu Abraham: Geh aus Deinem Vaterland und von Deiner Verwandtschaft und Deinem Vaterhaus weg in ein Land, das ich Dir zeigen will.
Und ich will Dich zu einem großen Volk machen und will Dich segnen und Deinen Namen groß machen – und Du sollst ein Segen sein.«
1 Mose 12,1–3

5. J. Zink, Sinn und Gestalt des Segens, in: Deutscher Evangelischer Kirchentag Düsseldorf 1985, Dokumente, Stuttgart 1985, S. 183–196, hier S. 183f.

6. J. Diebner, Der sog. »Aaronitische Segen« (Num 6.24–26) – biblischer Text und liturgische Praxis, in: Freude am Gottesdienst, Festschrift für Frieder Schulz, Heidelberg 1988, S. 202.

Der Beginn der Vätergeschichte ist
von *Aufbruch,*
von *Unterwegs-Sein,*
vom Hinweis auf ein *Ziel*
und von der *Verheißung*
einer guten *Zukunft*
gekennzeichnet.

Diese den Segen kennzeichnenden Elemente treffen die Situation Israels auf ihrem Weg in das Gelobte Land[7], aber uns auch heute, wenn wir den Segen am Schluß des Gottesdienstes oder bei der Taufe, der Konfirmation, der Trauung, der Beerdigung ... empfangen.

Mit dem Segen begegnen wir ein weiteres Mal *archaischem Gut* im Gottesdienst. Er ist ein »Schwellenritus«, wirkmächtig, in (sprachlicher Annäherung an die) Gebetssprache formuliert, von Gestik begleitet (oder auch nicht), und (im evangelischen Verständnis) inhaltlich eine Konzentration des Evangeliums (weil anders kaum evangelisch vertretbar).«[8]

»Schwellenritus« meint: Er ist mit einer konkreten (Lebens)situation verbunden – beim Volk Israel mit dem Aufbruch in das Gelobte Land, bei uns »mit einem Abschied oder einer Ankunft (→ Eingangsgruß!!), mit dem Tod oder der Geburt, mit der Heirat oder mit einer Schuld oder Krankheit«.[9]

»Da das Segnen etwas wie eine Kraftübertragung ist, gehört notwendig irgend eine Handlung oder Geste zu ihm.«[10]

In katholischen Gegenden zeichnen manche Mütter ihren Kindern beim Aufbruch in die Schule ein Kreuz auf die Stirn; dem Paar, das für ihre Lebensgemeinschaft um Gottes Segen bittet, wird die Hand aufgelegt.

Das Wort *segnen* kommt vom lateinischen *signare* (= mit einem Zeichen versehen). Für die christliche Kirche ist damit das Zeichen des Kreuzes gemeint: der Hinweis auf Jesus Christus, der lebt und stirbt für uns – wie ein Weizenkorn, das in die Erde fällt und stirbt, damit es Frucht bringt ...[11].

7. C. Westermann, Der Segen in der Bibel und im Handeln der Kirche, München 1992 (ursprüngl. 1968), S. 53.
8. J. Diebner, Der sog. »Aaronitische Segen«, a.a.O., S. 209.
9. F. Steffensky, Segnen – Gedanken zu einer Geste, in: Pastoraltheologie 1/1983, S. 2–11.
10. C. Westermann, Der Segen in der Bibel und im Handeln der Kirche, a.a.O., S. 55.
11. Vgl. J. Zink, Sinn und Gestalt des Segnens, a.a.O., S. 190.

Am Schluß des Gottesdienstes sagen wir normalerweise:
»Der Herr segne Dich
und behüte Dich.
Der Herr lasse sein Angesicht leuchten über Dir
und sei Dir gnädig.
Der Herr erhebe sein Angesicht auf Dich
und gebe Dir Frieden.«
4 Mose 6,24–26

In dem Segenswort wird der Wunsch ausgedrückt, daß Gott, der Segensspender, uns schützt.

Das Schlüsselwort *»we-Jischmerecha«* (und behüte Dich) kann aber auch von *»Schemarim« (= Hefe)* abgeleitet werden. So könnte der Sinn darin liegen, daß »der Mensch durch die göttliche Ausstrahlung, die vom Segen ausgeht, innerlich in heilsame Gärung gerät – wie ein Teig durch die Hefe – um sich langsam, still und ständig weiter zu entfalten …«[12]

Um einen Zugang zu den starken und auch »querstehenden« Worten des Segens aus 4 Mose 6,24–26 zu finden, sollte jedes Wort einmal auf seine heutige Aussagekraft hin befragt werden.
Wir sollten, ehe wir den Segen sprechen, einmal versuchen, den alten Text soweit wie möglich zu paraphrasieren und in unsere Zeit und Sprache zu übertragen. Jörg Zink tut das:[13]

Unser Gott,
der Mächtige,
Ursprung und Vollender
aller Dinge,
segne dich,
gebe dir Gedeihen und Wachstum,
Gelingen deinen Hoffnungen,
Frucht deiner Mühe,
und behüte dich
vor allem Argen,
sei dir Schutz in Gefahr
und Zuflucht in Angst.

12. P. Lapide, Der Segen im Judentum – in: Deutscher Evangelischer Kirchentag Düsseldorf 1985, Stuttgart 1985, S. 174–182, hier S. 181.
13. J. Zink, Sinn und Gestalt des Segens, a.a.O., S. 195f.

Unser Gott lasse leuchten sein Angesicht über dir,
wie die Sonne über der Erde
Wärme gibt dem Erstarrten
und Freude gibt dem Lebendigen,
und sei dir gnädig,
wenn du verschlossen bist in Schuld,
er löse dich von allem Bösen
und mache dich frei.
Unser Gott erhebe sein Angesicht auf dich,
er sehe dein Leid
und höre deine Stimme,
er heile und tröste dich
und gebe dir Frieden,
das Wohl des Leibes
und das Wohl der Seele,
Liebe und Glück.
Amen.
So will es Gott,
der von Ewigkeit zu Ewigkeit bleibt.
So steht es fest nach seinem Willen
für dich.
Jörg Zink
Aus: Ders.: Wie wir beten können, Kreuz Verlag, Stuttgart 1991

Der Segen wird in einer *segenstypischen Sprache* (zu)gesprochen. Fehlt sie, so ist der Text kein Segenstext (!).
Jörg Diebner analysiert vier im Gottesdienst verwendete Sprachmodi für den aaronitischen Segen (4. Mose 6,24–26)[14]:
1. die Sprachform des Realis, der Verkündigung (»Der Herr *segnet* Dich«) in objektiver Aussageform: Es wird *im Indikativ* von der *Gegenwart* gesprochen. Segen aber wird verheißen – Segen eröffnet die Zukunft.
2. die Sprachform des Modalis, des Segnens (»Der Herr *segne* Dich« = … *will Dich segnen (Verheißung)* in *subjektiver* Aussageform. Sie wird als einzige der liturgischen Funktion von Segen im Gottesdienst gerecht: Der Segen wird *gespendet (= Gott möge vor der Kirchentür das, was vom Liturgen bzw. der Liturgin ausgesprochen wurde, verwirklichen).* Vom »Garanten« des Verheißenen ist in der dritten Person die Rede.

14. J. Diebner, Der sog. »Aaronitische Segen«, a.a.O., S. 201–218, bes. 215f.

3. die Sprachform des *Modalis*, aber im Sinne eines *Wunsches* (»Der Herr *segne uns*«). Das ist die Sprachform »des Seufzers«. Trotz der modalen Verbform fehlt die für einen Segen konstitutive Situation des Gegenübers von Segnendem (den Segen »im Auftrage« Verheißendem) zu dem/den zu Segnenden. Damit wird auch die »Schwellensituation« (Zurüstung der zu Segnenden für die Situation »danach«) verwischt – hier liegt eine »gebetsähnliche« Form vor, die »in solidarischer Ausrichtung mit der Gemeinde« gesprochen werden müßte (also zum Altar hin).
4. die Sprachform des *Imperativs*, der *Bitte* (»Herr, segne uns ...«) – diese Sprachform ist nicht die (zusprechende) des Segnens – und die Bitte kein Segen.

Diebner weist auch auf den theologischen Unterschied der Verwendung von »Gott segne *Dich*« und »Gott segne *Euch*« hin: »Bei der singularischen Form steht der Person des Amtsträger die ›Kollektiv-Person‹ der Gemeinde gegenüber; ... die ... Pluralform ... löst die Gemeinde auf.«[15]
Wir hören das inklusiv: Der Segen enthält sowohl die Segnung der »Kollektiv-Person« Gemeinde als auch den Zuspruch für jede Einzelne und jeden Einzelnen. Und so ist »Gott segne *Dich*« in doppeltem Sinne angemessen.

Den Segen gestalten

Ähnlich wie beim Abendmahl sind auch beim Segnen Menschen oft tief bewegt. Sie spüren körperlich, wie die Kraft Gottes »aus den Händen heraus« ihren Weg zu den Menschen findet. Wir teilen diese Erfahrung. Deshalb gehen wir sehr sorgsam mit dem Segen um.
Das muß gerade *nicht* heißen, daß nur »Amtsinhaber« den Segen sprechen dürfen – schließlich gibt es in unserer Kirche die Priesterschaft aller Gläubigen.
Die Lektorenagende sieht für den (durch Lektoren gesprochenen) Segen »Gott segne *uns*« vor, also eine Form, die eigentlich gar kein Segen(szuspruch) ist. Einmal ganz davon abgesehen, daß viele Gemeindeglieder das Gefühl haben, daß es ihnen nicht »zusteht«, die Gemeinde zu segnen (→ Amtsverständnis), ist zu fragen, ob nicht jede und jeder segnen kann – so wie jede und jeder den Segen »nötig« hat:

15. J. Diebner, Der sog. »Aaronitische Segen«, a.a.O., S. 216.

Wir feiern Konfirmation. Die Jugendlichen aus der Geistigbehindertenschule sind auch dabei. Als letzte wird Birgit eingesegnet. Als ich gerade zurücktreten will, um die Konfirmationsurkunden zu verteilen, zieht sie sich an mir hoch, legt mir behutsam ihre Hände auf den Kopf und stammelt leise: »Du auch!« Spontan sage ich: »Danke, Birgit, jetzt bin ich auch konfirmiert.« Die Gemeinde und ich sind bewegt. Birgit ist glücklich. Nach dem Gottesdienst beginne ich zu verstehen: Birgit hat mich aus der »amtlichen« Funktion herausgelöst und ihren Segen weitergegeben.[16]

- Jörg Diebner sagt: »Der Segen ›funktioniert‹ nur in Verbindung mit einem Amtsverständnis, das Amt und Auftrag des Segnens im Blick auf ein personales Gegenüber kennt.«[17] Will ich mit dem Wort des Segens Ernst machen, ist eine Mindestvoraussetzung, es zusprechen zu *können*, d.h., daß ich das *auswendig* mache, frei von allen Texten. Es kommt auf den *Zuspruch* an und auf das Bewußtsein: Ich stehe meinem Gott jetzt als Werkzeug ganz »zur Verfügung«.
  Die Frage, ob ich den Segen singe oder spreche, hängt ebenfalls mit dieser Fragestellung zusammen: Wie kann ich meinem Gegenüber den Segen am überzeugendsten zusprechen …
- Deshalb sollten freie Segensformulierungen sehr sorgfältig überlegt und in die Situation frei zugesprochen werden. Ansonsten empfehlen wir, bei den bekannten (biblischen) Formulierungen (oder entsprechenden Variationen – z.B. »*Gott* segne Dich und behüte Dich …«) zu bleiben – und deshalb verzichten wir hier auf »Exemplarische Bausteine«. Die Regel könnte heißen: Auf ein entfaltetes Sendungswort folgt die sprachlich »dichte« und »alte« Form des Segenswortes.
- Die *Geste* ist wichtig – und ich habe mir zu überlegen, daß ich sie so gestalte, daß der persönliche Zuspruch möglichst ganzheitlich geschieht. Geste und Inhalt müssen übereinstimmen.
  – Das betrifft auch die Körperhaltung beim Segen am Schluß des Gottesdienstes, die per Video oder »vor dem Spiegel« darauf hin überprüft werden sollte, ob in ihr wirklich der zusprechende Charakter des Segens sichtbar wird.

16. Nach: G. Ruddat, (Wie) können sich Behinderte und Nicht-Behinderte verstehen? – in: D. Zillessen u.a. (Hg.), Prakt.theol. Hermeneutik, Rheinbach-Merzbach 1991, S. 437.
17. J. Diebner, Der sog. »Aaronitische Segen«, a.a.O., S. 216.

- Eine Handauflegung muß wirklich geschehen, nicht nur symbolisch (10 Zentimeter über den Köpfen des Brautpaares).
- Segens-Gesten geschehen ohne ein Buch (in der anderen Hand)!

• Wenn der oder die Segnende sich bewußt in die zu Segnenden einreihen möchte (z.B. bei einer Abendmahlsfeier in der Gruppe), ist auch »Gott segne *uns*« angemessen – aber es sollte klar sein, daß hier gemeinsam um Segen gebeten wird.

• Einander Segnen bzw. den Segen weitergeben kann eine dichte und lang »nachklingende« Form sein – wie das in der »Öl-Meditation« (→ S. 106 ff.) – oder in dem folgenden Beispiel »handgreiflich« wird:

»Wir versammeln uns zum Schluß mit allen Kindern und Mitarbeitern (und Eltern) um den Altar und schließen den Kreis mit einem Segenslied. Ein Mitarbeiter spricht den Segen. Kommentar: Gott hat uns lieb wie jemand, der seine Hand über uns hält, der sich über uns freut und uns streichelt wie Vater oder Mutter. Wir können das einander zeigen. – Der ›Erklärer‹ segnet das neben ihm stehende Kind und fordert es auf, den Segen an seine/n Nachbarn weiterzugeben … solange bis am Ende der ›Erklärer‹ gesegnet wird.«[18]

18. Dieser Vorschlag stammt aus der Durchführung eines »erklärten Kindergottesdienstes« von G. Ruddat, Wie (ein) Kindergottesdienst entsteht – Elemente einer liturgischen Didaktik, in: Der Evangelische Erzieher 41/1989, S. 532–545, hier S. 543.

Ein Text zum Weiter-Denken:

Gott,
es ist ein Segen.
Du bist da
von Anfang an
wie Mutter und/oder Vater.
Du schenkst uns das Leben
und gibst uns einen Namen.
Du zeigst uns die Welt
und vertraust uns Deine Schöpfung an.
Du willst, daß wir Menschen ein Segen sind –
für alle Welt.
Das glaube ich – und dazu stehe ich.

Gott,
es ist ein Segen.
Du wirst Mensch
mitten unter uns
in Jesus Christus.
Er lebt Deine Liebe bis ans Kreuz
und ruft uns zur Nachfolge.
Er steht auf gegen den Tod
und stellt uns auf die Füße.
Du willst, daß wir in Christus den Weg des Friedens gehen –
für alle Menschen.
Das glaube ich – und dazu stehe ich.

Gott,
es ist ein Segen.
Du gehst mit uns,
Heiliger Geist,
unter allen Umständen.
Du sprichst uns an wie ein Freund, wie eine Freundin,
und holst uns heraus aus der Furcht.
Du trittst für uns ein
und machst uns Mut
jeden Tag.

Du willst, daß wir hoffen
auf einen neuen Himmel und eine neue Erde,
in denen Gerechtigkeit wohnt –
für alle Zeit.
Das glaube ich – und dazu stehe ich. Amen.
Günter Ruddat

Amen

Wir antworten auf den Segen (wie auf vieles andere im Gottesdienst) mit *Amen* (= Es steht fest! oder: Es soll geschehen!). Das *Amen* verbindet wie vieles andere die christliche Gemeinde mit dem jüdischen Gottesdienst: *»Daß ich soll gewiß sein, solche Bitten sind dem Vater im Himmel angenehm und erhöret. Denn er selbst hat uns geboten, also zu beten, und verheißen, daß er uns will erhören. Amen, Amen, das heißt: Ja, ja, es soll also geschehen,«* schreibt Martin Luther im Kleinen Katechismus.[19]

Nach dem *Segen* und dem *Amen der Gemeinde* kann eigentlich nicht mehr viel geschehen im Gottesdienst – es sei denn, der Gottesdienst »geht weiter« (→ S. 216ff.). Dann kann ein das Geschehen zusammenfassendes Lied (z.B. »Den Segen Gottes sehn« → S. 203) zur »Feier danach« überleiten.
Aber ein um den Segen bittendes Lied – z.B. »Bewahre uns Gott« (EG 171) oder »Komm, Herr, segne uns« (EG 170) – sollte sinnvollerweise vor dem (zusprechenden) Segen gesungen werden.

Das *Orgelnachspiel* bzw. die Musik zum Ausgang begleitet die, die das Gotteshaus verlassen, und beendet so den Gottesdienst. Oder es bietet die Möglichkeit, den Gottesdienst nachklingen zu lassen. Dann bleibt die Gemeinde sitzen.
Mancherorts erklingen dann anschließend noch einmal die Glocken. Das »Auf-Wiedersehn-Sagen« des Pastors bzw. der Pastorin an der Kirchentür ist eine gute und persönliche Geste des Abschieds und gibt gleichzeitig Gelegenheit zu einem kurzen Feedback.

19. Am Schluß des »Vater unser« (Drittes Hauptstück).

Denkzettel

Der »kleine« Gottesdienst

Da komme ich als Pastor oder als Pastorin am Sonntag in die Kirche und sehe: Außer der Küsterin, dem Organisten und mir sind drei ältere Damen und ein Herr anwesend. Was tun?
In der Erneuerten Agende werden Vorschläge für den »Gottesdienst mit kleiner Teilnehmerzahl« gemacht (S. 133–136). Sie setzen allerdings eine lebendige Gemeindesituation voraus, wie sie in der Apostelgeschichte (Kap. 2) und heute vor allem bei Gemeindefreizeiten oder in Hauskreisen zu finden ist:

> »Die Apostelgeschichte berichtet vom Gottesdienst der Christen in der Frühzeit der Kirche, daß man ›hier und dort in den Häusern‹ zusammenkam und daß die Häuser und Familien Ausgangspunkte der Gemeindebildung waren.
> Demgemäß versammelt sich eine kleine Gottesdienstgemeinde entweder in der Kirche oder in einem kleineren Gemeinde- oder Wohnraum, wo man um einen Tisch herum Platz nimmt. Auch ohne Altar braucht es an festlichem Schmuck (Blumen, Kerzen, Bilder u.ä.) nicht zu fehlen. Die Kirchenorgel kann durch Hausinstrumente ersetzt werden, auch Schallplatte und Tonband können das Singen und Feiern unterstützen ... Es empfiehlt sich ..., in dieser besonderen Situation eine elastische offene Form zu wählen, die auch spontanen Beiträgen Raum gibt.« (Erneuerte Agende, S. 133)

Dann werden in der Erneuerten Agende Vorschläge für eine »Hausliturgie« mit und ohne Abendmahl gemacht, »bei der man nicht auf die Anwesenheit eines Pfarrers/einer Pfarrerin angewiesen ist.« (ebd.) Sie ähneln dem von uns vorgeschlagenen Modell für Gruppen (→ S. 124):
(Musik) – Begrüßung und freies Gebet oder Psalm durch den Leiter bzw. die Leiterin – (Lied) – Biblische Lesung und Auslegung bzw. Gespräch – (Stille) – Lied (das Dankopfer wird hier oder am Schluß eingesammelt) – (Bekenntnis) – Dank und Bitten (evtl. mit Beteiligung aus der Gemeinde) oder gemeinsames Sprechen eines abgedruckten Gebetes – Vater unser – (Eucharistisches Tischgebet / Zeichen des Friedens / Einsetzungsworte ›Brot‹ / Austeilung / Einsetzungsworte ›Wein‹ / Austeilung / Dankgebet) – Sendungswort – Segen – (Musik) – (vgl. Erneuerte Agende, S. 134–136)

Bei der zu Beginn geschilderten Situation wird allerdings mit »aktiver Mitwirkung« von Seiten der Gemeinde kaum zu rechnen sein. Dafür muß ein längerer gemeinsamer Lernprozeß zurückgelegt werden, an dem zu arbeiten sich lohnt – nach dem Motto: »Nicht reduzieren, sondern gestalten«. (Herbert Lindner macht in seinem Heft Lebendiger Gottesdienst, Rummelsberg 1985, S. 6ff. in diesem Sinne gute und ausführliche Vorschläge, einige von ihnen haben wir in diese Empfehlung aufgenommen.)
Die Raumgestaltung ist für die »kleine« Form des Gottesdienstes besonders wichtig. »Mit Phantasie und Geschick kann fast jeder Gottesdienstraum mit einfachen Mitteln zu einem Raum des festlich-heimatgebenden Gottesdienstes ausgestaltet werden«, der zugleich signalisiert, »daß hier der Alltag überschritten wird.« (Lindner, S. 9)

- Wo treffen wir uns? In der Kirche, vielleicht um den Altar herum oder in der Taufkapelle – oder im Gemeindehaus?
- Wie ordne ich die Stühle an? In einem Halbkreis um den Altar oder als Kreis um einen Tisch oder ein Symbol?
- Wie gestalte ich den Raum mit Kerzen, Licht, Bildern ...?

Die leitende Person ist durch ihre Nähe zu denen, die mit ihr den Gottesdienst feiern, ganz anders dem Blick der Gekommenen »ausgeliefert« als im »großen« Gottesdienst. Sie wird alles dafür tun, der »kleinen« Form des Gottesdienstes gerecht zu werden und nach Kommunikationsformen suchen, die die feste Form der Liturgie aufbrechen, ohne die Teilnehmerinnen und Teilnehmer zu überfordern:

- eine Bildbetrachtung ist in einem Halbkreis gut möglich;
- die Orgel darf die Lieder nur ganz leise begleiten bzw. wird ersetzt durch Gitarre oder Klavier;
- Bibeln können verteilt werden zum Mitlesen des Predigttextes, der nach dem Lesen zunächst in der Stille bedacht werden kann;
- gemeinsam gesprochene Psalmen oder Gebete aus dem Gesangbuch (EG Nr. 702ff.) verbinden die kleine Gruppe;
- schön, wenn auch einmal ein Gespräch möglich wird.

Der Gottesdienst, der über sich hinauswächst

Im Kontext des Gottesdienstes

Auch wenn wir mit dem Segen und dem Sendungswort in unseren Alltag gesandt sind, um dort den Gottesdienst »über sich hinauswachsen zu lassen« und Gottesdienst zu tun (Röm 12,1), sollen in diesem letzten Abschnitt Möglichkeiten beschrieben werden, noch weiter zusammenzubleiben: Nach dem Gottesdienst müssen noch nicht alle auseinanderlaufen. Gerade wenn es schön war, wenn der Gottesdienst intensiv erlebt wurde, fällt es schwer zu gehen. Aber auch dann, wenn ein Gottesdienst sehr »einlinig« war, wenn wenig Kommunikation, wenig »Gemeinsames« geschah, wollen wenigstens hinterher die »Sinne gestärkt« werden, die in der »Veranstaltung Gottesdienst« zu kurz gekommen sind – Kaffee trinken, vielleicht auch zusammen essen, auf jeden Fall: miteinander klönen ...

Die Zeit nach dem Gottesdienst gestalten

Ein Blick in die Erneuerte Agende

In der Erneuerten Agende werden in Anknüpfung an die Abendmahlsfeier Vorschläge für den Gottesdienst, »der über sich hinauswächst«, gemacht:

> Die aus dem Abendmahl erwachsene dankbare Freude kann die Gemeinde dazu bewegen, noch weiter beisammenzubleiben, miteinander zu singen und sich einander zuzuwenden, statt daß man sogleich wieder in die Vereinzelung auseinandergeht. Singrufe, Kanons und andere Gesänge unter Anleitung durch Kantor/Kantorin und Chor, womöglich auch singendes Umschreiten des Kirchenraumes und andere, Freude ausdrückende Bewegungen können Zeichen des befreiten Neuanfangs sein.

Zuzeiten wird die Abendmahlsfeier in einen Festtag der Gemeinde überleiten, bei dem man eine gemeinsame Mahlzeit (Agape) hält. Im Singen und Spielen, im Hören und Schauen kann erfüllte Zeit erlebt werden, und in der festlichen Gemeinschaft wird man von neuem zu friedensstiftendem Umgang miteinander ermutigt.[20]

Was zum Teil in der Erneuerten Agende etwas »gestelzt« ausgedrückt wird, kann in der Umsetzung sehr lebendig werden:
- *Kirchenkaffee* nach dem Gottesdienst ist in verschiedensten Gemeinden normal – und einmal positiv eingeführt, ein Selbstgänger, der »kaum wieder abzuschaffen« ist. Das Treffen und Miteinander-Sprechen nach dem Gottesdienst, das Klönen bei einer Tasse Kaffee oder Tee – und für die Kinder gibt es Saft – ist ein wirkliches Bedürfnis. In lockerer Atmosphäre kann es in diesem oder jenem Gespräch auch ein Feedback auf den Gottesdienst geben. Eine Vertiefung oder Strukturierung dieses »Nach«treffens kann durch das Ansetzen eines *Gottesdienstnachgespräches* geschehen. Meistens ist aber gerade nach dem »strukturierten« Gottesdienst die offene Kommunikation gewünscht. So ein Kirchenkaffee kann dann auch Auftakt für ein *gemeinsames Mittagessen* oder für einen *gemeinsamen Ausflug* sein.
- *Miteinander (weiter-)Singen und Tanzen* ist ein fester Bestandteil der Ökumenischen Liturgie. Auch Aufräumen gehört dazu (zu einem »Aufräum-Rock«) und – weil es schon spät am Abend ist, eine *Gute-Nacht-Geschichte* als Schlußpunkt.

Auch in der »normalen« Gemeindesituation kann so etwas gut und gewünscht sein, vor allem, weil nach einem Gottesdienst doch »freier« miteinander gesungen und umgegangen wird als während der liturgischen Feier. Die Lebendigkeit eines solchen Singens liegt in der Spontaneität, es sollte aber in seinen Möglichkeiten doch vorüberlegt sein – besonders der Abschluß.
- *Einen Tag miteinander als Gottesdienst verbringen* eröffnet nicht nur die Möglichkeit einer das Geschehen des Tages »verdichtenden« gottesdienstlichen Feier vielleicht am Schluß (sie ist natürlich auch als Auftakt denkbar), sondern auch *gemeinsam Gottesdienst leben* einen Tag lang, in dem alle Sinne ganz anders einbezogen sind als normalerweise in einer einstündigen Feier: die Ohren, die Hände, der Kopf, der Atem, die Füße, der Mund, die Nase, der Bauch … leben auf im Miteinander-Singen, Spaß haben, Tanzen, Malen, Schmecken, Zusammen-Essen, Beten, Hören auf

20. Erneuerte Agende, S. 124.

Gottes Wort, Bekennen, Fühlen, Mit-Leiden, Feiern, Argumentieren, Klönen, Füreinander-Einstehen, Kämpfen, Teilen ... So wird ein Gottesdienst möglich, der den ganzen Menschen umfaßt, so wie es eigentlich gemeint ist: Mit beiden Beinen auf der Erde stehen und die Hände in die Höhe gestreckt, um offen zu sein für den Heiligen Geist und für unsere Schwestern und Brüder. So erfahren wir etwas vom Reich Gottes.
Eine mögliche Struktur: Nach einem ersten Klön bei einer Tasse Kaffee mit der Morgenandacht beginnen, dann zusammen die Bibel lesen (→ S. 123), Mittag essen, spielen und singen, nachmittags ein Thema bearbeiten – und abends (nach oder mit integriertem Abendessen) eine *Lebendige Liturgie* feiern.

- Der Gottesdienst kann *Auftakt eines Gemeindefestes* sein. In dem Fall ist es gut, den gegenseitigen Bezug von Gemeindefest und Gottesdienst zu bedenken.

Wenn wir wollen, daß ein Gemeindefest (in aller Offenheit) einen biblischen Bezug hat, dann hat das Konsequenzen für den Gottesdienst und für das Fest, z.B. indem wir eine biblische Geschichte suchen, die uns etwas von dem Fest des Lebens erahnen läßt, das wir auch in der Feier des Gemeindefestes ein Stück weit zu erleben suchen (z.B. *Zachäus*[21]).

Aus der liturgischen Werkstatt

Wie könnte die Struktur eines Gemeindefest-Tages theologisch bzw. liturgisch durchdrungen werden? Ist so etwas wie eine Liturgie für einen ganzen Tag möglich? Denken wir darüber nach, wo an diesem Gemeindefest-Tag Struktur-Elemente des Gottesdienstes vorkommen können:[22]

21. Siehe dazu F. Baltruweit, »Zachäus« – Festgottesdienst mit einem musikalischen Mitmach-Theaterstück und Abendmahl – in: E. Domay (Hg.), Arbeitsbuch Gemeindefeste, Gütersloh 1992, S. 136–150.
22. Nach einem Arbeitspapier aus der Arbeitsstelle Gottesdienst der Evangelischen Kirche von Westfalen. Zur Frage der liturgischen Strukturierung eines Gemeindefestes vgl. G. Ruddat, Fest und Gottesdienst, in: Der Evangelische Erzieher 35/1983, S. 109–134 oder G. Ruddat, Inventur der Gemeindepädagogik oder Gemeindefest als gemeindepädagogisches Paradigma, in: Der Evangelische Erzieher 44/1992, S. 445–465.

	Gemeindefest-Tag:
Eröffnung und Anrufung	
sich einstimmen	. . . .
sich vorbereiten	. . . .
zueinanderfinden	. . . .
sich Gott zuwenden	. . . .
Gott anrufen	. . . .
Verkündigung und Bekenntnis	
Gottes Wort hören	. . . .
miteinander austauschen	. . . .
den Glauben bekennen	. . . .
sich informieren	. . . .
sich verabreden	. . . .
Gott Dank opfern	. . . .
Fürbitte tun	. . . .
Abendmahl	
sich vorbereiten	. . . .
den zu uns kommenden Gott preisen	. . . .
der Nähe Gottes als Gäste des Gekreuzigten und Auferstandenen gewahr werden	. . . .
zu Gast sein »am Tisch des Herrn«	. . . .
das Leben empfangen	. . . .
Dank sagen	. . . .
Sendung/Segen	
sich verabschieden	. . . .
entlassen werden in den »Gottesdienst des Alltags«	. . . .
Zuspruch des Geleits Gottes	. . . .

Gemeinde gestaltet Gottesdienst

Den Gottesdienst in der Gemeindearbeit vernetzen

Die Bedeutung des Gottesdienstes für die Gemeinde

Den Gottesdienst in der Gemeindearbeit vernetzen bedeutet zunächst, sich die *Bedeutung* des Gottesdienstes für die Gemeinde klarzumachen:

- Gottesdienst feiern bedeutet, Gott Raum zu geben, Raum für Gottesbegegnung zu schaffen.
- Ohne Gottesdienst gibt es keine Gemeinde. Er baut Gemeinde auf und ist ihre Mitte.
- Ein Gottesdienst, der die Botschaft ernstnimmt, hat einladenden Charakter. Er nimmt die Menschen ernst, so wie sie sind.
- Im Gottesdienst wird etwas von dem WAS (der Botschaft) im WIE (der Gestalt des Gottesdienstes) vermittelt.

Wenn Gottesdienst die Mitte der Gemeindearbeit ist, treffen sich in ihm Einzelne und Gruppen, die in der Gemeinde zusammenarbeiten und -leben, um das Leben zu feiern, die Belastungen und den Dank vor Gott zu bringen und in der Begegnung mit Gott und miteinander Richtungsweisung und Stärkung für die kommende Zeit zu gewinnen. Sie wünschen sich, in ihrer unterschiedlichen Art im Gottesdienst ein Zuhause zu finden, auch wenn und gerade weil es um eine Erfahrung geht, die über ihren Alltag hinausweist.
Ein Gottesdienst in Jesu Namen hat *einladenden* Charakter, so wie Jesus die Menschen zum Essen eingeladen hat – *und alle wurden satt*. Genau das will im Gottesdienst erfahren sein. So eine *Erfahrung* trifft die Menschen, wo sie sind, und nimmt sie in ihrer Lebenssituation an und ernst.

- In ihr gewinnt das Wort Gestalt und bekommt einen Körper mitten in den Lebenszusammenhängen der Menschen, wird *Lebensmittel*, weil in ihr etwas von der Befreiung Wirklichkeit wird, die im Evangelium steckt, und vom Geist Gottes mit seiner heilenden Kraft. In ihr hat Gott Raum.
- In ihr rechnen wir damit, daß sich etwas ereignet, daß wir heiler den Gottesdienst verlassen, als wir gekommen sind – in der Erinnerung an das und in der Vergegenwärtigung dessen, was Jesus zeichenhaft wirkte, in der *Kommunikation des Evangeliums.*[1]

[1] Der von Ernst Lange eingeführte Terminus *Kommunikation des Evangeliums* (→ in: E. Lange, Kirche für die Welt (Hg. in der Edition Ernst Lange von R. Schloz), München 1981, S. 101-129, und: ders., Chancen des Alltags (Hg. in der Edition

Das *Heilende* ist etwas *Heiliges* im Gottesdienst (→ S. 97), etwas Unverzichtbares in einer zerstörten und zerstörungswütigen Welt. Ob Gefühl der Geborgenheit in der Predigt (→ S. 97 bzw. S. 242) oder spürbare Gemeinschaft beim Abendmahl (→ S. 243) – in beidem wird etwas von Gottes segensreichem Dienst an uns erfahren. So schwer die unterschiedlichen Erwartungen an den Gottesdienst miteinander zu vermitteln und Gottesdienste mit unterschiedlichen Akzenten notwendig sind. Die Sehnsucht nach so einer *heilenden und vom Segen getragenen* Gottesdiensterfahrung verbindet alle. Und verheißungsvoll wird es im Gottesdienst immer dann, wenn etwas von dem *Was* (der Botschaft) im *Wie* (der Gestalt) vorkommt.

K.F. Daiber erinnert in einem Vortrag vor der Hannoverschen Landessynode daran, daß die Gemeinde an keiner anderen Stelle so an ihren Ursprung gewiesen ist wie im Gottesdienst, daß sie Gemeinde der Hoffnung und »Vorschattung des Reiches Gottes« ist, daß nirgendwo sonst die Gemeinschaft aller Christen so präsent ist – auch über die Konfessionsgrenzen hinweg. Diese »elementare Mitte« wird in den verschiedensten Formen des Gottesdienstes gegenwärtig und ist nicht abhängig von *einer* Feier, die von allen besucht wird.[2]
Ernst Lange spricht von der »Feier der Begegnung« zwischen den Menschen, die in ihrer Suche nach Religion der Christusbotschaft begegnen (»dem Menschen, der für Gott spricht in Wort und Tat, im Wirken und im Leiden«). In der Feier dieser Begegnung finden die Menschen ihre *Identität*, die sie als Geschöpfe außerhalb ihrer selbst begründet sehen, die aber ihr Eigenstes betrifft: ihre Sehnsucht nach Ganzsein, Hoffnung, Liebe. So suchen sie im Gottesdienst *Distanz* zu der Gesellschaft, die sie von sich selbst entfremdet, und die sinnliche Erfahrung der Befreiung von ihr. In der *Feier des Daseins und der Verheißung* erschließen sie »im Spiel« ihre Gegenwart und ihre Zukunft. Ernst Langes Konsequenz für die Feier unserer Gottesdienste: »Die Kirche soll ihrer Liturgie den *Begegnungscharakter* wiedergewinnen.«[3]

Ernst Lange von P. Cornehl), München 1984, S. 109ff.) wird von R. Schloz weiter entfaltet (→ R. Schloz, Gottesdienst und Verständigung, in: M. Seitz/L. Mohaupt (Hg.), Gottesdienst und öffentliche Meinung, Stuttgart 1977, S. 169-197) und u.a. auch im Blick auf den Gemeindeaufbau bzw. die kommunikative Gemeindepraxis (→ Chr. Bäumler, Kommunikative Gemeindepraxis, München 1984) und die Gemeindetheorie (→ H. Lindner, Kirche am Ort, Stuttgart 1994) rezipiert und weiterentwickelt, auch in ökumenischer Perspektive (→ Chr. Bäumler/N. Mette (Hg.), Gemeindepraxis in Grundbegriffen, München/Gütersloh 1987).

2. In: Niederschrift der VI. Tagung der Landessynode der Ev.Luth. Landeskirche Hannovers vom 6.-9. Mai 1992, S. 55–68, hier S. 68.

3. Ernst Lange, Was nützt uns der Gottesdienst? in: Deutscher Ev. Kirchentag 1973, Dokumentarband, Stuttgart 1973, S. 403–412; hier S. 409. G. Ruddat hat in dieser Linie bereits den *Kinder*gottesdienst als »Feier der elementaren Begegnung« – zwischen Mensch und Gottes »Wort« beschrieben (vgl. G. Ruddat, Kindergottesdienst elementar, a.a.O., S. 125ff.). Hier ist anzuknüpfen.

Wenn wir etwas von dem Begegnungscharakter des Gottesdienstes Gestalt werden lassen, dann wird das Konsequenzen haben:
Kontinuierliche lebendige Gottesdienst»arbeit«, die in der Gemeinde verwurzelt ist, bringt auch die erwünschten Zahlen – und zwar nicht, weil es um Zahlen geht, sondern weil der Gottesdienst den Menschen wichtig ist/wird, ja etwas »ureigen Menschliches« ist. Und das ist etwas, was mit der Wurzel seiner Bedeutung zu tun hat, mit der Kommunikation des Evangeliums, die die Situation der Menschen trifft.

Die Verwurzelung des Gottesdienstes im Lebens- und Jahreszyklus

Den Gottesdienst in der Gemeindearbeit vernetzen bedeutet, die Lebens- und Sozialbezüge der Menschen und ihre jahreszyklische Verwurzelung ernstzunehmen.
»Offenbar haben eine Mehrzahl von Kirchenmitgliedern und Menschen der Gegenwart einen leichteren Zugang zu lebenszyklischen Gottesdiensten als zum Sonntagsgottesdienst, vermutlich insbesondere deshalb, weil sie mit ihren eigenen Lebensvollzügen unmittelbar in diesem Gottesdienst vorkommen.«[4]

- Wir haben uns die Frage zu stellen: Wie können Gottesdienste das Leben der Menschen begleiten? Wo deuten sie im Licht des Evangeliums ihre Situation und geben ihnen Aussicht (Perspektive)?
Wir haben wahrzunehmen, wann viele gern zum Gottesdienst kommen – und das ernstzunehmen: Weihnachten, Erntedank, Totensonntag, der Gottesdienst im Schützenzelt, der Gottesdienst, in dem Eltern ihre Kinder, ihre Konfirmandinnen und Konfirmanden begleiten etc.
- Wir haben wahrzunehmen, daß die Menschen, die jeden Sonntag kommen, weniger werden, und daß die, die vielleicht einmal im Monat kommen, deutlich mehr werden.
Herbert Lindner stellt eine »Modellrechnung« des Gottesdienstbesuches auf. Er zeigt, wie sich die Gewichte von denen, die jeden Sonntag kommen, zu denen, die ab und zu kommen, verschoben haben. »In den allermeisten Gemeinden verlieren dann die ganz regelmäßigen Besucher ihre dominante Stellung und werden zu einer Gruppe unter den anderen Gruppen der etwa vierzehntägigen und der etwa einmal im Monat Kommenden.«[5]

4. K.F. Daiber, a.a.O., S. 58.
5. H. Lindner, Erneuerte Agende – Erneuerter Gottesdienst?, Rummelsberg 1991, S. 14.

Gottesdienstbesucher an *einem* Sonntag:		Gottesdienstbesucher *im Jahresdurchschnitt* (ohne Festtage):
10 %	kommen seltener als 1 x im Monat	23,1 %
20 %	kommen 1 x im Monat	**30,8 %**
30 %	kommen etwa 2 x im Monat	23,1 %
40 %	kommen jeden Sonntag/ fast jeden Sonntag	23,1 %

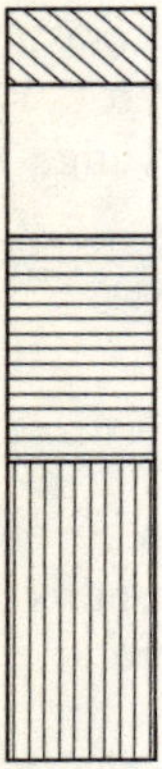

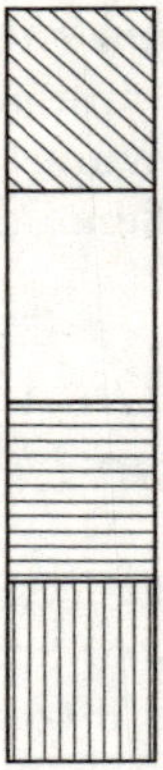

Es gibt also immer weniger Menschen, die jeden Sonntag kommen, dafür immer mehr, die ab und zu kommen. Wie können wir diese Wahrnehmung in unsere Gottesdienste sinnvoll einbeziehen?

• Wir haben auch wahrzunehmen, daß ganz unterschiedliche Gottesdienstformen von unterschiedlichen Menschen besucht werden:

Es gibt nicht allein den »traditionellen« Gottesdienst, sondern auch

- Gottesdienste mit Taufen,
- Familiengottesdienste, oft herausgewachsen aus dem Kindergottesdienst, oder aus der Arbeit mit Kindern (die z.B. ein Anspiel aufführen), auch Krabbelgottesdienste,
- Gottesdienste mit Konfirmandinnen und Konfirmanden und ihren Eltern,
- musikalische Gottesdienste mit dem Kirchenchor, dem Posaunenchor, den Chören aus dem Ort,
- Gottesdienste im Freien (die die Schwelle erheblich vermindern, mal »reinzuschauen« oder wenigstens von Ferne zuzuschauen),
- Jugendgottesdienste,
- besondere Gottesdienste (Christ- oder Ostermette, die besonders die Jahrgänge »ansprechen«, die sonst kaum kommen, die 20- bis 50jährigen ...),
- ...

Zu den Gottesdiensten in unterschiedlicher Gestalt tritt die Frage nach der Gottesdienst*zeit*. Wir können den Tagesrhythmus und das Freizeitverhalten der Menschen für unsere Gottesdienste nutzen. Jede Tageszeit hat auch für die Gottesdienstkonzeption und -dramaturgie besondere Chancen.

- Wenn wir die unterschiedlichen Gottesdienste zu den unterschiedlichen Zeiten – so wie die verschiedenen Blumen in einer Vase, die in ihrer Einzigartigkeit Freude machen, ein schönes (Gesamt-)Bild ergeben und aus *einer Mitte* ihren Saft ziehen – mit Freude feiern, sehen wir:
Menschen unterschiedlichster Zielgruppen (Konf.eltern, Kasualfamilien etc.) freuen sich, (ab und zu) einen Gottesdienst besuchen zu können, der sie dort abholt, wo sie sind, zu dem sie sich eingeladen fühlen, in dem sie sich liebevoll behandelt fühlen und ernstgenommen wissen und der sie in die Begegnung mit der Gottesbotschaft führt. Die Sehnsucht nach einer offenen menschenfreundlichen Gottesdienstgestaltung in verstehbarer Sprache ist groß.
- Gehen wir einmal den Jahresplan durch: Wenn man über das Jahr verteilt zielgruppenorientierte Gottesdienste (im obengenannten Sinne) plant, erreicht man noch einmal ganz andere Menschen als die, die normalerweise kommen.
Möglichst viele bei der Gottesdienstgesamtgestaltung eines Jahres im Blick zu haben, bedeutet nicht nur, die Gottesdienstbesucher/innen/zahlen zu erhöhen, sondern vor allem ernstzunehmen, daß das Evangelium alle erreichen will und unterschiedlichste Zielgruppen sich gern »etwas sagen lassen«.

Denkzettel

Die Farben und Festzeiten des Kirchenjahres

Sieben Nachfragen zur Annäherung

1. Wie nehme ich das Natur-, Kalender- und Kirchenjahr wahr? Wo spiegelt es sich im Zyklus meines Lebens(jahres)?
2. An welche Feste in meinem Leben bzw. in unserer Gemeinde erinnere ich mich besonders gern? An welchen Elementen machen sich meine Erinnerungen fest?
3. Welche Farben spielen in unserer Kirche eine Rolle? Was verbinde ich mit diesen Farben?

(Nach einem Blick auf das *Schaubild: Der Kirchenjahreskreis:)*

4. Welche Feste/Festzeiten liegen in unserer Gemeindearbeit »brach« (bzw. tauchen »nur noch« in den Festtagsgottesdiensten auf)?
5. Welche neuen Traditionen (Themen und Gedenktage) prägen unser Kirchenjahr vor Ort/in unserer Gemeinde?
6. Welche Feste/Festzeiten möchte ich (als nächstes) wieder entdecken und gestalten?
7. Welche »Vernetzungen« einer Festzeit in unsere(r) Gemeindearbeit können/wollen wir als nächstes angehen und entwickeln?

Merkposten zur Erinnerung

»Das Kirchenjahr ist

a) eine Abfolge von Festen und Gedächtnissen im Jahreslauf, die von den Grundaussagen unseres Glaubens her geprägt sind;
b) darüber hinaus geprägt von den Fest- und Feierbedürfnissen der Menschen, man könnte auch ganz allgemein von ›religiösen Bedürfnissen‹ sprechen, von jährlich wiederkehrenden Ereignissen im Jahres- und Naturlauf, wie in der Gesellschaft und Politik;
c) nichts Statisches und Unveränderbares. Ausgehend von einer festen Grundstruktur, bietet es vielfältige Möglichkeiten der Variation. Es verändert an den einzelnen Sonntagen seinen jeweiligen Schwerpunkt je nach gemeindlichen, gesellschaftlichen oder politischen Gegebenheiten. Selbst die feste Grundstruktur ist nicht so fest, daß nicht etwas Neues hinzukommen oder Altes wegfallen könnte.«

(W. Reich, Das Kirchenjahr begehen, in: W. Reich/J. Stalmann [Hg.], Gemeinde hält Gottesdienst, Hannover 1991, S. 106–112, hier: S. 109)

Wie das Kirchenjahr »in offener Form« (→ 2. Kriterium der Erneuerten Agende, S. 30) als Gemeindejahr gestaltet werden kann (→ S. 236f.),

Denkzettel

hängt von der aus der Gemeindesituation heraus gefundenen Antwort ab, wie in Lebens- und Jahreszeit (im lokalen und globalen Kontext) in unterschiedlicher Ausprägung das *Ursprungsdatum des Kirchenjahres* Gestalt gewinnen kann: Ostern (an jedem Sonntag) als »Tag der Auferstehung«, der Befreiung zu neuer Gemeinschaft mit Gott und den Menschen.

Die liturgischen Farben

Die Zeiten und Inhalte des Kirchenjahres spiegeln die *liturgischen Farben* der Paramente (der Altar- und Kanzeltücher, z.T. auch der liturgischen Gewänder):

Weiß	Farbe der Reinheit und der Unschuld, des ungebrochenen Lichts und der vollkommenen Wahrheit – von daher Farbe der Christusfeste (Weihnachten, Ostern), der »frisch« Getauften und der göttlichen Gegenwart;
Violett	Mischfarbe aus Blau (Himmel) und Rot (Erde), darum hinweisend auf die »Menschwerdung Gottes« und die »Auferstehung« Jesu als Farbe der Vorbereitung, der Buße, der Umkehr (Advent = Ankunft; Passion = Leidensweg), als Farbe des aktiven Wartens auf eine neue Zeit (vgl. die Übernahme der Farbe durch die Friedens- und Frauenbewegung);
Rot	Farbe der Erde, des Feuers, der Liebe, des Blutes, des Lebens, der Macht – von daher Farbe des Heiligen Geistes und der Apostel und Märtyrer (Blut-Zeugen) und damit der Kirche (Pfingsten, Kirchweih/Gemeindefest, Konfirmation), Farbe der Bereitschaft zur Nachfolge.
Grün	Farbe der erwachenden Natur, des Frühlings, der Hoffnung – von daher Farbe für die Zeit des »Grünens« der Kirche – von Trinitatis (Dreieinigkeit) an.
Schwarz	Abwesenheit von Farbe, darum häufig auch nicht als liturgische Farbe angesehen und verwandt, »Trauerfarbe« (Karfreitag, auch Totensonntag) – mögliche Konsequenz: Verzicht auf Paramente am Karfreitag oder Umgestaltung durch ein »Hungertuch« oder violett.

Literatur

K.H. Bieritz, Das Kirchenjahr, München, 3. Aufl. 1991; I. Riedel, Farben, in Religion, Gesellschaft, Kunst und Psychotherapie, Stuttgart 6. Aufl. 1987.

Der Kirchen-Jahreskreis

Liturgische Feste wollen zeigen: Gott ist mit uns Menschen –
Er geht mit uns durch das Jahr/die Zeit.

Der »traditionelle« Kirchenjahres-Kreis »wartet« darauf, durch die aktuellen Ereignisse des »Gemeinde-Jahres« gefüllt zu werden (→ S. 236f.).

Ende des Kirchenjahres

Herbst

Ewigkeits- (bzw. Toten-)Sonntag (= grün, weiß oder schwarz)
Buß- und Bettag (= violett)
Vorletzter So. des Kirchenjahres (Volkstrauertag)
Drittletzter So. des Kirchenjahres

Reformationsfest (31. Okt. = rot)

Erntedankfest
(erster So. im Oktober oder letzter So. im September)

10. So. n. Trin.: Gedächtnis der Zerstörung Jerusalems

Trinitatiszeit

bis zu 24 Sonntage nach Trinitatis (= grün)
besondere Tage u.a.:

Trinitatis (Tag der Dreifaltigkeit:
Vater, Sohn, Hlg. Geist = weiß)

Osterzeit

Pfingsten (= 50 Tage nach Ostern – Fest der »Ausgießung« des Hlg. Geistes – »Geburtstag der Kirche« = rot)

6. Sonntag

Himmelfahrt (= 40 Tage nach Ostern – immer: Do.)

Sommer

(weiß)

5 Sonntage
(So. nach dem ersten Vollmond im Frühling)
Osterfest
Osternacht

Beginn
des Kirchenjahres

Adventszeit

1. - 4. Advent (Fastenzeit = violett)

Winter

Weihnachtszeit

Heiliger Abend / Heilige Nacht (24.12.)

Christfest / Weihnachten (weiß)

Jahreswende (Altjahrsabend / Neujahr)
1 - 2 Sonntage nach dem Christfest

Epiphaniaszeit

Epiphanias (Fest der Erscheinung Gottes = weiß)
Epiphaniaszeit (bis zu 5 Sonntage = grün)
Letzter So. n. Epiphanias (Fest der Verklärung Christi = weiß)

Vorpassionszeit

3 Sonntage = grün

Passionszeit

Aschermittwoch (= violett)
6 Sonntage – (Fastenzeit = violett)
(die Sonntage weisen aber als »Auferstehungstage«
schon auf Ostern hin – bes. der Sonntag »Lätare«
= Klein-Ostern)

Karwoche

Mo./Di./Mi. (= violett)
Gründonnerstag (Einsetzung des Abendmahls = weiß)
Karfreitag (keine Farbe bzw. schwarz)
Karsamstag (Farbe wie Karfreitag)

Frühling

Die gemeinsame Vorbereitung und Durchführung des Gottesdienstes

Den Gottesdienst in der Gemeindearbeit vernetzen bedeutet, ihn *gemeinsam mit vielen vorzubereiten und zu feiern (Partizipation).*
Eine möglichst große Zahl von Gottesdiensten sollte in der Gemeinde »verortet« sein und aus ihr heraus gefeiert werden. D.h. am Beispiel der Jugendgottesdienste: Der Pastor bzw. die Pastorin oder die Diakonin bzw. der Diakon »macht« sie nicht für die Jugendlichen, sondern *mit* ihnen. Jugendgottesdienste sollten von Jugendlichen für Jugendliche gestaltet werden. Wichtig dabei ist, daß die Gottesdienstvorbereitung und -durchführung gut begleitet wird – im Sinne des *gemeinsamen* Lernens und nicht des Dominierens durch die Hauptamtlichen. Wir müssen lernen, Macht abzugeben. Wir müssen lernen, uns auch etwas sagen zu lassen. Wir müssen lernen, etwas wachsen zu lassen. Die Gottesdienstvorbereitung mit Gruppen hilft uns, an die Sprache, das Denken und Fühlen der Menschen in unserer Gemeinde heranzukommen. Diese Art der Vorbereitung und Durchführung ist übertragbar auf viele Gottesdienstformen.
Partizipation bedeutet: abgeben können, d.h. zum Beispiel, daß der bzw. die Hauptamtliche in der Durchführung nicht zu allem auch noch das eigene (besonders) wichtige Wort hinzufügt.
Partizipation braucht in der Durchführung auch die Beschränkung *aller* Beteiligten. Es geht z.B. nicht, daß fünf Personen, die ein Fürbittengebet gestalten, jeweils eine DIN-A5-Seite aus dem Gefühl heraus vorformulieren: Mein Text muß »alles abdecken«. Die Beteiligten müssen lernen, sich als *ein Teil des Ganzen* wahrzunehmen, in der jede und jeder etwas, aber niemand alles zu sagen hat.

Hinter verschiedenen Gottesdienstformen stehen verschiedene Gruppen (Frauenkreis, Chor, Alte, Kinder, Jugendliche, Schule, Eltern etc.). Mit ihnen ins Gespräch zu kommen und Gottesdienste oder Teile gemeinsam vorzubereiten bedeutet, unterschiedlichen, manchmal auch den eigenen Vorstellungen fremden Gottesdienst»kulturen« und Frömmigkeitsstrukturen Raum zu geben.
Ein Fürbittengebet (z.B.) muß nicht immer »stromlinienförmig« und in sich stimmig (»und nach meiner Nase«) aufgebaut sein, es können in ihm auch fünf ganz unterschiedliche Menschen einen Platz bekommen … (→ S. 151)

Vorbereitung mit Gruppen bedeutet, Menschen selbstbewußt und mündig zur Gottesdienstgestaltung zu machen. Sie ist ein Beitrag zum »Priestertum aller Gläubigen«. »Lernen in Gemeinschaft« bedeutet zu erfahren: Wir brauchen einander – und können allein (ohne einander) wenig oder gar nichts ausrichten, wie das Bild von dem einen Leib und den vielen Gliedern lehrt.

Die kontinuierliche Arbeit am Gottesdienst in der Gemeinde

Den Gottesdienst in der Gemeindearbeit vernetzen bedeutet, *kontinuierlich* an und mit ihm zu arbeiten.
Es braucht Zeit, bis der Pastor bzw. die Pastorin selbst in der Gemeinschaft gelernt hat, souverän durch offene Gottesdienste zu »führen«, so daß sich die Menschen, die zum Gottesdienst kommen, dort sicher aufgehoben wissen.
Es braucht Zeit, bis sich ein Stamm von Mitarbeiterinnen und Mitarbeitern gefunden und das Gefühl bekommen hat: Nun sind wir soweit, daß wir uns mit der Liturgie auskennen und uns frei in ihr bewegen, sachkundige Gestaltungsvorschläge machen und durchführen können.
Es braucht Zeit, bis sich diese Art, Gottesdienst zu gestalten, herumgesprochen hat.
Menschen brauchen Zeit, um kontinuierlichen oder auch einen auf größere Zeitabstände bezogenen Zugang zum Gottesdienst zu finden. Das bedeutet, ein Gottesdienstkonzept in einen Zyklus von fünf bis sieben Jahren einzubetten.

Ein wichtiger Baustein im Konzept ist die Öffentlichkeitsarbeit:
Öffentlichkeitsarbeit bedeutet *Werbung* in den Gemeindegruppen, bei den entsprechenden Zielgruppen durch Zettel, in Geschäften etc. mit Plakaten, in allen Zeitungen mit Kurzberichten – all das *immer* wieder. *Werbung nach innen* bedeutet: die Gruppen der Gemeinde sind informiert über das, was in der Gemeinde geschieht und können es »nach außen« weitersagen. *Werbung nach außen* bedeutet: möglichst viele Leute sollen wissen, was die Gemeinde macht. Es bedeutet aber nicht unbedingt: wenn sie den Zettel lesen, müssen alle kommen.
Mindestens ebenso wichtig wie die konkrete Einladung ist die Arbeit an einem *Profil*, das die Menschen mit der Gemeinde(-gottesdienst-)arbeit verbinden. Das *Profil* muß ehrlich und realistisch sein. Wichtig ist, daß ich in der Werbung für einen Gottesdienst nicht mehr verspreche, als ich halten kann. »Es muß auf der Verpackung stehen, was drin ist – und nichts anderes.« Ich darf nicht einen lebendigen Gottesdienst versprechen, der in der konkreten Umsetzung dann langweilig erlebt wird.

Die Verbindung zwischen Einladung, Berichten von Gottesdiensten in Zeitungen *und* »Käseblättern« (!) und persönlichem Erleben (im Kasualgottesdienst, zu Weihnachten etc.) bewirkt die Grundeinstellung, die dazu führen kann, sich zum Gottesdienst (auch mal) sonntags aufzumachen. Auch in der Öffentlichkeitsarbeit ist Kontinuität gefragt. Alles braucht Zeit.

Allerdings wird der Pastor bzw. die Pastorin für einen Gottesdienst in Zusammenarbeit mit Gruppen mit der Zeit kaum mehr Zeit aufwenden müssen als für einen gründlich vorbereiteten »traditionellen« Gottesdienst. Der Predigtauftrag wird gut in der Gruppe vorbereitet und zugespitzt, die Situation, in die hinein etwas zu sagen ist, klar und deutlich sein. Viele werden mit der Zeit sensibel für das Gottesdienstgeschehen, so daß manchmal Absprachen erheblich kürzer sein können als mit Mitarbeiter/innen (Lektoren ...) im »traditionellen« Gottesdienst. Auch lebendige Gottesdienstgestaltung kann sich im Endeffekt vielleicht sogar als zeitsparend und ökonomisch erweisen ...

Die Gottesdienst-Werkstatt – ein Modell zum Nachmachen

Den Gottesdienst in der Gemeindearbeit vernetzen bedeutet, mittelfristig eine Gottesdienstvorbereitungsgruppe (Gottesdienst-Werkstatt) aufzubauen, die immer wieder neu den Gottesdienst ins Gespräch bringt und seine Gestaltung langfristig plant.

Die Gottesdienst-Werkstatt als liturgische Basisgruppe

Die Gottesdienst-Werkstatt[6], der Gottesdienst-Vorbereitungskreis der Gemeinde, trifft sich wöchentlich am Dienstagabend, damit eventuell noch

6. Die folgenden Überlegungen knüpfen an die fünfzehnjährige Praxis der Gottesdienstarbeit in der Matthäus-Kirche, Leverkusen, an, die – angeregt durch die Vorbereitung und Durchführung einer »Lateinamerikanischen Beatmesse« im Gefolge des Berliner Kirchentags 1977 – sich in einer Gottesdienst-Werkstatt kristallisierte und seitdem kontinuierlich – angefangen bei meditativen Abendgottesdiensten in der Advents- und Passionszeit und besonderen Gottesdienstformen wie liturgischen Osternächten – den Gottesdienst vor Ort angeregt und ausgestaltet hat. – In diesem Zusammenhang wird in deutlicher Anlehnung an den Arbeitsstil klassischer »Kindergottesdienst-Helferkreise« auf die Vorbereitung der Sonntagsgottesdienste abgehoben. Übertragungen auf andere Gottesdienstformen sind unschwer möglich.

Zeit ist, bis zum Sonntag das eine oder andere zu besorgen oder in Ruhe vorzubereiten, zum anderen um gelegentlich mit dem vorher um 18 Uhr tagenden Kindergottesdienstteam zusammenarbeiten zu können. Der Pfarrer leitet in der Regel diesen Kreis, in dem sich durchschnittlich zehn ältere Jugendliche und Erwachsene (zwischen 17 und 70 Jahren) die Arbeit teilen. So wird meist für ein Viertel- oder Halbjahr die jeweilige Verantwortung für den Sonntagsgottesdienst abgesprochen.

Diese Mitarbeiterinnen und Mitarbeiter »rekrutieren« sich aus der konkreten Gottesdiensterfahrung (»das ist ja so ansteckend, da will ich auch mitmachen!«) oder aus der *gemeindeinternen »Aus- und Fortbildung«*:

Kinder sind in die Gestaltung des Kindergottesdienstes einbezogen, Konfirmandinnen und Konfirmanden bringen sich Schritt für Schritt in den Gottesdienst ein und gestalten nicht nur *ihre* Gottesdienste, sondern sind während des Gemeindepraktikums (eine zweimonatige »Unterbrechung« des Unterrichts vor dem Gemeindefest im Sommer) entweder in die spezielle Gemeindefest-Gottesdienstgestaltung verstrickt oder zum »Schnuppern« in der Gottesdienst-Werkstatt. Nach der Konfirmation bieten wir einen zweijährigen »Grundkurs für junge Helferinnen und Helfer« (15–17 Jahre) an, der in Anlehnung an das weitverbreitete Kindergottesdienst-Helferhandbuch[7] gruppendynamische, religionspädagogische und -kreative Grundkenntnisse (incl. liturgischer Erfahrungen) exemplarisch vermittelt und erprobt, gleichzeitig aber auch die Grundlage für das Gestalten biblischer Geschichten und liturgischer Texte vertieft.

Im Anschluß daran werden übergreifende Fragen der Gemeindearbeit (Gottesdienst eingeschlossen) im »Samstagstreff« (etwa alle zwei Monate ein Schulungsnachmittag) und in zwei thematischen Freizeiten pro Jahr – generationenübergreifend – verstärkt, die sich einerseits um das Thema, den biblischen Zusammenhang, des Gemeindefestes, andererseits um einen Grundtext des Glaubens oder um Grundlagen des Gottesdienstes bemüht.[8]

Anregend und bereichernd ist auch die von der Gemeinde materiell deutlich geförderte Teilnahme an (über)regionalen Fortbildungsangeboten, die

7. Das zuerst im Selbstverlag des Rheinischen Verbandes für Kindergottesdienst seit 1976 in Lieferungen erschienene Ringbuch wurde 1981 für die Veröffentlichung im Verlag Junge Gemeinde, Stuttgart, durchgesehen und liegt jetzt in 4. Auflage überarbeitet vor: J. Koerver/R. Köster/G. Ruddat/H.J. Schneider (Hg.), Kindergottesdienst-Helferhandbuch, Stuttgart 4. Aufl. 1989.

8. Vgl. etwa das auf diesem Hintergrund entstandene »exemplarische Modell« zur Gestaltung des Abendmahls (S. 189ff.).

in besonderer Weise helfen, »über den eigenen Kirchturm hinauszusehen«.[9]

Der Gemeindebeirat, die gewählte Vertretung aller Dienst- und Altersgruppen, aller Interessen- und Projektgruppen (etwa 30 Menschen), die gewöhnlich alle zwei Monate über den Weg der Gemeinde nachdenkt, beschäftigt sich – neben der Gemeindeleitung – auch mit der Gestalt des Gottesdienstes »vor Ort«. Darüber hinaus ist wesentlich auch für die »liturgische Aufbereitung« der Gemeinde der Besuchsdienst, der sich bei etwa 2000 Gemeindegliedern aus etwa 25 Mitarbeiterinnen und Mitarbeitern zusammensetzt, die als »gute Adressen« der Gemeinde im überschaubaren Nachbarschaftsbezirk einer kleinen Straße oder eines größeren Häuserblocks Öffentlichkeitsarbeit auch für den Gottesdienst »an der Haustür« ermöglichen: Der Gottesdienst-Werkstatt kommen alle diese Erfahrungen zugute. So entwickelt sich dieser Kreis zur entscheidenden liturgischen Basisgruppe, die die gottesdienstliche Wirklichkeit der Gemeinde immer wieder anregt, gestaltet und verändert. Dabei hat sich im Laufe der Jahre eine lang-, mittel- und kurzfristige Planung ergeben, in der wesentliche Elemente einer Liturgie-Didaktik zum Ausdruck kommen.

Liturgische Planung

Gottesdienst, der nicht isoliert stattfinden soll, braucht ein ganzes Spektrum von Integrationshilfen, die seine liturgischen Eigentümlichkeiten (im Unterschied zu anderen Angeboten der Gemeindearbeit) gemeindepädagogisch vernetzen. Und solche Vernetzung erfordert Planung (besondere Zeit).

Der Gottesdienst im Gemeindejahr

Ein Gottesdienst, der nicht nur von Sonntag zu Sonntag geplant wird, wird den zeitlichen Rahmen der wöchentlichen Vorbereitung sprengen; damit ist gleichzeitig die Frage nach dem Wann und Wie einer Jahresplanung gestellt: Nach unseren Erfahrungen hat sich eine zeitlich offene »Bilanz zwischen den Jahren« bewährt. Der (nicht nur) liturgische »Streß« der Weihnachtszeit klingt ab, es ist Zeit für ein Feed-Back und für ein Nachdenken bei einem entspannten »Arbeitsessen«.

9. Vgl. dazu die Fortbildungsveranstaltungen der Kindergottesdienstverbände und besonders der Gottesdienst-Beratungsstellen (Adressen in der Liturgie-Didaktischen Grundausstattung, S. 266f.).

Wir verfahren dabei nach folgendem Schema: Allen im Kreis liegt der *Jahresplan*[10] des Gesamtverbandes für Kindergottesdienst vor, in den der Perikopenplan[11] hineinkopiert und bereits bekannte Veranstaltungen der Gemeinde und andere besondere Ereignisse eingetragen sind. Im Hintergrund steht bei diesen Überlegungen natürlich auch der in unserer Gemeinde sich entwickelnde »Kanon«[12] der Fest-Gottesdienste:

1. Thematischer Gottesdienst zur Eröffnung der Passionsaktion »Sieben Wochen ohne« oder zur »Woche der Brüderlichkeit« oder in der Teilnahme am »Ökumenischen Jugendkreuzweg«;
2. Gestaltung der Karwoche – abwechselnd durch einzelne Gruppen –, »Feierabendmahl« am Gründonnerstag, Musikalisch-Literarische Liturgie am Karfreitagabend, Liturgische Osternacht, Ausgestaltung des Ostermorgens (mit Frühstück, Spaziergang/Marsch);
3. Gottesdienst zur Vorstellung der Konfirmandinnen und Konfirmanden – ca. vier Wochen vor Pfingsten –;
4. Gottesdienst zur Konfirmation am Pfingstsonntag
   – ergänzt durch Abendmahlsgottesdienst mit Konfirmierten am Pfingstmontag (gestaltet von älteren Jugendlichen);
5. Gemeindefest-Gottesdienst im Freien
   – direkt vor den Sommerferien – bzw. Gottesdienst zum Ferienanfang und -ende;
6. »Erklärter Gottesdienst« zum Schulanfang (auch für Neuzugezogene)
   – direkt nach den Sommerferien – bzw. besonderer Taufgottesdienst;
7. Ökumenischer Abendmahlsgottesdienst zum Erntedankfest bzw. Abschlußgottesdienst der Kinderbibelwoche (Herbstferien);
8. Thematischer Gottesdienst zur Eröffnung der »Friedenswoche« oder Liturgischer Abend am Buß- und Bettag;
9. Gottesdienst zum 1. Advent – gestaltet von der Frauenhilfe/-arbeit oder anderen Gruppen;
10. Das »klassische« Programm am Heiligabend (Kinder- und Familiengottesdienst, Christvesper und Christmette);
11. Singegottesdienst am 2. Weihnachtstag oder am Sonntag nach Weihnachten;
12. Bibelfest-Gottesdienst (letzter Sonntag im Januar).

10. Vgl. zuletzt: Plan für den Kindergottesdienst 1993/1994. Hg. Gesamtverband für Kindergottesdienstarbeit in der EKD, Stuttgart 1992.

11. Vgl. Sonn- und Festtagskalender (für das jeweilige Kirchenjahr). Hg. Lutherische Liturgische Konferenz, Hannover (z.T. abgedruckt in den Losungen, in kirchlichen Kalendern oder als Beilage in den landeskirchlichen Amtsblättern).

12. Vgl. dazu die Überlegungen von G. Ruddat im Kindergottesdienst-Helferhandbuch (Abschnitt: Feste im Kindergottesdienst, S. 473ff.) oder den umfassenden Lexikon-Artikel: G. Ruddat, Art. Feste und Feiertage VI. Praktisch-theologisch, TRE 11, 1983, S. 134–143.

Schon in dieser Zusammenstellung deutet sich an, daß nicht »alle Jahre wieder« als Prinzip gilt, sondern alle Jahre wieder unterschiedliche Akzente gefragt sind –, auch das schützt vor liturgischen burn out-Syndromen. Wenn noch andere besondere Ereignisse wie Gemeinde-Ausflug, Kirchentag o.ä. berücksichtigt sind, versuchen wir aus den angebotenen Text- und Themenkreisen so auszuwählen, daß sich sinnvoll ergänzende und für unsere Situation besonders wichtige (oder länger nicht mehr behandelte) *thematische Blöcke oder Gottesdienstreihen* von Zeit zu Zeit oder durch ein ganzes Jahr im monatlichen Rhythmus verwirklichen lassen (so haben wir z.B. die Katechismus-Stücke in einem »Vaterunser-Jahr« usw. erarbeitet), die unter Umständen dann auch durch entsprechende thematische Freizeiten oder Themen in den verschiedenen Gruppen für die Gemeinde vertieft werden und für die Mitarbeiterinnen und Mitarbeiter sich zeitlich entlastend auswirken, da ein wesentlicher Teil der Vorbereitungsarbeit geleistet ist. Gleichzeitig nutzen wir diese »Bilanz zwischen den Jahren« aber auch zur *Überprüfung unserer vorfindlichen liturgischen Wirklichkeit*: Wo steht unsere Art, Gottesdienst zu feiern, Gott und den Menschen im Wege? Welche liturgischen Elemente können wir zu bestimmten Texten und Themen herausstellen? Welche Schritte liturgischer Erziehung und Bildung sind im kommenden Jahr »dran«? Welche Anregungen aus dem ökumenischen Kontext wollen wir aufnehmen oder erst einmal in unserem Kontext »ausprobieren«? Welche »Außenseiter« sind einzubeziehen? Schließlich versuchen wir, für ein drittes Problemfeld Raum zu schaffen: Wie steht es um die *kreativen Zugänge zur Gottesdienst- und Predigtarbeit*? Ist mal wieder eine außerordentliche Schreib-Werkstatt zu Psalmen oder Gebeten an der Reihe oder eher die Auseinandersetzung um Bild und Bewegung oder eine belebende Analyse alter und neuer Lied-Literatur?
Didaktisch planende, liturgisch-kritische und -innovative wie methodisch-kreative Kompetenzen werden so erinnert und erweitert, wenn die Konstruktion unseres Gemeindejahres (in Anlehnung an das Kirchen- und Kalenderjahr) abgeschlossen ist.

Gottesdienst im thematischen Block oder in der Gottesdienstreihe

Der abgesteckte Rahmen des Gemeindejahres ermöglicht, die mehrere Sonntage übergreifenden Einheiten (thematische Blöcke oder Reihen durch das Jahr) längerfristig vorzubereiten. Bis zu einem vereinbarten oder einfach zeitlich verlängerten Treffen der Gottesdienst-Werkstatt können die Einzelnen sich nicht nur thematisch einstellen und vorbereiten (zum Beispiel durch die Möglichkeiten der liturgie-didaktischen Grundausstattung der Gemeindebibliothek), sondern es ist auch Zeit genug, die entsprechenden Materialien und Medien zu beschaffen und kennenzulernen.

Wesentlich ist dabei die kritische Sichtung und die sich daraus ergebenden Impulse für die Gestaltung der Liturgie wie für die thematische Akzentuierung der einzelnen Sonntage.
Als hilfreich hat sich dabei erwiesen, die speziellen Materialien in einer jeweils thematisch ausgerichteten *»Liturgie-Kiste«* für die Gottesdienst-Werkstatt bereitzustellen und rechtzeitig vorher untereinander zur »Rezension« (kritische Besprechung) zu verteilen. Die *Planung eines thematischen Blocks* vollzieht sich dann etwa in folgenden Schritten:

1. Assoziationen zum Thema (Erinnerungen – Enttäuschungen – Erwartungen);
2. Gebündelte Einführung in das Thema (evtl. exemplarisches Medium);
3. Erfahrungsaustausch über die »kritische Sichtung« der Materialien und Medien – Zeit zum Vorstellen und Vergleichen;
4. Sammeln und Vorstellen denkbarer liturgischer Bausteine (incl. Auseinandersetzung um geeignetes Liedgut);
5. Festlegung der thematischen Reihenfolge (z.B. Auswahl und Abfolge biblischer Texte);
6. Liturgische Konstruktion (vgl. »Gang durch die Liturgie«);
7. Formulierungsaufträge für Psalmen und Gebete, Liedverse oder »Kurzformeln des Glaubens«, Bekenntnistexte oder Segensworte o.ä.;
8. Gemeinsames Lernen neuer (oder alter) Lieder – spätestens hier sind die musikalisch Engagierten der Gemeinde gefragt, besser: sie sind von Anfang an einbezogen!
9. Gestaltung der Einladung zum Gottesdienst (Gemeindebrief o.ä.) und des Gottesdienst-Programms;
10. Abstimmung mit allen am Gottesdienst Beteiligten.

Quer durch alle Schritte ist Raum für den »Zusammenhang von Glauben und Leben«, der elementare Voraussetzung gerade für den liturgie-didaktisch entscheidenden Schritt *Liturgische Konstruktion* darstellt, mit dem die konkrete Ausgestaltung der Grundformen angesprochen ist. Die für die jeweiligen thematischen Blöcke und Gottesdienstreihen entworfenen Programme, die für die Hand der Gemeinde bestimmt sind, spiegeln eine abwechslungsreiche *»Agende« im Vollzug*. Die so gesammelte Gottesdienst-Erfahrung macht bewußt, was für eine Aufgabe unsere ganz persönliche *liturgische Erziehung und Bildung* darstellt, die der (Ein-)Übung und der gegenseitigen Korrektur bedarf.
Wesentlicher Bestandteil dieser liturgischen Kompetenzentwicklung vor Ort ist gerade die bei den thematischen Blöcken oder Gottesdienstreihen stärker festliegende Liturgie, in der sonntäglich nur wenige Elemente inhaltlich wechseln. Das Vertrautwerden mit alten und neuen Texten oder Liedern wird durch dieses bewußte Erinnern und Wiederholen erleichtert.

Solche Tendenzen werden natürlich verstärkt, wenn in manchen Familien die jeweils neu gestalteten Programme nach Hause mitgenommen werden und dort die Lieder und Gebete weitergesungen und -gesprochen werden ... oder in den Gemeindegruppen oder im Religionsunterricht der verschiedenen Schulformen (durch gegenseitigen Austausch) liturgische Innovationen vorbereitet werden – angefangen beim vorlaufenden Einüben neuer Lieder.
Die von uns zunehmend »gepflegte« Beteiligung der Gemeinde wirkt sich ebenso auf die Kontinuität des Gottesdienstbesuchs aus wie das Einbeziehen konkreter Abkündigungen und Fürbitten, die dann wirklich dazu führen, daß der Gottesdienst am Sonntag weiter-geht und die Gemeinde schließlich ihren Gottesdienst selbst in die Hand nimmt.

Die Liturgie der Vorbereitung auf den Sonntag

In diesem Zusammenhang soll nicht näher darauf eingegangen werden, daß die Gottesdienst-Werkstatt nicht nur Dienstgruppe ist, sondern eben auch informelle Gruppe, deren Eigenleben Pflege und Zeit braucht. Hier sollen vielmehr zeitliche und inhaltliche Strukturen angedeutet werden, die über die klassische Dreiteilung der Predigtwerkstatt: Vom Text zur Predigt (Was sagt der Text? Was sagt er mir/uns? Wie sage/n ich/wir es weiter?) hinausgehen ... und wo der Gottesdienst und seine Liturgie nicht noch schnell »angehängt« wird. In unserer Gottesdienstwerkstatt hat sich im Laufe der Jahre folgende *Liturgie der Vorbereitung* (vgl. »Gang durch die Liturgie«) am Dienstagabend zwischen 20 und 22 Uhr entwickelt, die bei aller Flexibilität und Variabilität im einzelnen überörtliche Elemente widerspiegelt:

20.00–20.15 Uhr	*Ankommen* Plaudern, Tee kochen o.ä., Materialien besorgen usw.
20.15–20.30 Uhr	*Erinnern* Rückblick auf die Erfahrungen des letzten Sonntags
20.30–21.00 Uhr	*Entdecken* Abwechslungsreiches Zusammen-Setzen mit dem Text oder Thema (assoziativ, informativ, kreativ, meditativ, narrativ o.ä.)
21.00–21.30 Uhr	*Entfalten und Gestalten* Abwechslungsreiche Auseinandersetzung mit möglichst vielen Sinnen »vor-stellen« und liturgische Umsetzungen ansatzweise versuchen
21.30–21.45 Uhr	*Arbeit verteilen* Arbeitsaufträge für bestimmte Elemente und Gestaltungsfragen absprechen, evtl. gegenseitige »Sicherungen« einbauen

21.45–22.00 Uhr *Verabschieden*
Ausklang mit Lied oder Gebet
Zeit zum Plaudern

Diese Vorbereitungszeit können wir von Fall zu Fall verlängern oder verkürzen, damit Zeit bleibt zur Vorbereitung von thematischen Blöcken oder besonderen Fest-Gottesdiensten, die zum Teil auch von anderen Gemeindegruppen – unter Beratung durch die Gottesdienst-Werkstatt oder das Kindergottesdienstteam – vorbereitet werden.

Erklärter Gottesdienst – Liturgie als Thema des Gottesdienstes

Angesichts zunehmender Unsicherheit im liturgischen Verhalten und angesichts wachsender Unkenntnis liturgischer Elemente haben wir in den vergangenen Jahren immer wieder Liturgie zum Thema gemacht.[13] Traditionell natürlich im Rahmen der Konfirmandenarbeit, aber auch aus engagierten Erwachsenenkreisen kam immer wieder der Wunsch, nicht nur einzelne liturgische Elemente, sondern auch einmal den Gottesdienst insgesamt »erklärt« zu bekommen.
Dieser schließlich jährlich nach den Sommerferien gestaltete »Erklärte Gottesdienst«, dessen Predigt und liturgische Gestaltung dann ein besonderes Element herausgriff, war gleichzeitig willkommener Anlaß zur Einladung aller im Laufe des Jahres neuzugezogener Gemeindeglieder.
Die Durchführung dieses besonderen Gottesdienstes gestaltet sich so, daß neben den »normalen« liturgischen Rollen die zusätzliche »erklärende« Rolle im Ablauf des Gottesdienstes liturgische Elemente »behutsam« kommentiert, damit das Wechselspiel des Gottesdienstes nicht über die Maßen gestört wird. Besonders hilfreich sind solche »Kommentare«, wo die Gemeinde direkt nachvollziehen kann, was »normalerweise« nur mit Worten oder isolierten Gesten ausgedrückt wird (vgl. das Beispiel des durch die Kirche »wandernden Segens«, S. 211).

Gottesdienst-Werkstatt fängt klein an

Diese notwendige Schlußbemerkung erinnert noch einmal daran, daß diese Praxis in mehr als fünf Jahren gewachsen ist und sich aus einzelnen Gottesdienst-Projekten (etwa von Abendgottesdiensten oder Friedensgebeten)

13. Dieses Ziel, Liturgie zum Thema des Gottesdienstes und der Predigt zu machen, verfolgt jetzt auch das Buch von H.-C. Schmidt-Lauber/M. Seitz (Hg.), Der Gottesdienst. Grundlagen und Predigthilfen zu den liturgischen Stücken, Stuttgart 1992.

entwickeln kann. Entscheidend ist, ob in der Gemeindearbeit Zeit und Raum für eine kommunikative Praxis lebendiger Liturgie und gelebter Spiritualität entdeckt werden kann.

Den Gottesdienst mit allen feiern

Der Beginn einer neuen Wirklichkeit: Wir haben einen Traum

Unsere Sehnsucht ist *ein* Gottesdienst *für alle*, auch wenn viele sich eher für zielgruppenorientierte Gottesdienste aussprechen. Auch die sind berechtigt und notwendig. Sie können uns die Augen dafür öffnen, in welchen Formen und Ausformungen Menschen sich im Gottesdienst zu Hause fühlen – und darauf haben sie ein Recht.

Jesus hat nirgendwo gesagt, daß man sich im Gottesdienst »unwohl« fühlen solle, daß Gottesdienst eine Form der Weltferne, der Askese sei. Im Gegenteil: Bei ihm wurden alle »satt«. Er wünscht sich einen Gottesdienst, in dem seine frohe Botschaft Wirklichkeit wird, Gestalt gewinnt, einen Körper bekommt mitten in unseren Lebenszusammenhängen ... und daß wir in ihm die Befreiung erfahren, die im Evangelium steckt, und den Geist Gottes mit seiner heilenden Kraft.
Der traditionelle Gottesdienst am Sonntagmorgen ist auch nichts anderes als ein zielgruppenorientierter Gottesdienst. Ist es nicht eine Machtfrage, daß Hauptgottesdienste so *gehalten* werden, wie es weithin geschieht? Sie werden wirklich »gehalten«. Wenn der Pfarrer bzw. die Pfarrerin ihn nicht »hielte«, dann würde der Gottesdienst (aus)fallen. Er hängt zu sehr an ihr/ihm. Er wird nicht als Gottesdienst der Gemeinde *gefeiert*. Wir brauchen die Kinder und die Jugendlichen in den »Haupt«-Gottesdiensten, damit wir sie wieder wirklich *feiern* lernen. Wir brauchen einen Gottesdienst *für alle*, weil wir einander brauchen.

Was wünscht sich wer vom Gottesdienst?

Wir wissen, wie die Bedürfnisse von Erwachsenen der »Kerngemeinde« oft aussehen, die sonntags zur Kirche kommen: Sie suchen im Gottesdienst Stärkung im Glauben, Anregungen für das eigene Christsein, Ruhe, Gelassenheit, Zufriedenheit, Gemeinschaft, Gottesnähe, Stärkung der Nächstenliebe, Kraft für den Alltag. Die Predigt ist ihnen besonders wichtig. Sie wollen »ausgeglichener«, »gestärkt« und »nachdenklich« nach Hause gehen. »Am tiefsten getroffen, am meisten erfreut, am dankbarsten für den Gottesdienst sind die Teilnehmer dann, wenn der Prediger ihnen ein Gefühl von Vertrauen, von Geborgenheit geweckt hat.«[14] (→ S. 97 bzw. S. 224) Sie wünschen einen Gottesdienst, in dem sie die biblische Botschaft als *heilende Kraft Gottes* erfahren.

Genau dasselbe wünschen sich auch andere »Zielgruppen« – Kinder, Jugendliche, die sogenannten Kirchenfernen, die aus unterschiedlichen Kasualanlässen den Gottesdienst besuchen. Nur stellen sie sich die Realisierung dieses »Grundwunsches« etwas anders vor.

Die Diskussion um den Gottesdienst in den vergangenen drei Jahrzehnten hat gezeigt: Es muß um die Inhalte gehen; darum ist die Form des traditionellen Gottesdienstes nicht mehr als »Evangelium« zu betrachten. Das zeigen auch die Kriterien, die der Erneuerten Agende zugrundegelegt worden sind.[15] Deshalb muß heute nicht mehr begründet werden, warum es auch andere Formen als die traditionelle geben darf. Vielmehr muß – wenn wir einen Gottesdienst *für alle* wollen – gefragt werden: Wie können wir Gottesdienst feiern, in dem möglichst viele »satt« werden, in dem sich möglichst viele Menschen zu Hause fühlen können. Und dafür müssen wir die Wünsche, die Vorstellungen, wie Gottesdienst zu feiern sei, nicht nur der traditionellen Gottesdienstgemeinde kennen, sondern auch die der »Seitenreferenten«, der »Randsiedler« – wie die Wünsche der Kinder, der Jugendlichen … und all derer, die wesentlich »in die Mitte der Gemeinde« gehören.

Zum Beispiel: Jugendliche wollen Gottesdienst ganzheitlich feiern und ihrem Glauben lebendigen Ausdruck verleihen. Sie erleben die einseitige Ausrichtung »nach vorn« (»Einbahnstraßen-Kirche«) als störend, ebenso die »veralteten und unverständlichen« Texte der Liturgie und der Lieder, die einseitige Instrumentalbegleitung durch die Orgel, die »Ein-Mann-Show«. Sie wollen den Gottesdienst mitgestalten, weil es die Feier der Gemeinde ist, wollen, daß mehrere am Predigtgeschehen beteiligt sind, wollen Gemeinschaft erleben, auch beim Abendmahl – ein ganzheitliches Geschehen, einen farbenfrohen Gottesdienst, der auch Raum für Spontaneität bietet und Spaß macht, weil der Gottesdienst auch glücklich machen darf.

Wenn eine/r alleine träumt …

Auf diesem Hintergrund ist es wichtig, die verschiedenen Interessen und Bedürfnisse auch der Einzelnen in der Gemeinde wahrzunehmen – im größeren Zusammenhang der Frage: Wie offen ist unser Gottesdienst für alle?

14. M. Josuttis, Der Weg in das Leben, München 1991, S. 213.
15. Vgl. Erneuerte Agende, S. 10 und das einleitende Kapitel: »Die Erneuerte Agende beim Wort nehmen« (S. 27ff.).

Zu solcher *Selbstbefragung*[16], die ein Gespräch über die Feier des Gottesdienstes in der Gemeinde anregen kann, können folgende Zugänge helfen:

1. *Was ist mir im Gottesdienst wichtig?*
   Was unterscheidet den Gottesdienst von allen anderen Veranstaltungen der Gemeinde?
   Was muß unbedingt im Gottesdienst vorkommen?
2. *Wie verläuft der Gottesdienst bei uns?*
   Wie ist unser Gottesdienstraum gestaltet?
   Was fördert lebendigen Gottesdienst? Was hindert?
   Wie kommen Erfahrungen (Trauer und Freude, Sorge und Hoffnung, Klage und Protest) unserer Gemeinde im Gottesdienst vor?
   Welche Besonderheiten gibt es in unserem Gottesdienst?
   Welche Erfahrungen mit Gottesdiensten in anderen Gemeinden und Kirchen liegen vor?
3. *Wie ist die Gemeinde beteiligt?*
   Wer tut was im Gottesdienst?
   Welche regelmäßigen Dienste gibt es?
   Welche Begabungen können stärker eingebracht werden?
   Wie geschieht die Vor- und Nachbereitung des Gottesdienstes?
4. *Was könnte ich zu unserem Gottesdienst beitragen?*
   Was wünsche ich mir für unseren Gottesdienst?

Wenn viele gemeinsam träumen

Die Einzelergebnisse der Selbstbefragung stellen eine gute Vorbereitung für ein *Planspiel zum Gottesdienst*[17] dar, das die Frage: Wie offen ist unser Gottesdienst für alle? gruppen- und gemeindebezogen exemplarisch vertieft:

16. Nach einem Arbeitspapier aus der »Arbeitshilfe für eine Stellungnahme zum Vorentwurf der Erneuerten Agende« der Arbeitsstelle Gottesdienst, Dortmund.

17. So ›durchgespielt‹ in der Garbsener Stephanusgemeinde – Eine ähnliche Idee hat Ekkehard Müller vom Kindergottesdienst her entwickelt und als *Diskussionsspiel »Gottesdiensttherapie«* auf dem »Markt der Möglichkeiten« des Münchener Kirchentags vorgestellt (veröffentlicht in: Materialdienst Nr. 50/193, S. 11–19, zu beziehen beim Rhein. Verband für Kindergottesdienst, Graf-Recke-Str. 209, 40237 Düsseldorf).

»Unsere Kirchengemeinde wird 50 Jahre alt. Aus diesem Anlaß soll es eine Festwoche geben. Ein Höhepunkt soll dabei der Jubiläumsgottesdienst sein, dem die Gemeindeleitung schon seit längerem entgegenfiebert. Auch verschiedenste Gemeindegruppen machen sich Gedanken und versuchen, ihre eigenen Vorstellungen einzubringen.
Von dem Jubiläumsgottesdienst-Vorbereitungsfieber sind erfaßt:
- die Gemeindeleitung (der Kirchenvorstand/das Presbyterium),
- das Pfarramt,
- die Kantorei,
- die Songgruppe oder Kirchenband,
- der Altenkreis,
- der Frauenkreis,
- das Kindergottesdienstteam,
- die Gruppe, in der behinderte und nicht-behinderte Menschen zusammen sind,
- Konfirmandeneltern, die auch Sinn für Menschen haben, die kaum sonntags zum Gottesdienst kommen,
- ...«

(entsprechend den Gegebenheiten vor Ort verändern und zuspitzen).
Sie alle entwickeln ihre Vorstellungen zum Gottesdienst und versuchen, auf die anderen Gruppen Einfluß zu nehmen. Dies geschieht zunächst im Austausch von Briefen (über die Spielleitung), kann dann aber auch durch das Zusammentreffen einzelner Gruppen geschehen – und am Schluß steht eine große Gemeindeversammlung, in der jeweils ein/e Delegierte/r jeder Gruppe die entsprechende Position vertritt.
In der Vorbereitung ist das Erstellen kurzer Rollenbeschreibungen für die einzelnen Gruppen hilfreich. Das Spiel kann durch einen Brief der Gemeindeleitung eröffnet werden, in dem alle Gruppen eingeladen werden, sich über die Gestaltung des Jubiläumsgottesdienstes Gedanken zu machen.
So ein Planspiel ist schon in seinem Prozeß eine *»Lebendige Liturgie«* – und wird auch in dem weiteren »Zusammenspiel« (incl. Auseinandersetzung) in der Gemeinde auf dem Weg zu einem gemeinsamen Gottesdienst eine *»Lebendige Liturgie«* mit den unterschiedlichsten Stationen (Kyrie, Gloria ...) bleiben.

Es geht also zunächst darum, die Wünsche verschiedener Gruppen an den Gottesdienst wahr- und ernstzunehmen.

D.h. zum Beispiel: Wenn der Gottesdienst nicht nur eine pädagogische Veranstaltung ist, in der Jüngere zu etwas erzogen werden sollen, sondern eine Feier des Lebens und des Gottesvertrauens, dann müssen auch Jüngere so Gottesdienst feiern dürfen, wie es ihrer Mentalität, ihrer Lebens- und Glaubenskultur entspricht. Der traditionellen Gottesdienstgemeinde wird auch niemand das Recht absprechen, Gottesdienst in der ihr gemäßen Form zu feiern. Das spricht zunächst für einen zielgruppenorientierten Gottesdienst. – Wie ein Gottesdienst aussehen könnte, den verschiedene »Zielgruppen« miteinander feiern, müßte aus dem Zusammenspiel der unterschiedlichen Gottesdienstkulturen herausgearbeitet werden.
Dabei ist – nach der Wahrnehmung der unterschiedlichen Vorstellungen – vor allem nach den Gemeinsamkeiten verschiedener Gruppen zu suchen, damit ein Gottesdienst für alle in Sichtweite rücken kann.
Wenn wir die (oben ausgeführten) Wünsche z.B. der erwachsenen und der jugendlichen Kirchgängerinnen und Kirchgänger an den Gottesdienst vergleichen, stellen wir fest: Auch wenn die Voraussetzungen, im Gottesdienst eine Heimat zu finden, unterschiedlich sind, ist allen auch vieles gemeinsam. Alle haben Sehnsucht nach einer heilenden Wirkung des Gottesdienstes – in der Erinnerung an all das, was Jesus zeichenhaft wirkte. Darum sei noch einmal wiederholt, was wir schon oben zur Bedeutung des Gottesdienstes ausgeführt haben:
Das *Heilende* ist etwas *Heiliges* im Gottesdienst, etwas Unverzichtbares in einer zerstörten und zerstörungswütigen Welt.
Ob Gefühl der Geborgenheit in der Predigt oder spürbare Gemeinschaft beim Abendmahl – in beidem wird etwas von Gottes segensreichem Dienst an uns erfahren (→ S. 243). Beides sollte nicht gegeneinander ausgespielt werden! Denn unterschiedliche Vorstellungen, Gottesdienst zu feiern, haben etwas mit unterschiedlichen Mentalitäten zu tun, mit Lebensausdruck und -stil.

Unsere Sehnsucht ist es, sonntags einen Gottesdienst *für alle* und *mit allen* zu feiern. Eine angemessene Gestalt zu finden, wird in verschiedenen Gemeinden gewiß unterschiedliche Ergebnisse bringen. Aber überall wird es mit dem offenen Hören aufeinander beginnen und dem gegenseitigen Wahrnehmen, in welchen Gottesdienst-Kulturen sich verschiedene Menschen einer Gemeinde zu Hause fühlen. Das könnte dazu führen, einander »zu besuchen« und in »ihren« Gottesdiensten zu erleben. Das könnte schließlich dazu führen, an unterschiedlichen Sonntagen Gottesdienste unterschiedlich zu akzentuieren.
Vielleicht würde dann zweimal im Monat der Gottesdienst »in herkömmlicher Form« gefeiert, und vielleicht einmal im Monat in einer Form, die möglichst vielen entspricht, weil alle zusammengehören im Geist Jesu Christi. Dabei wird sich das agendarische Grundgerüst bewähren, weil es

theologisch und anthropologisch fundiert ist. Aber in der konkreten Ausgestaltung und in der Beteiligung unterschiedlicher Personen mit unterschiedlichem religiösen Hintergrund wird es immer wieder spannend werden, wird es einen lebendigen Prozeß geben, der zu(m) *Leben im Gottesdienst* führt – und es wird getan, was wir tun können, damit der Geist Gottes Raum haben kann in unseren Gottesdiensten – und die befreiende Botschaft Gottes immer wieder neu und lebendig Wirklichkeit wird.

Ausblick, ein Stück »erlebte Vision«

Sonntagmorgen – zehn Uhr. Die Gemeinde ist zusammengekommen: Alte, Eltern, Alleinstehende, Jugendliche und junge Erwachsene, Kinder. Nach dem Flötenvorspiel nimmt die Pastorin die Situation des Sonntagmorgens auf und begrüßt die Gemeinde. Ein Jugendlicher sagt etwas über das Thema, das in dem Gottesdienst entfaltet werden soll.

Das Lied »Danke« wird gesungen, damit auch die mitsingen können, die sich zufällig in den Gottesdienst »verirrt« haben.

Der Psalm des Kindergottesdienstes wird gebetet und durch das aktuelle Tagesgebet abgeschlossen.

An diesem Sonntag im Monat wird Geburtstag gefeiert. Die Geburtstags»kinder« bekommen eine Kerze. Für sie wird ein Gebet gesprochen und ein Geburtstags-Ständchen gesungen.

Den Bibeltext liest eine Konfirmandin aus der Guten Nachricht.

In kleinen Gruppen stehen die Fragen im Mittelpunkt: »Was schenkt uns der Bibeltext? Was ist seine frohe Botschaft für uns? – Was möchte der Bibeltext von uns? Was sollen wir tun?«

Die Kinder malen Bilder zu den einzelnen Stationen der Geschichte. Einige ältere Menschen, die an dem thematischen Gruppengespräch nicht teilnehmen möchten, setzen sich zu den Kindern. Über das Zuschauen beim Malen kommt es von selbst zum Gespräch über die Geschichte.

Aus den Gruppen werden Fragen an die Pastorin gerichtet. Sie hat sich in verschiedenen Gruppen über die Gespräche informiert und versucht ein kurzes Resümee. Die Kinder stellen ihre Bildgeschichte der jugendlichen und erwachsenen Gemeinde vor. Das gemeinsam gesprochene Bekenntnis schließt den Verkündigungsteil des Gottesdienstes ab.

Eine Kindergruppe der Gemeinde trägt ein Lied vor, das alle lernen.

Die Fürbitten werden von einem alten Menschen, einem Kind, einer Jugendlichen, einem Mitglied des Kirchenvorstands und von der Pastorin möglichst spontan formuliert – sie haben sich über die Schwerpunkte vorher verständigt. Die Gemeinde singt einen Kehrvers zwischen den Bitten.

Die Abendmahlsfeier wird mit einem Gebet und den Einsetzungsworten eingeleitet. Alle sprechen das Vater unser als Tischgebet und reichen dazu

einander die Hand. An diesem Sonntag bringt die Jugendgruppe die Brotkörbe und die Kelche in die Reihen. Brot und Saft werden an die Nachbarin/den Nachbarn mit einem guten Wort weitergegeben. (Letzten Sonntag, als nicht soviele da waren, hatten alle zusammen einen großen Kreis um den Altar gebildet.)
In dem Kreis war man bis zum Schluß des Gottesdienstes zusammengeblieben. Der Segen wird eingeleitet mit dem Lied »Gib mir deine Hand«. Fast alle singen es auswendig mit – und wie von selbst finden sich die Hände. Einem Gemeindeglied, dem eine Operation bevorsteht, werden von der Pastorin die Hände aufgelegt.
Der Friedensgruß beschließt nach dem Segen den Gottesdienst. Dann gibt es Kaffee und Tee – und Saft für die Kinder. Gegen zwölf Uhr gehen die meisten nach Hause.

Am nächsten Sonntag geht es um »500 Jahre Eroberung Lateinamerikas«. Die Jugendgruppe hat weite Teile des Gottesdienstes vorbereitet.
Nach einer Information stehen eine ausführliche Kyrie-Phase und das Schuldbekenntnis im Mittelpunkt. Ein alter Mensch erzählt von der Ideologie des Dritten Reiches. Parallelen zwischen den Themen werden gesucht und gefunden.
Die Lesung aus dem Lukasevangelium, Kapitel 4, Verse 16–21, wirkt befreiend. –
Die Kinder feiern den ersten Teil des Gottesdienstes für sich und kommen erst zum Abendmahl in den »großen« Gottesdienst. Sie haben eine biblische Geschichte kennengelernt, die sie am nächsten Sonntag im Gottesdienst vorspielen wollen …

Statt eines Schlußwortes: Träumt unsern Traum

»Drei Gaben« sollen zum Schluß die Menschen begleiten, die mit dem Gottesdienst weiter-gehen und sich darum auf dieses Arbeitsbuch eingelassen haben.[1]

Die erste Gabe – ein Graffiti aus der New Yorker U-Bahn[2]:

Happy are those who dream dreams and work to make them come true.	Glücklich sind die, die Träume träumen und dafür arbeiten, daß sie wahr werden.

Die zweite Gabe – ein Gedicht des 1967 verstorbenen schwarzen Schriftstellers Langston Hughes aus Harlem in New York City[3]:

Hold fast to dreams for if dreams die life is a broken-winged bird that cannot fly	Halte fest an Träumen denn wenn Träume sterben ist das Leben ein Vogel mit gebrochenem Flügel der nicht fliegen kann
Hold fast to dreams for when dreams go life is a barren field frozen with snow Langston Hughes, 1902–1967	Halte fest an Träumen denn wenn Träume gehen ist Leben ein ödes Feld erstarrt im Schnee

1. Diese drei Gaben haben wir mitgebracht vom Kirchentag in München 1993, wo wir in einer als »Liturgisches Fragment« (Bruchstück) gekennzeichneten »Pilgerreise der Hoffnung« die Erfahrungen eines Liturgischen Tages *Gewaltfreiheit: Mit Martin Luther King weitergehen* zu bündeln versuchten, d.h. sein Leben weiterzuträumen ... und also auch schöpferischen Umgang mit Niederlagen, sozusagen Auferstehung im Alltag zu feiern – 25 Jahre nach dem Attentat am 4. April 1968.
Vgl. das »Pilgerbuch« dieses Tages mit Liedern und Texten (gegen Unkostenerstattung anzufordern bei G. Ruddat).
2. Vgl. G. Ruddat, »Selig, die träumen ...«. Eine Einladung zum biblischen Träumen. In: Bote für die evangelische Frau, Düsseldorf 1988, H. 12, S. 8–10.
3. Zitiert nach H.W. Grosse, Zwischen Alptraum und Vision. Martin Luther King und seine Bedeutung für uns. (Texte 1, Hg. Internationaler Versöhnungsbund – Deutscher Zweig, Kuhlenstr. 5a–7, 25436 Uetersen) 1989, S. 33; dt. Übersetzung: G. Ruddat.

Die dritte Gabe – ein vierstimmiger Kanon zu einem Text des brasilianischen Bischofs Dom Helder Camara:

Kanon[4]

Text: Dom Helder Camara; Melodie: Fritz Baltruweit
Textrechte beim Autor; Melodierechte: tvd-Verlag, Düsseldorf

Mit diesen drei Gaben wünschen wir allen, die vom Gottesdienst für alle und mit allen träumen … und doch auch immer wieder Rückschläge und Niederlagen erleben, daß sie sich damit »trösten«, also neues Zutrauen finden:
Gottesdienst ist mehr, als was wir machen …
Gottesdienst ist der Beginn einer neuen Wirklichkeit, die davon lebt:
Ehre sei Gott auf der Erde,
damit alle Menschen und die ganze Schöpfung Leben die Fülle haben.
Wo das im kleinsten Gottesdienst erinnert wird, da breitet sich »das Pfingstfeuer im Dornbusch« wie ein Lauffeuer aus (→ Umschlag).

4. Eine andere Melodie von L. Edelkötter findet sich z.B. in: Mein Kanonbuch, München/Düsseldorf 1986, Nr. 441.

Anhang

Liturgie-Didaktische Grundausstattung

Vorbemerkung

Dieses Literatur- und Materialverzeichnis will Hinweise geben, wie liturgische Bildung und Kompetenz auch literarisch »Schritt für Schritt« entwickelt und ausgebaut werden kann – dabei spannt sich der Bogen vom Angebot für die Hand der Gemeinde über die Ausstattung der Vorbereitungsgruppe bis hin zur »liturgischen Bibliothek« der theologischen Fachleute.
Über liturgische Fragen hinausgehende Literatur ist ebensowenig berücksichtigt wie die liturgiewissenschaftliche Diskussion in Zeitschriften usw. – hier wird auf die umfangreichen Literaturverzeichnisse der Gesamtdarstellungen verwiesen.

Gliederung

1. Für die Hand der Gemeinde

Im Eingangsbereich einer Kirche sollten für die Benutzung im Gottesdienst bzw. für Gemeindeveranstaltungen (Gruppen und Freizeiten) folgende Materialien in ausreichender Anzahl zur Verfügung stehen:

- Ev. Kirchengesangbuch (EKG) bzw. Ev. Gesangbuch (EG)
- Landeskirchliche Beihefte zum EKG wie z.B. in der Ev. Kirche im Rheinland: Singt und dankt. Lieder und Gebete, Kassel 1984
- 111 Lieder für Kirchentage, Fulda 1991
- Mein Liederbuch (1) für heute und morgen. Notenausgabe, Düsseldorf, 7. Aufl., 1991 (1981)
- Mein Liederbuch 2: Oekumene heute. Notenausgabe, Düsseldorf 1992

- In diesen weit verbreiteten Liederbüchern finden sich neben einem umfangreichen Wortteil (Andachten durch das Kirchenjahr, Texte zum Nachdenken, Glaubensbekenntnisse, Texte zum Segen) Choräle aus EKG und »Gotteslob«, Neue geistliche Lieder, Kinderlieder und Lieder für »drinnen und draußen«.

- Mein Kanonbuch, Düsseldorf 1986 (über 500 Kanons)
- Bibel – Luther-Übersetzung (1984)
- Bibel – Einheitsübersetzung
- Bibel – Gute-Nachricht-Übersetzung
- Bibel – Zürcher Bibel (1931)

- Über die verschiedenen Bibel-Übersetzungen und weitere Materialien zur Bibelarbeit informiert der jährliche Bibel-Katalog der Deutschen Bibelgesellschaft, Balinger Str. 31, 70567 Stuttgart.

In vielen Gemeinden wird darüber hinaus eine hinreichende Anzahl von »selbstgestrickten« *Liederbüchern und/oder* speziellen *»Gottesdienstordnungen«* (für Neuzugezogene und Gäste) bereit gehalten, die u.a. auch den Text des Apostolicums und des Vaterunsers enthalten wie Liturgien für besondere Gottesdienste oder Tagzeitengebete.

Schließlich ist es sinnvoll, im Eingangsbereich auch biblische *Bilderbücher für Kinder* vorrätig zu haben, etwa die Einzelbände der Reihe »Was uns die Bibel erzählt« von Kees de Kort.

Außerdem sollte in jeder Gemeinde eine *Blindenbibel* und ergänzende Materialien (Gesangbuch, Beiheft usw.) vorhanden sein. Über entsprechende Medien informiert: Christlicher Blindendienst e.V., Lessingstr. 5, 35039 Marburg – oder die landeskirchlichen Pfarrstellen für Blindenseelsorge.

2. *Für die Gottesdienstwerkstatt in der Gemeinde*

2.1 Handwerkszeug für jede Mitarbeiterin und jeden Mitarbeiter

Tip: Dieses »Handwerkszeug« läßt sich »nach und nach« auch als Geschenk der Gemeinde überreichen.

F. Baltruweit / G. Ruddat, Gemeinde gestaltet Gottesdienst. Arbeitsbuch zur Erneuerten Agende, Gütersloh 1994.

Sonn- und Festtagskalender (für das jeweilige Kirchenjahr). Zu beziehen von der Geschäftsstelle der Lutherischen Liturgischen Konferenz Deutschlands, Herrenhäuser Str. 12, 30419 Hannover (z.T. auch abgedruckt in den »Losungen« oder den Kirchlichen Kalendern und im EG).

Bibel-Übersetzungen (mindestens eine weitere Übersetzung neben der Luther-Übersetzung)

- evtl. auch als weiterführende Grundlage:
  Stuttgarter Erklärungsbibel (Lutherbibel mit Erklärungen) *oder*
  Die Bibel in heutigem Deutsch mit Bildern und Erklärungen (Gute-Nachricht-Übersetzung) *oder*
  Familienbibel – Einheitsübersetzung kommentiert.

Evangelien-Synopse (»Zusammenschau«)

- C.H. Peisker, Neue Luther Evangelien-Synopse, Wuppertal/Kassel 1985
  oder ders., Evangelien-Synopse der Einheitsübersetzung, ebd., 1983.

Bibel-Konkordanz
– z.B. Bibel von A–Z. Wortkonkordanz zur Luther-Übersetzung 1984, Stuttgart 1986.

Altes Testament. Einführungen – Texte – Kommentare. Hg. H.-M. Lutz u.a. München (1970), Neuausgabe 1984.

Neues Testament. Einführungen – Texte – Kommentare. Hg. G. Iber. München (1970), Neuausgabe 1984.

Eine persönliche *Sammlung von Gebeten und meditativen Texten*, die durch vorliegende gedruckte Gebete ergänzt werden kann, z.B.:
– J. Zink: Wie wir beten können, Stuttgart/Berlin 1970,
– M. Seitz/F. Thiele: Wir beten. Gebete für Menschen von heute, Gladbeck, 8. Aufl. 1978.

Eine persönliche *Sammlung von Glaubensbekenntnissen*, die durch vorliegende gedruckte Bekenntnistexte ergänzt werden kann; z.B.:
– G. Ruhbach (Hg.): Glaubenbekenntnisse für unsere Zeit (GTB 1287), Gütersloh, 2. Aufl. 1985.

Eine persönliche *Sammlung von geistlichen Liedern*, die durch vorliegende gedruckte Sammlungen von Baltruweit über Janssens bis Trautwein ergänzt werden und zu deren Grundlage die unter 1. genannten Gesang- und Liederbücher zählen sollten.

Über dieses persönliche Handwerkszeug hinaus sollte in der Gemeindebibliothek folgende Ausstattung aufgebaut werden:

2.2 Gottesdienst erklärt (oder: Zum Einstieg in die Liturgie)

Mit Herzen, Mund und Händen. Falt-Fahrplan für den Gottesdienst. Hg. Liturgische Konferenz Niedersachsens in Verbindung mit der Lutherischen Liturgischen Konferenz Deutschlands, 1993 (zu beziehen bei der Missionshandlung Hermannsburg, Harmsstr. 6, 29320 Hermannsburg, Mengenpreise).
– In Ergänzung zum »Gottesdienst auf einen Blick« (→ S. 47f.) orientiert dieser kleine Fahrplan entsprechend der Erneuerten Agende in vier Faltblättern über die vier großen Teile des Gottesdienstes, die jeweils in ihrer Abfolge vorgestellt und erklärt werden. Varianten und offene Formen, Computer-Grafik und eine meditative Betrachtung sind zugeordnet.

Heinz Fischer: Gottesdienst praktisch. Arbeitshilfe für Lektoren und Gottesdienstmitarbeiter, Göttingen 1981, 54 S.
– Gottesdienstordnung, -vorbereitung und -verlauf werden auf dem Hintergrund der »alten« Agenden kurz vorgestellt und in einem Anhang bis in Formulierungsvorschläge für die Ankündigung von Lesungen und Voten ergänzt. Bemerkenswert ist ein kleiner Abschnitt über »Sprechen im Gottesdienst« (K.-E. Rosenplänter/K.-D. Kern, S. 38–44).
  Diesen Aspekt ergänzt die kleine katholische Arbeitshilfe:
  Rolf Zerfaß: Lektorendienst. 15 Regeln, Trier 5. verb. Aufl. 1979, 76 S. (dazu eine Sprechplatte für Schulung und Selbstkontrolle, 17 cm).

Werner Reich / Joachim Stalmann: Gottesdienst – erklärt. Kleine Gottesdienstkunde für die Gemeinde. Hannover 1992, 72 S.

– Eine achtzehnteilige Artikelserie zur Einführung in den Gottesdienst und seine einzelnen Teile auf der Grundlage des Vorentwurfs der Erneuerten Agende ist in dieser »Taschenliturgik« ergänzt um kurze Beiträge zu Themen »rund um den Gottesdienst« und um einen längeren Beitrag zur Geschichte unserer Gottesdienstform.

Karl-Heinrich Bieritz: Im Blickpunkt: Gottesdienst. Theologische Informationen für Nichttheologen. Göttingen (1983) 1987², 111 S.
– Im Vorfeld der Erneuerten Agende (vgl. sein Kapitel »Gottesdienst als Gestaltungsaufgabe« mit dem Aspekt »Zauberwort ›Struktur‹«) informiert B. zu den liturgischen Aspekten: Überlieferung, Gemeinschaft, Theologie, Geschichte. Eine kleine liturgische Quellensammlung von der frühchristlichen Didache bis zur Agendenarbeit um 1980 ist dokumentiert.

Joachim Stalmann: top Tagesordnungspunkt Gottesdienst, Hannover 4. veränd. Aufl. 1989, 204 S.
– Unter den beiden Fragerichtungen: Gottesdienst – Was ist das? und Wie geht das? stellt St. hier »für jedermann« Überlegungen zum Begriff und Stellenwert des ev. Gottesdienstes zur Diskussion und macht gleichzeitig den »Versuch einer Liturgik des Hauptgottesdienstes« auf dem Hintergrund der Erneuerten Agende. Ein »Kleines liturgisches Wörterbuch« erklärt wichtige Begriffe.

Dietrich Stollberg: Liturgische Praxis. Kleines evangelisches Zeremoniale. Göttingen 1993, 135 S.
– Aus der Seminararbeit mit Theologiestudierenden ist diese einführende Ausbildungs- und Praxishilfe zur Gestaltung des Gottesdienstes und des liturgischen Verhaltens erwachsen. Entsprechende Dimensionen »erfahren – üben – beobachten – feiern – verhalten« kennzeichnen diesen liturgischen Zugang.

2.3 Gottesdienstordnung / Agende

Unsere Gottesdienste. Verschiedene Ordner.
– Unter dieser Überschrift steht die Anregung, Gottesdienste, die in der Gemeinde gefeiert wurden, in allen Variationen zu sammeln und zu ordnen, damit auf die Kraft der Tradition und der Innovation vor Ort zurückgegriffen werden kann. Mögliche Ordnungsgesichtspunkte:
  – Gottesdienste zur Bibel (geordnet nach der biblischen Reihenfolge)
  – Gottesdienste zum Kirchenjahr (geordnet nach den Kirchenjahreszeiten)
  – Gottesdienste zu Themen
  – Texte zu den einzelnen Elementen des Gottesdienstes
  – Lieder zu den einzelnen Elementen des Gottesdienstes (Kopiervorlagen)
  usw.

»Alte« Agenden:

Agende für die Evangelische Kirche der Union.
Bd. I: Die Gemeindegottesdienste, Witten (1959), 3. Aufl. 1981.

Agende für die ev.-luth. Kirchen und Gemeinden.
Bd. I: Der Hauptgottesdienst mit Predigt und Heiligem Abendmahl und die sonstigen Predigt- und Abendmahlsgottesdienste. Ausgabe für den Pfarrer. Berlin (1955) 1974 – Teilabdruck – Übergangsausgabe 1981.
Bd. II: Die Gebetsgottesdienste (zur Erprobung bestimmter Entwurf), 1960.

vgl. dazu:
Otto Dietz: Unser Gottesdienst. Ein Hilfsbuch zum Hauptgottesdienst nach Agende I für ev.-luth. Kirchen und Gemeinden, München (1983), 3. Aufl. 1989.

Vgl. zu beiden »alten« Agenden:
Christhard Mahrenholz: Kompendium der Liturgik des Hauptgottesdienstes. Agende I für ev.-luth. Kirchen und Gemeinden und Agende I für die Ev. Kirche der Union, Kassel 1963.

»Erneuerte« Agende (EA):

Erneuerte Agende – Vorentwurf. Hg. Vereinigte Ev.-Luth. Kirche Deutschlands (VELKD) und Ev. Kirche der Union (EKU), Hannover/Bielefeld 1990.

vgl. dazu:
Erhard Brinkel / Gustl Roth: Gottesdienst der mündigen Gemeinde. Begleitheft für die Gemeinde zur Erneuerten Agende, Berlin 1991[2].
– Dieses Informationsheft will zur gemeinsamen Vorbereitung des Gottesdienstes anregen und Gestaltungsangebote der EA umsetzen. Dazu eine Zusammenstellung der Literatur zur EA.

Werner Reich / Joachim Stalmann (Hg.): Gemeinde hält Gottesdienst. Anmerkungen zur Erneuerten Agende, Hannover 1991.
– Diese Aufsatzsammlung der Mitautoren der EA versteht sich als »Studienbuch« zur Erprobung der EA.

Herbert Lindner: Erneuerte Agende – Erneuerter Gottesdienst? Eine Anregung zur Erprobung der Erneuerten Agende. Rummelsberg 1991[3] (zu beziehen von der Ev.-Luth. Gemeindeakademie, Rummelsberg 19, 90952 Schwarzebruck) 1 DM.
– Ein ausgezeichnetes Arbeitsheft für Kirchenvorstände/Presbyterien und Gottesdienstausschüsse usw.

Exemplarisch für die Diskussion in Zeitschriften und Periodica: *Auf dem Wege zur Erneuerten Agende.* Themaheft der Zeitschrift: Pastoraltheologie, Göttingen 79, 1990, Heft 10.

Gottesdienst-Arbeitshilfe zur Erneuerten Agende. Hg. Liturgische Konferenz Niedersachsens. Hannover, seit 1987 (zu beziehen von der Lit. Konf. Niedersachsens, Knochenhauerstr. 33, 30159 Hannover).
– Entwürfe für jeden Gottesdienst im Kirchenjahr (jährlich fünf Lieferungen). Frühere Jahrgänge können nachbestellt werden.

Alternative Agenden:

Friedrich K. Barth / Gerhard Grenz / Peter Horst: Gottesdienst menschlich. Eine Agende. Gesamtausgabe, Wuppertal 1990.
– Überarbeitete Zusammenfassung der Bände »Gottesdienst menschlich« 1 (erstmals 1973) und 2 (erstmals 1980), deren Sprach- und Liturgiebewußtsein wesentlich die Praxis der vergangenen beiden Jahrzehnte bestimmt hat.

Vgl. dazu:

Christian Zippert (Hg.): Gottesdienstbuch. Gebete, Lesungen, Lieder für die Sonn- und Feiertage des Kirchenjahres, Gütersloh 1990.

– Entstanden aus der Arbeit der Liturgischen Kammer der Ev. Kirche von Kurhessen-Waldeck.

2.4 Grundlagen zur Gottesdienstgestaltung

Fritz Baltruweit / Günter Ruddat: Gemeinde gestaltet Gottesdienst. Arbeitsbuch zur Erneuerten Agende, Gütersloh 1994.

Erhard Domay (Hg.): *Arbeitsbuch Gottesdienst.* Ideen und Modelle für ein ganzheitliches Erleben des Gottesdienstes, Gütersloh 1990.
– Unorthodoxe aus der Praxis entstandene Gottesdienstgestaltungen von der Idee bis zur Durchführung.

Sybille Fritsch-Oppermann / Henning Schröer (Hg.): *Lebendige Liturgie* Bd. 1: Texte – Experimente – Perspektiven, Gütersloh 1990 und Bd. 2: Vom Kirchentag zum Kirchenalltag, Gütersloh 1992.
– Aus der Arbeit des Kirchentages, besonders des Ständigen Ausschusses für Abendmahl, Gottesdienst, Fest und Feier (AGOFF) entstanden – mit grundsätzlichen Überlegungen und gefeierten Liturgien.

Jörg Zink / Hans-Jürgen Hufeisen: Wie wir feiern können. Lieder, Psalmen, Gebete und Tänze zu Tages- und Festzeiten, Stuttgart 1992 (dazu Doppel-MC/LP/CD und Einzelliturgien im Satz).

Erhard Domay (Hg.): *Arbeitsbuch Gemeindefeste.* Ideen, Modelle und Bausteine für die Praxis, Gütersloh 1992.

Karl-Heinrich Bieritz: Das Kirchenjahr. Feste, Gedenk- und Feiertage in Geschichte und Gegenwart, München 1991.
– Eine ökumenisch orientierende Einführung in die Entstehung, den Sinn, die gegenwärtige Gestalt und die gottesdienstliche Begehung des christlichen Festjahres.

Ursula Früchtel, Mit der Bibel Symbole entdecken. Göttingen 1991
– Ein religionspädagogisches Arbeitsbuch zum Thema »Symbole« mit vielen Anregungen auch für die Gottesdienstgestaltung.

Reihen und Zeitschriften:

Erhard Domay (Hg.): *Gottesdienstpraxis.* Serie A (Neue Folge). Arbeitshilfen für die Gottesdienste nach den Texten der Perikopenordnung. Je Perikopenreihe 3 Bände und ein Ergänzungsband Exegesen, Gütersloh.

Vgl. auch Gottesdienstpraxis. Serie B (Neue Folge). Arbeitshilfen für die Gottesdienste zu den Festzeiten, für Kasualien und besondere Anlässe, Gütersloh.

Peter Krusche / Dietrich Rössler / Roman Roessler (Hg.): *Predigtstudien.* Je Perikopenreihe 2 Bände, Stuttgart.
– Das von Ernst Lange begründete Konzept des Dialogs zwischen A: Wie höre und verstehe ich den Predigttext? und B: Wie rede ich mit den Predigthörern und -hörerinnen?

Vgl. auch dies.: *Themenstudien* für Predigt und Gemeindearbeit. 4 Bände, Stuttgart 1977–1980.

Beratungsstelle für Gestaltung von Gottesdiensten und anderen Gemeindeveranstaltungen (Hg.): Materialhefte. Jährlich 3 Hefte, Frankfurt/M.
– Ideen und Modelle zu Gottesdienst, Kindergottesdienst, Spiel und Theater.

Zeitschrift für Gottesdienst und Predigt (ZGP), jährlich 6 Hefte, Gütersloh (seit 1983).
– Liturgische und homiletische Anregungen »aus der Praxis – für die Praxis« neben knappen grundsätzlichen Beiträgen, Modellen und liturgischen Texten.

Werkstatt für Liturgie + Predigt (evangelisch), monatlich, Aachen (seit 1990).
– Lose-Blatt-Materialien für jeden Sonn- und Festtagsgottesdienst mit literarischen Kontexten, Bildern, Predigtentwurf und liturgischen Texten vom Psalmgebet bis zur Fürbitte.

Zeitschriften der Beratungsstellen (siehe unter 4.)

Studienbriefe zum Gottesdienst. Hg. Arbeitsgemeinschaft Missionarische Dienste, (Beilage zur Zeitschrift »Das missionarische Wort«), Stuttgart.
– Diese Studienbriefe können auch einzeln und im Satz bestellt werden, Themen z.B. Einladender Gottesdienst (A 32) oder Kirchen öffnen (A 35).

2.5 Zur Arbeit mit dem Gesangbuch

Werkbuch zum Evangelischen Gesangbuch. Hg. W. Fischer, D. Monninger, R. Morath und R. Schweizer. 6 Lieferungen im Ringbuchordner, Göttingen 1993ff.
– Anregungen und Hilfen zum kreativen Umgang mit dem neuen Gesangbuch; Aufbau der Lieferungen: Grundfragen – Entwürfe für die Praxis – Bausteine.

Gitarrenbuch zum Evangelischen Gesangbuch – Vorabdruck. (Solange der Vorrat reicht zu beziehen bei: Gemeinsame Arbeitsstelle für gottesdienstliche Fragen der EKD, Postfach 210 220, 30402 Hannover).
– Dieses neben den üblichen Begleitbüchern für Orgel und für Bläser erstmals herausgegebene Begleitbuch für Gitarren wird in einer Notenausgabe (Strube-Verlag, Edition 7051) erscheinen, die zu 250 Liedern je einen Begleit- und einen Solosatz enthält.

Luth. Lit. Konferenz (Hg.): Gemeindesingheft zur Erneuerten Agende, Hannover 1992.

Luth. Lit. Konferenz (Hg.): Psalmen-Singheft (zur Erneuerten Agende). (Mit MC/CD – zu beziehen bei der Geschäftsstelle der LLK, Herrenhäuser Str. 12, 30419 Hannover.)

Handbuch zum Evangelischen Kirchengesangbuch, Göttingen 1953–1990; 7 Bände (I,1: Wort- und Sachkonkordanz; I,2: Die biblischen Quellen der Lieder; II,1: Lebensbilder der Liederdichter und Melodisten; II,2: Geschichte des Kirchenliedes / Geschichte der Melodien; III,1: Liederkunde Lied 1–175; III/2: Liederkunde Lied 176–394).

Helmut Krause (Hg.): Bibel und Kirchenlied. Eine Konkordanz, Göttingen 1974.

Christoph Albrecht: Einführung in die Hymnologie, Göttingen 1987[3].

Martin G. Schneider / Gerhard Vicktor: Alte Choräle neu erlebt. Kreativer Umgang mit Kirchenliedern in Schule und Gemeinde, Lahr 1993.

Ralf Koerrenz / Jochen Remy (Hg.): Mit Liedern predigen. Theorie und Praxis der Liedpredigt, Rheinbach-Merzbach 1994.

2.6 Spezielle Materialien zu den einzelnen Gottesdienstelementen

Hans-Christoph Schmidt-Lauber / Manfred Seitz (Hg.): Der Gottesdienst. Grundlagen und Predigthilfen zu den liturgischen Stücken. Stuttgart 1992 (Ziel des Buches: Gottesdienst zum Thema des Gottesdientes und der Predigt zu machen!)

Gottesdienstgebete:

Horst Nitschke (Hg.): Zum Gottesdienstbeginn. Texte für Introitus, Kyrie, Gloria, Kollekte, Gütersloh 1981.

Burkhard Heim: Gottesdienstanfänge. Meditationen, Paraphrasen, Gebete, Kanons, Bekenntnisse, Konstanz 1988 (Ringbuch).

Burkhard Heim: Beten im Gottesdienst. Gebete mit der Gemeinde für jeden Sonn- und Feiertag, Konstanz 1987[3].

Sybille Fritsch: Was mich beseelt. Für und aus dem Gottesdienst. Düsseldorf 1991 (Texte zum Introitus, Kyrie, Zuspruch, Gloria, Abendmahl, Fürbitte und Segen).

Hanns-Dieter Hüsch: Das Schwere leicht gesagt, Düsseldorf 1992[2] (Texte zu Introitus, Bekenntnisse, Botschaften, Segen).

Klaus Bannach / Gerhard Raff: Gemeinsam vor Gott. Gebete für den Gottesdienst, Gütersloh 1976[2].

Klaus Bannach / Gerhard Raff: Gottesdienstgebete, Gütersloh 1977.

Christian Zippert: Neue Gottesdienstgebete, Gütersloh 1981.

Jörg Buchna: Kasualgebete, Gütersloh 1984[2] (darin: Gebete für Kasualabkündigungen).

Christian Zippert / Jürgen Frank: Neue Kasualgebete, Gütersloh 1985.

Hans Christian Knuth (Hg.): Höre uns, Herr! Neue Kollekten- und Kirchengebete, Gütersloh 1982 (Ringbuch).

Friedrich Delius: Kollektengebete und Fürbittengebete durch das Kirchenjahr in Anlehnung an die Evangelien und Episteln und für die allgemein begangenen Tage der Kirche, Hamburg 1981 (Mappe).

Klaus Bannach: Gebete der Stille. 136 Texte durch das Jahr, Stuttgart 1979.

Peter Helbich: Gottesdienstgebete zum Kirchenjahr, Gütersloh, 4. Aufl. 1993.

Hans-Georg Link (Hg.): Mit Gottes Volk auf Erden. Ökumenischer Fürbittkalender, Frankfurt/M. 1989.

vgl. dazu:
Mathilde Stammler: Kennenlernen und füreinander beten. Ökumenischer Fürbittkalender für Kinder, Frankfurt/M. 1992.

Psalmen:

Uwe Seidel / Diethard Zils, Psalmen der Hoffnung. Texte für jeden Tag, Gladbeck (1973) 1982

E. Gerstenberger / K. Jutzler / H.J. Boecker: Zu Hilfe, mein GOTT. Psalmen und Klagelieder eingeleitet, übersetzt und erklärt. Neukirchen-Vluyn, 4. Aufl. 1989 (1.-3. Aufl. unter dem Titel: Die Psalmen in der Sprache unserer Zeit, 1972ff.).

Horst und Klaus Bannach: Psalm-Texte, Stuttgart 1980 (Die Psalmen der Sonn- und Feiertage in einer neuen Übertragung).

Kurt Marti, Die Psalmen Davids. Annäherungen. Stuttgart 1991 (Ps 1–41)
ders., Die Psalmen 42–72. Annäherungen, Stuttgart 1992.

Dieter Stork: Zukunft, die heute beginnt. Die Psalmen – neu gelesen, Stuttgart 1992 (zu Psalm 1–75; ein zweiter Band zu Ps 76–150 folgt).

Wolfgang und Annette Armbrüster: Gott ist Asyl. Die Wochenpsalmen des Kirchenjahres. Solingen 1993 (zu beziehen durch die Buchhandlung Hackhauser Hof, Hackhausen, 42697 Solingen).

Zum Hintergrund:

Psalmen im Gottesdienst Israels und der Kirche. Dokumentation einer Studientagung. Düsseldorf 1992 (zu beziehen durch die Beratungs- u. Studienstelle für den Gottesdienst, Graf-Recke-Str. 209, 40237 Düsseldorf)

Abendmahl:

Beratungsstelle für Gestaltung (Hg.): FEIER(T)ABENDMAHL – Eröffnungen. Materialheft 49/50, Frankfurt/M. 1987 (hier wird die mit dem Forum Abendmahl auf dem Kirchentag in Nürnberg 1979 angestoßene Entwicklung aufgenommen und weitergeführt).

Ludwig Schmidt (Hg.): Abendmahlsgebete ökumenisch, Göttingen 1988.

Diethard Zils: Du bist das Brot. Du bist der Wein. Texte zum Abendmahl, Düsseldorf 1991.

Erhard Domay (Hg.): Abendmahl. Gottesdienste, Predigten, Gestaltungsvorschläge, liturgische Texte, Gütersloh 1993 (Gottesdienstpraxis Serie B).

Zum Hintergrund:

Uwe Dittmer: Im Blickpunkt: Abendmahl. Theologische Informationen für Nichttheologen, Berlin 1989[33].

Alexander Vöker (Hg.): Eucharistie – Beiträge zur Theologie der »Erneuerten Agende«, Berlin 1993.

2.7 Materialien zu besonderen Gottesdienstformen

Krabbelgottesdienst:

Klaus Meyer: Krabbelgottesdienste. Mit Kleinkindern in der Kirche, Gütersloh 1992[2]

Hans Martin Köbler: Kommt alle her! 12 fertige Krabbelgottesdienste für ein ganzes Jahr, München 1992.

Harald Gerke / Kerstin Neubauer: Kirche für Krabbelkinder. Mit Eltern und Kleinkindern in der Gemeinde, Gütersloh 1993.

Kindergottesdienst:

Plan für den Kindergottesdienst 1993/94. Hg. Gesamtverband für Kindergottesdienst in der EKD, Stuttgart 1992 (eine Fundgrube von Gestaltungshilfen für kreative Gottesdienste).

J. Koerver / R. Köster / G. Ruddat / H.-J. Schneider (Hg.): Kindergottesdienst-Helferhandbuch, Stuttgart, 4. überarb. Aufl. 1989.

Familiengottesdienst:

Kurt Rommel (Hg.): Familiengottesdienste im Kirchenjahr, Bd. I–V, Stuttgart 1982ff.

Eberhard Dieterich / Andreas Weidle (Hg.): Das Kirchenjahr feiern. Familiengottesdienste, Spiele und Bausteine für die Festzeiten im Kirchenjahr, Bd. 1–3, Stuttgart 1987ff.

Schulgottesdienst:

Erhard Domay (Hg.): Schulgottesdienste. Entwürfe und Materialien, Gütersloh 1989 (Gottesdienstpraxis. Serie B).

Elsbe Goßmann / Reinhard Bäcker: Schul-Gottesdienst. Situationen wahrnehmen und gestalten, Gütersloh 1992.

Wolfgang Neuser: Gottesdienst in der Schule. Grundlagen – Erfahrungen – Anregungen, Stuttgart 1994.

Jugendgottesdienst:

Walter Lampe / Wilfried Pellmann: Baustelle Gottesdienst, Hannover 1990.

Hartmut Ellinger (Hg.): Werkbuch Jugendgottesdienst, Wuppertal/Zürich 1990.

Frauengottesdienst:

Brigitte Enzner-Probst / Andrea Felsenstein-Roßberg (Hg.): Wenn Himmel und Erde sich berühren. Texte, Lieder und Anregungen für Frauenliturgien, Gütersloh 1993 (dazu: Liedsammlung unter dem gleichen Titel).

Arbeitshefte zum Weltgebetstag (zu beziehen bei: Dt. Weltgebetstagkomitee, Postfach 1240, 90544 Stein).

»... und schuf sie als Mann und Frau«. Predigtmeditationen zu biblischen Texten zum Schwerpunktthema »Gemeinschaft von Frauen und Männern in der Kirche«. Einzelne Hefte ab Passion 1994. Hg. Günter Apsel / Katharina von Bremen. Ev. Kirche von Westfalen, Bielefeld (zu beziehen über Arbeitsstelle Gottesdienst, Dortmund) – mit Vorschlägen zur liturgischen Gestaltung –

Gottesdienste mit sog. behinderten Menschen:

Günter Ruddat: Gottesdienste mit behinderten Menschen. Literarische Annäherungen aus der Praxis. In: Thema: Gottesdienst. Hg. Beratungs- und Studienstelle für den Gottesdienst, Düsseldorf Nr. 2/1991, S. 14–22 (auch als Sonderdruck erschienen)

Ökumenische Gottesdienste:

Die Eucharistische Liturgie von Lima. Mit einer Einführung von Max Thurian, Frankfurt/M. 1983.

Karl-Heinrich Bieritz / Michael Ulrich: Gottesdienstgestaltung. Ein ökumenisches Werkbuch, (Leipzig 1985) Graz/Göttingen 1987².

Laurentius Klein / Hans-Georg Link (Hg.): Gemeinsam feiern. Ökumenische Gottesdienste im Kirchenjahr, Zürich/Neukirchen-Vluyn 1993.

Materialien zu thematischen Sonntagen wie Bibelsonntag, Sonntag der Weltmission usw. sollten ebenso Anstoß zu Gottesdienstgestaltungen geben wie Materialien zu Gebetswoche für die Einheit der Christen, »sieben Wochen ohne«, Woche der Brüderlichkeit, Jugendkreuzweg, Friedenswoche usw. Aktuelle Hinweise dazu finden sich in der Regel in der kirchlichen Presse.

2.8 Liturgische Gegenstände

Einfache aus Ton gefertigte Becher und Schalen zur Feier des Abendmahls – wie sie vom Kirchentag bekannt sind – können u.a. bei der Beratungsstelle für Gestaltung, Frankfurt/M. bestellt werden (→ S. 267).
Hier wie bei der Gestaltung von Paramenten und Antependien, Kerzenständern, Altardecken usw. sind bei entsprechender Beratung durch die Gottesdienstarbeitsstellen neben kommerzieller Beschaffung (kirchl. Versandhäuser) auch schöpferische Gemeinschaftsarbeiten vor Ort zu entwickeln.
Eine weitere Möglichkeit in ökumenischemn Horizont: entsprechende Gegenstände aus dem Eine-Welt-Laden oder z.B. Altartücher aus Indien (zu beziehen über: Informationszentrum Dritte Welt des Ev. Kirchenkreises Herne, Overwegstr. 31, 44625 Herne).

Über *aktuelle Neuerscheinungen zum Thema Gottesdienst* informieren folgende jährlich erscheinende Kataloge:
Praxisfeld: Gemeinde. Literatur und Arbeitshilfen für Pfarrer/innen und kirchliche Mitarbeiter/innen. Ein Angebot von 50 Verlagen mit über 1500 Titeln. Vertrieb: Gütersloher Verlagshaus, Postfach 450, 33311 Gütersloh (darin: 1. Gottesdienst).
Religionspädagogik. Lehr- und Arbeitsmittel für Schule und Gemeinde. Hg. Verlagsring Religionsunterricht. Vertrieb: VRU Informationsstelle, Postfach 100 648, 51406 Bergisch Gladbach (darin: 7.4 Gottesdienste).
Studium: Theologie. Ein ev.-kath. Literaturverzeichnis. Vertrieb wie Praxisfeld: Gemeinde (darin: 11.2 Gottesdienst).

3. *Liturgiewissenschaftliche Vertiefung (für Leute, die es genauer wissen wollen)*

3.1 Lexika und Handbücher

Vgl. die entsprechenden Artikel zu Gottesdienst und Liturgie in den einschlägigen theologischen Werken:

Peter Cornehl, Art. Gottesdienst VIII. In: TRE Bd. 14, 1985, S. 54–85.

William Nagel / Eberhard Schmidt, Der Gottesdienst. In: Handbuch der Praktischen Theologie, Band 2, Berlin-Ost (1974) 1979², S. 7–137.

Handbuch der Praktischen Theologie (HPTh), 4 Bände, Gütersloh 1981ff. (durchgängig das Handlungsziel »Verkündigung und Kommunikation«, das für die einzelnen Handlungsbereiche konkretisiert wird).

Manfred Josuttis, Zur Liturgik. In: Friedrich Wintzer, Praktische Theologie, Neukirchen-Vluyn (1982) 1990³, S. 29–80.

Dietrich Rössler, Grundriß der Praktischen Theologie, Berlin (1986), 2. erw. Aufl. 1993 (darin: 8. Kap. – Gottesdienst).

Gert Otto, Praktische Theologie. Bd. 1: Grundlegung – Bd. 2: Handlungsfelder, München 1986/1988 (als 3. Band ist eine Geschichte der Prakt. Theologie angekündigt – in den Handlungsfeldern finden sich unter dem Stichwort »Feiern«: Fest / Gottesdienst / Kindergottesdienst)

Joachim Stalmann: Liturgik / Kirchenmusik. In: Reimund Blühm (Hg.), Kirchliche Handlungsfelder, Stuttgart 1993, S. 105–189.

3.2 Gesamtdarstellungen

K.F. Müller / W. Blankenburg (Hg.): Leiturgia. Handbuch des evangelischen Gottesdienstes, 5 Bde., Kassel 1954–1970.

H.B. Meyer u.a. (Hg.): Gottesdienst der Kirche. Handbuch der Liturgiewissenschaft, Regensburg 1983ff. (bisher sind 6 Teilbände erschienen).

William Nagel: Geschichte des christlichen Gottesdienstes, Berlin, 2. erw. Aufl. 1970.

Wolfgang Herbst (Hg.): Evangelischer Gottesdienst. Quellen zu seiner Geschichte, Göttingen, 2. völlig neubearb. Aufl. von »Quellen zur Geschichte des ev. Gottesdientes« 1992.

Friedrich Kalb: Grundriß der Liturgik. Eine Einführung in die Geschichte, Grundsätze und Ordnungen des lutherischen Gottesdienstes, München (2. überarb. Aufl. 1982) 1985³ (eine weitere Überarbeitung ist für 1996 vorgesehen).

Christian Grethlein: Abriß der Liturgik. Ein Studienbuch zur Gottesdienstgestaltung, Gütersloh (1989), 2. überarb. Aufl. 1991.

Manfred Josuttis: Der Weg in das Leben. Eine Einführung in den Gottesdienst auf verhaltenswissenschaftlicher Grundlage, München 1991.

Rainer Volp: Liturgik. Die Kunst, Gott zu feiern. Band 1: Einführung und Geschichte. Gütersloh 1992 – Band 2: Theorien und Gestaltung, Gütersloh 1994.

Theophil Müller: Evangelischer Gottesdienst. Liturgische Vielfalt im religiösen und gesellschaftlichen Umfeld, Stuttgart 1993.

Peter Cornehl: Der evangelische Gottesdienst, Stuttgart (in Vorb. 1995).

3.3 Zur Theologie des Gottesdienstes und Einzelfragen

Peter Brunner, Zur Lehre vom Gottesdienst der im Namen Jesu versammelten Gemeinde. Neudruck mit einem Vorwort von Joachim Stalmann, Hannover 1993 (Nachdruck aus Leiturgia Bd. 1, Kassel 1954).

Ernst Lange: Chancen des Alltags. Überlegungen zur Funktion des christlichen Gottesdienstes in der Gegenwart. Hg. und mit einem Nachwort von Peter Cornehl, München 1984 (Nachdruck des Bandes VIII der »Handbücherei des Christen in der Welt«, 1965).

Harvey Cox: Das Fest der Narren. Das Gelächter ist der Hoffnung letzte Waffe, Stuttgart 1969 (und weitere Auflagen, auch als GTB 216).

Werner Jetter: Symbol und Ritual. Anthropologische Elemente im Gottesdienst, Göttingen (1978) 1986^2.

Okko Herlyn: Theologie der Gottesdienstgestaltung, Neukirchen-Vluyn (1988) 1992^2.

Dieter Trautwein: Lernprozeß Gottesdienst. Ein Arbeitsbuch unter besonderer Berücksichtigung der »Gottesdienste in neuer Gestalt«, Gelnhausen/München 1972.

Hans-Joachim Thilo: Die therapeutische Funktion des Gottesdienstes, Hannover 1985.

Christian Möller: Gottesdienst als Gemeindeaufbau. Ein Werkstattbericht, Göttingen 1988.

Gerhard Ruhbach / Anselm Grün / Ulrich Wilckens (Hg.): Meditation und Gottesdienst, Göttingen 1989 (Einführungsband zu den acht Predigtreihen mit je zwei Bänden: Meditative Zugänge zu Gottesdienst und Predigt).

Hans-Christoph Schmidt-Lauber: Die Zukunft des Gottesdienstes. Von der Notwendigkeit lebendiger Liturgie, Stuttgart 1990 (Sammlung von liturgischen Beiträgen aus den Jahren 1971–1990, z.T. erheblich überarbeitet).

Hans-Günter Heimbrock: Gottesdienst: Spielraum des Lebens. Sozial- und kulturwissenschaftliche Analysen zum Ritual in praktisch-theologischem Interesse, Kampen/Weinheim 1993.

Peter Cornehl / Martin Dutzmann / Andreas Strauch (Hg.): »... in der Schar derer, die da feiern«. Feste als Gegenstand praktisch-theologischer Reflexion, Göttingen 1993.

3.4 Reihen und Zeitschriften

Luth.Lit. Konferenz (Hg.): reihe gottesdienst, Hannover (Studienarbeiten und gottesdienstliche Texte, z.B. auch Agenden zur Erprobung).

Albert Mauder / Otfried Jordahn (Hg.): Feiernde Gemeinde. Anregungen, Materialien, Texte, Hamburg.

C.H. Peisker (Hg.): Dienst am Wort, Göttingen (Arbeitshilfen zu Andachten und Gottesdiensten).

Jahrbuch für Liturgik und Hymnologie (JLH), Kassel (seit 1955) / Hannover (ab 1986).

Kunst und Kirche, Darmstadt (seit 1971).

Musik und Kirche, Kassel (seit 1929).

4. Beratungsstellen für die Gestaltung von Gottesdiensten

1. Gemeinsame Arbeitsstelle für gottesdienstliche Fragen
der Evangelischen Kirche in Deutschland
Herrenhäuser Str. 12, 30419 Hannover
   - Die GAGF gibt seit 1987 3- bis 4mal jährlich ein kostenloses *Informations- und Korrespondenzblatt* heraus, das Überlegungen zur Praxis des Gottesdienstes, Informationen zur Erneuerten Agende und zum neuen Gesangbuch, Buchanzeigen, Gottesdienstkritiken und Berichte aus der liturgischen Arbeit der Landeskirchen enthält.

2. Geschäftsstelle der Luth. Lit. Konferenz (= 1.)
   - Die LLK gibt jährlich den »Sonn- und Festtagskalender <Evangelischer Kirchenkalender>« heraus, der u.a. für jeden Sonn- und Festtag die Lese- und Predigttextordnung, das Hauptlied, Psalm und eine alttestamentliche Leseperikope abdruckt, außerdem ist jeweils die liturgische Farbe angegeben. Schließlich sind die Biblischen Voten (Wochensprüche) gesondert zusammengestellt.

3. Arbeitsstelle für Gottesdienst und Kirchenmusik
der Ev.-luth. Landeskirche Hannovers
Knochenhauerstr. 33, 30159 Hannover
   - Die Arbeitsstelle gibt seit 1973 die *Zeitschrift »Für den Gottesdienst«* heraus, deren Untertitel »Informationen, Angebote, Beobachtungen, Fragen, Antworten» ein breites liturgisches Spektrum andeutet.

4. Arbeitsstelle Gottesdienst
der Ev. Kirche von Westfalen
Olpe 35, 44135 Dortmund
   - Über diese seit 1992 bestehende Einrichtung informiert ein halbjährliches Programm, das Hinweise zur Beratungs- und Tagungstätigkeit enthält. Spezielle Materialien wie ein »Liturgischer Trimmpfad – 6 Stationen auf dem Weg durch den Gottesdienst« können angefordert werden.

5. Beratungs- und Studienstelle für den Gottesdienst
der Ev. Kirche im Rheinland
Graf-Recke-Str. 209, 40237 Düsseldorf
   - Seit 1990 gibt diese Stelle einen Materialdienst *»Thema: Gottesdienst«* heraus, der Berichte, Modelle, Analysen, Lesetips, Informationen und Termine rund um den Gottesdienst veröffentlicht. Außerdem sind seit 1992 jährliche Sonderhefte zum Thema »Passion und Ostern« erschienen.

6. Beratungsstelle für Gestaltung von Gottesdiensten
und anderen Gemeindeveranstaltungen
Eschersheimer Landstr. 565, 60431 Frankfurt/M.
   - Seit 1970 erscheinen jährlich etwa 3 *Materialhefte* dieser Einrichtung der Ev. Kirche in Hessen und Nassau zu den Bereichen Gottesdienst, Kindergottesdienst und Spiel und Theater. Das aktuelle Angebot des umfangreichen Materialversandes (Denkbilder, Bildsätze, Spieltexte, Liederbücher usw.) kann angefordert werden.

7. Materialstelle für Gottesdienst
Georg-Stefan-Str. 54, 90453 Nürnberg

8. Mittelstelle für Werk und Feier
c/o Pfr. Matthias Gürtler,
Schillerstr. 15, 16225 Eberswalde-Finow

9. Lebendige Liturgie / Dt. Ev. Kirchentag
Ausschuß für Abendmahl, Gottesdienst, Fest und Feier (AGOFF)
Postfach 480, 36004 Fulda

10. Liturgiewissenschaftliche Institute:
   - Deutsches Liturgisches Institut (kath.)
   Jesuitenstr. 13 c, 54290 Trier
   (Fernkurs: Liturgie)
   - Liturgiewissenschaftliches Institut der VELKD
   c/o Prof. Dr. Wolfgang Ratzmann
   Toskastr. 34 a, 04159 Leipzig

Stichwortverzeichnis

Liederverzeichnis